KB107278

▶ YouTube

박교수의 7분법(seven-law)

06 기업회생법

박 승 두

신세림출판사

개정(1) 머 리 말

　　최근 세계 각국이 코로나19사태 극복을 위하여 확대해 온 유동성 공급을 축소함과 동시에, 물가인상 문제를 해결하기 위하여 금리인상을 추진하고 있다. 그리고 러시아의 우크라이나 침공 이후 국제정세의 불안도 계속되고 있다. 이러한 환경속에서 기업의 경영은 더욱 어려워지고 있으며 '기업회생'에 대한 관심도 날로 고조되고 있다.

　　최근 입법동향을 보면, 2021년 4월 20일 채무자회생법의 개정시 개인회생절차의 신청요건을 "담보채권 15억 이하, 무담보채권 10억 이하"로 확대함에 따라, 기업회생의 범위는 상대적으로 축소되었다.

　　그리고 판례동향을 보면, 조세채권을 회생채권과 공익채권으로 나누는 기준인 납부기한의 개념과 도래시점을 오해한 부당한 판례(대법원 2022. 3. 31. 선고 2021두60373 판결)가 있었다.

　　이번 개정에서는 이러한 변화내용과 최근 학술논문을 최대한 반영하여 대학교에서 강의교재로도 활용할 수 있도록 하였다. 아무쪼록 경영위기의 시기를 맞이하여 모든 기업이 당면한 문제를 슬기롭게 해결하는 행운의 한 해가 되기를 바란다.

2022년 8월 1일

청주 우암산 자락의 연구실에서...

박 승 두 씀

머 리 말

이 책은 유튜브의 "박교수의 7분법(seven-law)" 여섯 번째 기업 회생법 강의를 위한 것이다. 최근 코로나19사태로 인하여 기업의 경영이 어려워져 법원에 회생절차를 신청하는 사례가 크게 증가함에 따라 이 법에 대한 관심도 고조되고 있다.

우리나라가 1962년 기업회생법제를 처음 도입한 지도 어언 60여 년의 세월이 흘렀고, 특히 이는 1997년 IMF 외환위기를 극복하는데 유용한 역할을 하였다. 그 이후에도 계속 이를 개선해 오고 있지만, 아직도 미흡한 부분이 많다.

그리고 이는 민법의 기초 위에 상법, 민사소송법, 민사집행법, 노동법, 세법, 행정법 등의 많은 기둥이 세워져 있어, 법률관계가 무척 복잡하여 전문가들도 쉽게 이해하기 어렵다.

이 책은 이처럼 복잡하고 어려운 기업회생법을 일반인이 쉽게 이해할 수 있도록 하였으며, 강의를 들으면서 보거나 휴대하며 언제라도 간편하게 읽을 수 있도록 포켓용으로 제작하였다. 아무쪼록 이 책이 이 법을 처음 공부하는 분들께 유익한 길잡이가 되었으면 한다.

2021년 11월 1일

청주 우암산 자락의 연구실에서...

박 승 두 씀

목   차

제1장 기업회생법의 기본이해

제2장 기업회생절차의 개시

제3장 이해관계인의 권리

제4장 이해관계인 상호간의 법률관계

제5장 회생계획의 인가

제6장 기업회생절차의 종료

제 1 장   기업회생법의 기본이해

제1절 기업회생법의 이념과 개념

1. 기업회생법의 이념

가. 회생절차의 개념

(1) 회생절차의 의의

채무자회생법[1]은 ① 재정적 어려움으로 인하여 파탄에 직

---

1) 이 법의 명칭은 「채무자 회생 및 파산에 법률」이며, 2005년 3월 31일 공포(법률 제7428호)하여 2006년 4월 1일 시행하였다(다음부터 이 법 조문의 인용시에는 법률의 명칭은 생략하고 조문만 표기한다). 필자도 재정경제부 파견 근무(2001.4.13.~2001.12.31)와 국회 법제사법위원회 및 재경위원회 자문 등을 통하여 이 법안의 제정에 참여하여, ① 관리인제도의 개선 ② 자동중지제도의 도입 ③ 채권자 참여의 확대 ④ 청산가치의 보장 ⑤ 조세채권 감면제도의 신설 등의 의견을 제시하였는데, ①과 ②는 반영되지 아니하였고 나머지는 대체로 반영되었다, 박승두, 『도산법 개정방안』(2001) 및 박승두, 『한국도산법의 선진화방안』(2003), 국회법제사법위원회·한국채무자회생법제도연구회, 『통합도산법(안)의 주요쟁점에 관한 심포지엄』(2003) 등 참조.

면해 있는 채무자에 대하여 ② 채권자·주주·지분권자 등 이해관계인의 법률관계를 조정하여 ③ 채무자 또는 그 사업 의 효율적인 회생을 도모하거나, ④ 회생이 어려운 채무자의 재산을 공정하게 환가·배당하는 것을 목적으로 한다(제1조).

따라서 이 법은 **회생절차와 파산절차를 함께 규정하고 있** 다.[2] 전자(前者)는 채무자의 회생을 목적으로 하면서 채권·채 무관계를 채권자 상호간의 공정·형평성을 보장하는 방향으 로 처리하는 제도이다. 그리고 후자(後者)는 채무자의 자산을 모두 처분하여 채권·채무관계를 청산하는 제도이다.

이처럼 양자(兩者)는 그 성격이 상이함에도 불구하고, 채무 자에 대한 채권·채무관계의 해소를 채무자와 채권자가 개별 적으로 처리하지 않고, 법원의 주관하에 집단적으로 처리한 다는 공통점을 가지고 있다. 이러한 이유로 양자 모두 채무 자회생법에서 규정하고 있다.

(2) 회생절차의 종류

이 법에서 규정한 회생절차는 일반적으로 ① **개인회생절** **차**[3]와 ② **기업회생절차**[4]로 구분한다.

---

2) 이 법은 회생절차와 함께 파산절차를 규정하고 있으므로 '통합도 산법'이라고도 한다. 그러나 ① '도산'이라는 용어가 '파산'과의 혼 동을 초래하고 '퇴출'만을 의미하는 부정적 이미지를 담고 있고, ② 이러한 측면에서 법률의 명칭도 기존의 부정적 이미지에서 탈피하 기 위하여 '파산'보다 '회생'을 앞에 넣은 것이라 보며, ③ '도산'이 라는 용어는 일본법 및 학설의 영향이라는 점을 고려할 때, '채무자 회생법'이라 부르는 것이 바람직하다고 본다.

그리고 광의의 기업회생제도는 ① 채무자회생법상 기업회생
절차뿐만 아니라, ② 기업구조조정촉진법[5]상 절차, 그리고 ③
사적 절차인 워크아웃절차(Work Out)를 모두 포함한다.[6]

그리고 ①은 다시 **일반회생절차**[7]와 ② **간이회생절차**[8]로

---

3) 이는 개인채무자로서 파산의 원인인 사실이 있거나 그러한 사실
이 생길 염려가 있는 자로서 ① 유치권·질권·저당권·양도담보권·가
등기담보권·전세권 또는 우선특권으로 담보된 개인회생채권은 15억
원, ② 그 외의 개인회생채권은 10억원 이하의 채무를 부담하는 급
여소득자 또는 영업소득자(제579조)에 대한 회생절차를 말하며, 회
생법 제4편에 규정하고 있다. 따라서 이는 개인인 채무자 전체가 아
니라 그 중에서 채권액이 위의 금액 이하인 자로 한정되며, 이를 초
과하는 경우 기업의 회생절차를 동일하게 적용한다(제2편).

4) 채무자회생법 제2편에서 규정하고 있는 회생절차를 제4편의 개
인회생절차와 구별하기 위하여 편의상 기업회생절차라 부르며, 이를
'일반회생절차' 혹은 '법인회생절차'라 부르기도 한다.

5) 이 법은 2001년 8월 14일 제정되었으며, 이 법의 제정 후 미국의
스탠더드 앤드 푸어스(S&P)는 우리나라의 신용등급을 BBB에서
BBB+로 한 단계 상향 조정하여 IMF금융위기를 극복하는데 크게 기
여하였다. 이 법안의 입안시 필자도 2001년 3월부터 12월까지 재정
경제부에 파견되어 검토 과정에 참여하였으며, 이 법의 제정경위 및
주요 내용에 관하여는 박승두, 『도산법총론』(2002), 17~483면 참조.

6) 이 책에서는 그 범위를 ①에 한정하였다.

7) 이는 기업회생절차 중에서 간이회생절차를 제외한 회생절차를
말한다. 그러나 개인회생절차를 제외한 회생절차를 일반회생절차라
부르는 견해도 있다.

8) 이는 소규모 영업자의 회생절차를 더욱 간편하게 진행하기 위하
여 2014년 12월 30일 채무자회생법 개정시 제2편에 제9장을 신설하
여 2015년 7월 1일부터 시행하였다. 처음에는 적용대상을 채무액
'30억원 이하'로 하였으나, 2020년 6월 2일 시행령 개정시 '50억원
이하'로 상향조정하여 동일자로 시행하였다(영 제15조의3).

나눈다. 이를 정리하면, 다음 〈표 1〉과 같다.

〈표 1〉 회생절차의 종류

구 분	기업회생절차		개인회생절차
	일반회생절차	간이회생절차	
적용 대상	채무액에 제한 없음9)	담보 및 무담보채무 50억원 이하	담보채무 15억원 이하 AND 무담보채무 10억원 이하
근거 규정	채무자회생법 제2편 제1장~제8장	채무자회생법 제2편 제9장	채무자회생법 제4편

(3) 채무자회생법의 성격

이 법은 특정 채무자에 대한 채권·채무관계를 각 채권자별로 개별적으로 처리하지 않고 모든 채권자를 하나로 묶어서 **집단적으로 처리하는 법**이다.10)

이 법을 포함한 광의의 민사집행법은 다음과 같이 3단계로 나눌 수 있다.

---

9) 간이회생절차 요건인 채무 "50억원 이하"도 가능하다.

10) 이는 특정 채무자에 대하여 채권을 가진 모든 채권자가 각자 '1:1'의 개별적인 관계에서 해결하는 것이 아니라, 이 자에 대하여 채권을 가진 모든 채권자가 '1:다수'의 관계에서 채무를 처리한다는 의미이다; 박승두, 『도산법총론』(2002), 4면.

〈표 2〉 민사집행의 3단계론

구 분	제1단계	제2단계	제3단계
내용	개별적 집행	집단적 집행 (회생)	집단적 집행 (파산)
근거 법률	민사집행법	채무자회생법	채무자회생법
장점	권리의 순위나 행사순서에 따라 집행함	모든 채권자에게 공정형평하게 변제함	모든 채권자에게 권리의 순위에 따라 일시에 배당함
단점	동일한 절차의 수차 반복으로 번잡하고 비용이 많이 발생함	만약 채무자가 회생하지 못하는 경우 채권자에게 피해가 발생함	회생가능한 채무자의 회생기회를 박탈할 수 있음

나. 기업회생법의 이념

(1) 기업의 효율적 회생 지원

이 법은 회생이 가능한 기업에 대한 신속하고 효율적인 **회생**을 지원함을 목적으로 한다(제1조).

(2) 기업의 신속한 퇴출

이 법은 회생이 가능한 기업에 대한 신속하고 효율적인 회생 지원을 목적으로 함과 동시에, 회생이 어려운 기업에 대하여는 신속하게 **퇴출**시키는 역할을 한다.

(3) 공정·형평성 보장

이 법은 모든 이해관계인에게 **공정·형평성**[11] 보장을 지향한다.

2. 기업회생법의 개념

(1) 기업의 효율적 회생을 위한 법

이 법은 회생이 가능한 기업이 신속하고 효율적으로 **회생**

---

11) 이 원칙은 19세기 철도회사의 재건을 위하여 형평법상 수익관리인(equity receivership)제도를 시행하는 중에 구(舊)경영자 등 회사 내부자(insider)가 기업의 경영이나 매수에 계속 영향을 미치는 폐단이 발생하여 이를 차단하기 위하여 「사해양도금지법」(fraudulent transfer law)을 적용하면서 시작되었다. 그 배경은 기업의 기존 주주와 담보권자(담보부사채권자)가 연합하여 무담보채권자 등에게 아무런 분배를 하지 않는 재건계획을 결정하고 시행하였기 때문이다. 이에 대하여 무담보채권자 등은 주주와 담보권자의 행위는 사해양도금지법에 의한 사해양도라는 소송을 법원에 제기하였다. 이에 대하여 미국의 연방최고법원이 주주보다 채권자의 권리가 우선한다고 판단함으로써 이 원칙이 도입되었다.

할 수 있도록 지원하기 위한 법이다. 그리고 소규모 기업[12] 에 대하여는 특별히 간이한 절차를 마련하고 있다(제293조의2 ~ 제293조의8).[13]

(2) 기업의 신속한 퇴출에 관한 법

이 법은 회생이 불가능한 기업에 대하여는 ① 개시신청에 대한 기각 ② 회생절차의 폐지 ③ 회생계획 불인가 등을 통하여 신속하게 **퇴출**시킨다.

(3) 공정·형평성 보장법

이 법은 채무자가 재산을 임의적으로 처분하거나 채권자가 개별적으로 강제집행절차를 취하지 못하도록 하고, 모든 이해관계인에게 회생계획에 의하여 **공정·형평성**을 보장한다.[14]

(4) 법원의 관리와 감독

이 법은 **법원의 관리와 감독**을 전제로 하므로, 일반적으로 '법정관리'[15]로 불려져 왔다.

---

12) 적용대상은 담보 및 무담보 채무의 총액 "50억원 이하"를 부담하는 영업소득자이다.

13) 주요 내용은 박승두, "간이회생절차의 주요 내용과 신청방법"(2016), 참조.

14) 이는 동종(同種)의 권리자들 사이에는 회생계획의 조건을 평등하게 하여야 한다는 것을 의미하며, 여기서의 평등은 형식적 의미의 평등이 아니라 공정·형평의 관념에 반하지 아니하는 실질적인 평등을 가리키는 것이다; 대법원 2016. 5. 25. 자 2014마1427 결정.

제2절 기업회생법의 탄생과 발전

1. 미국 기업회생법의 탄생과 발전

가. 미국 기업회생법 개관

미국은 연방파산법16)에 채무자에 대한 회생절차와 파산절차를 모두 규정하고 있다.17) 이 책에서는 제11장에 규정한

---

15) 이는 워크아웃 등 은행주도의 구조조정을 일반적으로 '은행관리'라고 불러온 점에 대비한 용어이다.

16) 정식명칭은 "U.S.Code: Title 11-Bankruptcy"이며, 다음부터 '연방파산법'이라 하며, 이 법의 조문을 인용할 시에는 법률의 명칭은 생략하고 조문만 표기한다.

17) 구체적인 내용을 보면, 제1장 총칙(General Provisions), 제3장 사건의 관리(Case Administration), 제5장 채권자, 채무자, 파산재단(Creditors, the Debtor, and the Estate), 제7장 청산(Liquidation), 제9장 자치단체의 채무정리(Adjustment of Debts of a Municipality), 제11장 회생(Reorganization), 제12장 정규적 연수입이 있는 가족형 농부의 채무조정(Adjustment of Debts of a Family Farmer or Fisherman With Regular Annual Income), 제13장 정기적 수입이 있는 개인의 채무조

회생절차[18] 중에서 기업의 회생절차에 한정하였다.

나. 미국 기업회생법의 발전

1800년에 제정된 미국 **구(舊)연방파산법**에서는 기업회생절차에 관한 규정을 두지 아니하였기 때문에 제정법이 아닌 연방법원의 판례법상 형성되어 온 형평법[19]상의 수익관리제도(Equity Receivership)를 활용하였다.

1934년에 제8장인 채무자구제법(Debtor's Relief Act)이 추가되면서 기업회생(corporate reorganization)에 관한 장문의 1개 조문(§77ⓑ)이 신설되었는데, 이것이 기업회생에 관한 최초의 성문규정이다.[20]

정(Adjustment of Debts of an Individual With Regular Income), 제15장 국제파산절차(Ancillary and Other Cross-Border Cases) 등이다. 이러한 규정은 모든 파산절차에 공통적으로 적용되는 규정으로 제1·3·5장과 특별한 채무자에 대하여 적용되는 제7·9·11·12·13·15장으로 구분된다.

18) 제11장은 주식회사뿐 아니라 다른 형태의 회사, 나아가 조합과 개인까지도 포함한 모든 채무자에 대한 회생절차를 규정하고 있다.

19) 이 법은 금전적 청구권이나 토지인도(引渡)청구권 등 전통적인 권리에 대하여 적용하였던 관습법에서, 상대방에 대한 작위 및 부작위청구권과 비송사건까지 확대 적용하였다. 그리고 미국에서는 파산법은 원래 형평법에 속하고 파산법원은 형평법 법원으로 인식되고 있다. 그리고 파산법도 이러한 원리를 적용하여 법원이 직권으로 필요한 행위나 결정을 할 수 있도록 하고(§105), 곳곳에 '형평법상의'(Equitable)라는 용어를 사용하고 있다(§101ⓑⓗ, §363ⓕⓑ, §541ⓐ① 등): 福岡眞之介, 『アメリカ連邦倒産法概説』(2017), 13면.

다. 미국 기업회생법의 발전

1938년 연방파산법을 전면적으로 개정하였는데,[21] 제10장 기업회생(Corporate Reorganization),[22] 제11장 화의(Arrangements), 제12장 부동산화의(Real Property Arrangements), 제13장 임금생활자 채무회생계획(Wage Earners' Plan)의 각 절차를 규정하였다.

그리고 **1978년** 회생절차를 더욱 체계화시켰는데, 기존의 제10장 기업회생, 제11장 화의, 제12장 부동산화의 등 세 종류를 제11장의 회생절차로 통합하였다. 그리고 원칙적으로 채무자 자신이 사업을 계속 담당하고(Debtor In Possession)[23] 관리인은 선임하지 않도록 하여, 채무자 자력회생의 의미를 강조하였다.

그리고 담보권자에 대한 제한이 전반적으로 이것이 인정

---

20) 종래의 형평법상의 관리절차에 있어서는 회생계획에 반대하는 채권자를 구속할 수 없었기 때문에 회생절차의 강력한 추진이 불가능하였다. 따라서 이 규정은 다수결방식을 도입하여 이 문제를 해결하였다. 그리고 이러한 제도는 이미 파산법 내에 화의제도가 채택하고 있는 제도였기 때문에 위헌성 문제도 해결할 수 있었다: 박승두, "미국 파산법상의 회사재건절차"(1999), 5면.

21) 이 법은 법안을 제출한 챈들러 하원의원의 이름을 따 일반적으로 '챈들러법(The Chandler Act)'이라 한다.

22) 이 법은 기업회생에 관한 기존 하나의 규정(§77ⓑ)을 내용에 따라 125개 조항으로 확대하였다.

23) 다음부터 이러한 채무자를 'DIP'라 하고, 이러한 제도를 'DIP 제도'라 한다.

됨으로써 채무자에 유리하게 되었고, 정기수입자의 채무조정 절차(Adjustment of Debts of an Individual With Regular Income)가 규정되었다.

또 **1994년**에는 소기업(Small Business)을 위하여 제11장 회생사건에 별도의 특칙을 규정하였다.[24]

그리고 **2005년** 「파산남용방지 및 소비자보호법안」(The Bankruptcy Abuse Prevention and Consumer Protection Act of 2005)을 제정하고, 제15장 **"보조절차 및 기타 국제도산"**(Ancillary and Other Cross-Border Cases)을 신설하였다.[25] 현재 미국파산연구소(American Bankruptcy Institute)에서 제안한 사항의 입법을 검토하고 있다.[26]

3. 일본 기업회생법의 탄생과 발전

가. 일본 기업회생법 개관

일본의 기업회생법은 **회사갱생법,**[27]과 **민사재생법**[28]으로 나누어져 있는데, 전자(前者)는 주식회사인 대기업에 대하여

---

24) 高木新二郎, 『アメリカ連邦倒産法』(1996), 16~20면.

25) 이는 1997년 유엔국제상거래법위원회(UNCITRAL)가 제정한 국제도산모델법(Model Law on Cross-Border Insolvency)을 반영한 것이다.

26) 이연갑, "최근 미국 기업회생절차의 개정 논의"(2017), 530면.

27) 상세한 내용은 박승두, "일본 신회사갱생법"(2014) 참조.

28) 이 법은 1999년 제정되어 2000년 시행되었으며, 주요 내용에 관하여는 박승두, "일본 민사재생법의 이념과 기본구조"(2010) 참조.

적용하고, 후자(後者)는 주식회사를 포함하여 모든 종류의 회사, 공법인을 포함한 모든 법인, 자연인(비사업자 포함) 등 적용대상 채무자에 대한 제한이 없다.

나. 일본 기업회생법의 탄생

(1) 구(舊)화의법의 제정

1922년 오스트리아법을 계수하여 구화의법(舊和議法)을 제정하였다. 파산법은 독일법을 계수하였으나, 당시에 독일에서는 화의법이 존재하지 않았으므로 최신의 화의법에 해당하는 오스트리아 화의법(1914년 제정)을 모범으로 하였다. 일본에서 화의제도는 1890년 제정된 구상법(舊商法)의 파산편에 규정되었던 지급유예제도에서 시작되었다.[29]

이 법은 채무자에게 파산원인인 사실이 있거나 그러한 사실이 생길 염려가 있는 경우에, 채무자가 파산을 예방하고 채권을 변제할 계획(화의조건)을 제시하여 채권자집회에서 가결되고 법원이 이를 인가한 경우에는 이에 반대한 채권자에게도 효력이 발생하도록 한다. 이 법은 절차개시후에도 채무자가 계속 사업경영권 등을 유지할 수 있다는 점 등으로 종래 일본의 많은 중소기업이 이를 이용하여 왔다.

그러나 이는 여러 가지 문제점[30]을 내포하고 있어 실질적

---

29) 霜上正信·谷口安平編, 『注解和議法』(1993), 15면.

30) 이에 해당하는 것으로 일반적으로 ① 파산원인인 사실이 있는

으로 중소기업의 갱생에 크게 기여하지 못하였다.

(2) 회사갱생법의 제정

미국의 연방파산법을 계수하여[31] 1952년 회사갱생법(會社更生法)을 제정하였다.[32] 이 법은 1967년 대폭 개정하고[33] 2002

경우가 화의절차원인으로 되어 있고, 일반적으로 채무자는 파산에 임박하여 화의를 신청하는 경향이 있어 절차개시의 시기가 늦어 갱생을 효율적으로 진행할 수 없는 경우가 허다하다는 점, ② 절차의 신청과 동시에 화의조건을 제출하여야 하는 부담이 있다는 점, ③ 채무자가 일시적으로 경제적 위기상황을 모면하기 위하여 남용하는 사례가 허다히 발생되어 왔다는 점, ④ 담보권자에게는 별제권이 인정되어 화의절차와 무관하게 담보권을 실행할 수 있으므로, 이로 인하여 채무자의 중요한 재산이 산일되고 재건이 무산될 우려가 있다는 점, ⑤ 화의가 성립하면 일반적으로 절차는 종료하고 법원이 화의조건의 이행에 대한 감독을 게을리 하게 된다는 점, ⑥ 화의조건을 기재한 채권표에는 집행력이 없다는 점, ⑦ 채무자가 화의조건을 이행하지 않을 경우에 대비한 양보의 취소와 화의취소제도가 있지만 유용하지 못하다는 점, ⑧ 파산관재인 또는 법정관리인과 같은 관리기관을 선임하지 않고 채무자가 스스로 사업의 경영과 재산의 관리처분을 행하므로 불합리한 행위에 대한 대응책이 마련되어 있지 않다는 점 등을 들 수 있다.

31) 1898년 제정된 미국의 구(舊)연방파산법에는 회사재건절차가 규정되어 있지 않았다. 따라서 당시 철도회사는 파산법이 아닌 형평법상의 수익관리인제도(equity receivership)를 이용하여 기업을 재건시켰다. 이러한 제도를 1934년 구(舊)연방파산법의 개정시 채무자구제법(Debtor' Relief Act)의 명칭으로 제8장이 추가되었는데, 제8장내에 제77의 B조(Corporate Reorganization)를 신설하여 형평법상의 수익관리인제도를 도입시켰다. 그 후 1938년 대개정(이를 제안자, Walter Chandler의 이름을 따서 일반적으로 챈들러법, Chandler Act이라 부른다)시, 제77의 B조는 125개 조문으로 구성된 제10장(Corporate Reorganization)으로 확대되었는데, 일본법은 이를 계수한 것이다.

년 전면 개정(2002년 12월 13일 개정, 2003년 4월 1일 시행)한 후,[34] 2014년 6월 27일 일부 개정하였다.

(3) 민사재생법의 제정

일본에서는 1996년부터 재건형도산절차의 정비에 착수하여[35] 1999년 민사재생법을 제정하여[36] 2000년부터 시행하고 있다. 이 법의 시행과 동시에 구(舊)화의법은 폐지되었으며(부칙 제2조),[37] 주요 특징은 다음과 같다.

첫째, 구(舊)화의법과 같이 **채무자가 업무의 수행 및 재산의**

---

32) 일본의 회사갱생법은 미국의 연방파산법과는 달리 그 적용대상을 '주식회사'에 한정하였다.

33) 회사갱생법에 의하여 주식회사에 대한 강력한 갱생절차를 추진하였으나 이로 인하여 하청업체와 거래처 등에 대한 희생이 강요될 수 있어 이해관계인의 조화를 유지할 수 있는 방향으로 개정하였다: 伊藤眞, 『會社更生法·特別淸算法』(2020), 22~23면.

34) 이를 일반적으로 '신회사갱생법'이라 한다: 宮川勝之·須藤英章, 『新會社更生法解說』(2003); 德田和幸, "新會社更生法のあらましと殘された課題"(2003) 참조.

35) 伊藤 眞, 『破産法·民事再生法』(2007), 657면.

36) 이 법의 제정경위에 관하여는 深山卓也, "民事再生法制定の經緯と法の槪要"(2000) 및 최성근, 『일본의 기업갱생절차에 관한 연구-민사재생절차를 중심으로』(2000) 참조.

37) 이 법은 구(舊)화의법에 대체하여 제정된 법이며, 이 법상 민사재생절차는 구(舊)화의절차와 같이 기본적인 구조가 간소하면서 그 결점을 전면적으로 시정함과 동시에 회사갱생절차의 장점을 도입하여 중소기업을 효율적으로 갱생시킬 수 있는 새로운 재건형 도산절차를 창설한 것이다.

관리처분을 계속하는 것을 원칙으로 하여(제38조 제1항) 재건을 위하여 기존 경영자의 경영능력 및 신용을 활용할 수 있도록 하였다.[38] 그러나 기존 경영자에 의한 재산의 관리·처분이 적절하지 아니한 경우 등 사업의 재생에 필요한 경우에는 예외적으로 관재인(제64조 제1항) 등의 기관을 선임할 수 있도록 함으로써 채무자의 도덕적 해이(moral hazard)를 방지하였다.

둘째, 절차의 **이용대상자**에 관하여 어떠한 제한도 두고 있지 아니하였으며, 유한회사 등 주식회사 이외의 회사는 물론, 학교법인·의료법인 등 특수한 형태의 법인이나 개인사업자 등도 이용할 수 있도록 하였다.

셋째, 구(舊)화의법은 **절차개시전의 보전처분**으로서 가압류, 가처분 기타 보전처분을 두고 있지 아니하였지만(제20조), 이 법은 가압류·가처분 기타 보전처분을 가능하게 하였다(제30조).[39]

넷째, 이 법은 **무담보의 일반채권**(재생채권)에 대해서만 재생계획에서 권리변경을 가하여 재생채권자의 사업 또는 경제생활의 재생을 도모하며, 담보권부채권이나 일반의 선취특권 기타 일반의 우선권 있는 채권에 대하여는 제약하지 아니한

---

38) 민사재생법은 원칙적으로 미국의 DIP제도를 채택하고 있다; 倉部眞由美外, 『倒産法』(2018), 28면.

39) 나아가 강제집행 등의 중지명령(제26조)·포괄적 금지명령(제27조)·담보권의 실행으로서의 경매절차의 중지명령(제31조)·보전관리명령(제79조) 등을 두어, 보전처분의 충실화를 기하였다. 또한 보전처분이 행하여진 후에는 법원의 허가를 얻지 못하는 경우 재생절차개시의 신청을 취하할 수 없도록 하여(제32조) 절차의 남용을 예방하는 조치를 강구하였다.

다.40) 그리고 일반의 선취특권 기타 일반의 우선권 있는 채권은 **'일반우선채권'** 으로서($\frac{제122조}{제1항}$), 재생절차에 의하지 아니하고 수시변제하도록 하였다($\frac{제122조}{제2항}$).41)

다. 일본 기업회생법의 발전

(1) 회사갱생법의 발전

일본의 신(新)회사갱생법이 구(舊)회사갱생법과 전혀 별개의 법률이 아니고 구(舊)회사갱생법의 개정법에 해당하므로, 그

---

40) 재생채권자의 재산상 특별한 선취특권, 질권, 저당권 또는 상사유치권을 가진 자는 별제권자가 되고, 별제권자는 재생절차에 의한 제약을 받지 아니하므로 자유로이 담보권을 행사할 수 있는 것이 원칙이다(제53조). 그러나 담보권의 실행에 관하여 일체의 제약을 두지 아니한다면, 재생채권자의 사업 또는 경제생활의 재생을 위하여 필요불가결한 재산이 없어져서 재생채권자의 재생이 곤란하게 되고, 결국에는 재생채권자 일반의 이익에 반하는 경우가 발생할 수 있다. 그러므로 재생절차에 있어서는 재생채무자가 담보권자와 교섭하여 변제조건 등에 관하여 합의에 의한 해결을 도모할 수 있는 시간적 유예를 부여하기 위하여, 전술한 바와 같이 담보권의 실행으로서의 경매절차를 일시적으로 중지할 수 있도록 하고(제31조 제1항), 나아가 담보의 목적이 되는 재산이 재생채무자의 사업의 계속에 불가결한 경우에는 그 재산의 가액에 상당하는 금전을 법원에 납부하고 담보권을 소멸시킬 수 있도록 하고 있다(제148조 내지 제153조). 재생절차는 이러한 제도들을 통하여 재산의 가치를 초과하는 담보권이 설정되어 있는 경우라도 담보권자에게 목적물의 시가에 상당하는 금전의 지급을 보장하고 사업의 계속에 불가결한 자산을 확보할 수 있는 길을 열어 놓고 있다.

41) 박승두, "일본 민사재생법의 이념과 기본구조"(2010), 222면.

이념도 구(舊)회사갱생법의 이념을 벗어날 수 없으며, 이를 일부 개선하거나 보완한 것에 불과하다.

신(新)회사갱생법은 갱생절차의 신속화를 위하여 개시요건의 완화, 갱생채권 사정제도의 도입, 담보목적물 평가결정제도의 도입, 갱생계획안의 제출시기의 한정, 갱생계획안 가결요건의 완화, 절차종결시기의 조기화 등의 조치를 취하였다.[42]

(2) 민사재생법의 발전

이 법은 2000년 11월 21일 주택담보대출에 관한 특칙을 신설하여, 재생계획의 인가 가능성이 있는 경우 저당권 실행으로서의 경매절차의 중지를 명할 수 있도록 하였다(제197조). 그리고 소규모개인재생 및 급여소득자등의 재생에 관한 특칙, 외국도산처리절차의 승인 및 원조에 관한 규칙이 제정되었다.

---

42) 갱생절차의 합리화를 위하여 동경지방법원과 오사카지방법원의 경합관할의 창설, 사건관련서류의 열람 등의 규정정비, 재산평가 및 담보권평가 기준의 명확화, 갱생채권자위원회제도의 신설, 갱생채권 등의 서면조사제도의 도입, 사채권자의 절차참가규정의 정비, 갱생계획상 채무변제기한의 단축, 서면 등 투표제도의 신설 등의 조치를 취하였다. 그리고 효력의 강화를 위하여 포괄적 금지명령제도의 도입, 보전관리인의 행위로 발생된 청구권의 공익채권화, 경영책임이 없는 이사 등에 대한 갱생관재인 피선임권 인정, 갱생계획 인가전의 사업양도의 명문화, 담보권소멸청구제도의 신설, 갱생계획에 의하여 발행된 사채의 상환기한 자유화 등의 조치를 취하였다; 伊藤眞,『會社更生法』(2012), 25면.

그리고 2002년에는 주택담보대출에 관한 허가변제제도, 서면결의제도를 도입하였고, 2004년에는 소규모개인재생 및 급여소득자등의 재생의 개시요건완화, 최저변제액 요건의 개정, 개인재생절차의 비면책채권제도의 창설 등의 개정이 있었다.43)

3. 우리나라 기업회생법의 탄생과 발전

가. 우리나라 기업회생법의 계보

우리나라 최초의 기업회생제도는 1962년 제정된 구(舊)회사정리법과 구(舊)화의법이다. 먼저, 화의절차는 1912년 제정된 조선민사령 제1조 제12호에 의하여 시행되어 오다가, 1962년 1월 20일 구(舊)화의법(법률 제997호)을 제정하였다.

그리고 회사정리절차는 해방 후 일본의 상법을 의용(依用)하여 오다가, 1962년 12월 12일에 상법과 민사소송법의 특별법으로서 구(舊)회사정리법을 제정(법률 제1214호)하였다. 이두 법은 모두 일본법을 계수한 것인데, 전자(前者)는 오스트리아 법을 계수한 일본의 구(舊)화의법을, 후자(後者)는 미국의 연방파산법을 계수한 일본의 회사갱생법을 재계수한 것이다.

---

43) 始關正光, "個人再生手續の創設に係る法改正の概要"(2001) 참조.

나. 채무자회생법의 제정

세계적으로 볼 때, ① 독일, 미국 등과 같이 단일법 체제를 취하는 국가와 ② 일본과 같이 각 분야에 각기 다른 법률을 가진 체제를 가진 국가가 있다. 그동안 우리나라는 일본법을 계수하였으므로 일본과 같이 회생 및 파산절차에 관한 여러 개의 법률이 존재하였지만, **2005년 채무자회생법**의 제정으로 이를 단일법 체제로 전환하였다.[44]

다. 우리나라 기업회생법의 발전

채무자회생법의 제정 후에도 기업회생제도의 발전을 위하여, ① 이 법을 수차례 개정하였고,[45] ② 회생과 파산사건을 전담하는 서울회생법원의 설립 ③ 기업구조조정담당임원(Chief

---

44) 이 법은 구(舊)회사정리법, 구(舊)화의법, 구(舊)파산법, 구(舊)개인채무자회생법 등 4법을 하나의 법으로 통합하였으며, 전체 6편, 제660개 조문으로 구성되어 있어 그 내용이 방대하다.

45) 2020년 2월 4일 개정에서는 기업회생절차에서의 신규자금 유입을 활성화하기 위하여 채무자의 업무 및 재산에 관하여 관리인이 회생절차개시 후에 한 자금의 차입 그 밖의 행위로 인하여 생긴 청구권과 채무자 또는 보전관리인이 회생절차개시신청 후 그 개시 전에 법원의 허가를 받아 행한 자금의 차입, 자재의 구입 그 밖에 채무자의 사업을 계속하는 데에 불가결한 행위로 인하여 생긴 청구권 중에서 채무자의 사업을 계속하기 위하여 법원의 허가를 받아 차입한 자금이 있는 때에는 신규차입자금에 관한 채권과 근로자의 임금 등은 다른 채권에 우선하도록 하였다.

Restructuring Officer, 다음부터 CRO라 한다)제도의 도입46) ④ 회생계획안 사전제출제도47)(Prepackaged Bankruptcy, 다음부터 'Prepack제도' 라 한다)의 확대 시행 ⑤ M&A를 신속하고 효율적으로 진행하기 위한 "임시매수자 선임방식"(Stalking Horse Bid)48)의 채택 등 노력을 계속해 오고 있다.

---

46) 이는 미국의 구조조정담당임원(CRO)제도를 도입하여 2011년 9월부터 시행해 오고 있으며, 부실기업의 구조조정을 감독할 목적으로 임명되는 기업 임원이다. 그동안 DIP는 기존 경영방식을 고수함으로써 회생절차를 신속하고 효과적으로 대응하지 못하고, 채권자협의회 또한 그 활동이 미미하거나 소극적이어서 DIP에 대한 견제기능을 제대로 수행하지 못하는 문제가 발생하여, 이러한 문제점을 보완하고 회생절차의 효율적 진행을 도모하기 위한 것이다; 박사랑, "CRO(Chief Restructuring Officer) 제도의 현황과 과제"(2012), 289면.

47) 구체적인 요건은 뒤(211~212면)에서 상세히 설명한다.

48) 채무자와 인수희망자가 임시로 조건부 인수(Stalking Horse Bid) 계약을 체결하고 법원의 승인을 신청하고 인수희망자가 신속히 사업을 인수하여 사업가치의 추락을 막으면서 새로운 인수희망자를 계속 찾는 방식이다. 더 유리한 인수희망자가 나타나면 이 자와 인수계약을 체결하고 먼저 임시로 선임한 인수희망자에게는 해약보상금(Break-up Fee)을 지급하고 계약을 해지한다. 그러나 더 유리한 새로운 인수희망자가 나타나지 않으면, 먼저 인수계약을 체결한 자와 절차를 진행한다.

제3절 기업회생법의 국제적 효력

1. 도산사건의 국제적 협력 시스템

가. 국제적 협력의 필요성

국제화 추세에 따라 기업의 업무영역이 세계각국으로 확장됨에 따라, 기업회생절차도 이를 신청한 국가내에서만 효력을 가지느냐 아니면 다른 나라에 있는 재산이나 채권자에게도 효력이 있느냐 하는 문제가 발생함에 따라, **국제적인 협력체제를 갖출 필요**가 있다.

이러한 필요에 의하여 유엔산하의 국제상거래법위원회[49]는 1997년 5월 30일 총회에서 "UNCITRAL모델법"[50]을 제정하여[51] 회생절차나 파산절차를 국제적으로 협력하는 처리

---

49) United Nations Commission on International Trade Law.

50) UNCITRAL Model Law on Cross-Border Insolvency, 다음부터 'UNCITRAL모델법'이라 한다.

지침을 제시하였다.52) 최근에는 특정 기업에 한정하지 않고 그룹을 이룬 기업들의 처리방안53)도 제시하고 있다. 채무자 회생법도 이 법을 참조하였지만, 뒤(47-58면)에서 보는 바와 같이 아직도 미흡한 부분이 많다.

나. 국제적 협력 시스템의 범위

(1) 국제도산의 개념

채무자회생법은 제5편에 '국제도산'에 관한 규정을 특별히 두고 있다. 여기서는 회생절차에 한정하지 않고 파산절차 등을 포함한 개념이다.54)

(2) 국제도산법의 적용범위

국제도산에 관한 채무자회생법 제5편의 적용범위는 다음

---

51) 이 법의 제정배경과 주요내용에 관하여는 박승두, 『회사정리법』(2000), 157~163면 참조.

52) 최우영, "국제도산법에 관한 검토"(2010), 46~47면.

53) UNCITRAL Model Law on Enterprise Group Insolvency with Guide to Enactment (2019) Date of adoption: 15 July 2019.

54) 제628조(정의) 이 편에서 사용하는 용어의 정의는 다음 각호와 같다. 1. "외국도산절차"라 함은 외국법원(이에 준하는 당국을 포함한다. 이하 같다)에 신청된 회생절차·파산절차 또는 개인회생절차 및 이와 유사한 절차를 말하며, 임시절차를 포함한다. 2. "국내도산절차"라 함은 대한민국 법원에 신청된 회생절차·파산절차 또는 개인회생절차를 말한다.

과 같으며($^{제629조}_{제1항}$), 여기서 따로 규정하지 아니한 사항은 이 법
중 다른 편의 규정에 따른다($^{제629조}_{제2항}$).

① 외국도산절차[55]의 대표자[56]가 외국도산절차와 관련하여 대한
　 민국 법원에 승인[57]이나 지원[58]을 구하는 경우
② 외국도산절차의 대표자가 대한민국 법원에서 국내도산절차[59]
　 를 신청하거나 진행 중인 국내도산절차에 참가하는 경우
③ 국내도산절차와 관련하여 관리인·파산관재인·채무자 그 밖
　 에 법원의 허가를 받은 자 등이 외국법원의 절차에 참가하
　 거나 외국법원의 승인 및 지원을 구하는 등 외국에서 활동
　 하는 경우
④ 채무자를 공통으로 하는 국내도산절차 및 외국도산절차가 대
　 한민국법원과 외국법원에서 동시에 진행되어 관련절차간에
　 공조가 필요한 경우.

---

55) 외국법원(이에 준하는 당국을 포함한다. 이하 같다)에 신청된 회
생절차·파산절차 또는 개인회생절차 및 이와 유사한 절차를 말하
며, 임시절차를 포함한다(제628조 제1호).

56) 외국법원에 의하여 외국도산절차의 관리자 또는 대표자로 인정
된 자를 말한다(제628조 제5호).

57) 외국도산절차에 대하여 대한민국 내에 "채무자회생법 제5편 국
제도산"의 지원처분을 할 수 있는 기초로서 승인하는 것을 말한다
(제628조 제3호).

58) "채무자회생법 제5편 국제도산"에서 정하는 바에 의하여 외국도
산절차의 승인신청에 관한 재판과 채무자의 대한민국 내에 있어서
의 업무 및 재산에 관하여 당해 외국도산절차를 지원하기 위한 처
분을 하는 절차를 말한다(제628조 제4호).

59) 대한민국 법원에 신청된 회생절차·파산절차 또는 개인회생절
차를 말한다(제628조 제2호).

다. 국내외 복수절차의 공조

법원은 동일한 채무자 또는 상호 관련이 있는 채무자에 대하여 진행 중인 국내도산절차 및 외국도산절차나 복수의 외국도산절차간의 원활하고 공정한 집행을 위하여 외국법원 및 외국도산절차의 대표자와 다음 각호의 사항에 관하여 공조하여야 한다(제641조제1항).

① 의견교환
② 채무자의 업무 및 재산에 관한 관리 및 감독
③ 복수 절차의 진행에 관한 조정
④ 그 밖에 필요한 사항.

법원은 복수절차의 공조를 위하여 외국법원 또는 외국도 산절차의 대표자와 직접 정보 및 의견을 교환할 수 있다(제641조제2항). 그리고 국내도산절차의 관리인 또는 파산관재인은 법 원의 감독하에 외국법원 또는 외국도산절차의 대표자와 직접 정보 및 의견을 교환할 수 있다(제641조제3항).

국내도산절차의 관리인 또는 파산관재인은 법원의 허가를 받아 외국법원 또는 외국도산절차의 대표자와 도산절차의 조 정에 관한 합의를 할 수 있다(제641조제4항).

라. 내외국인 평등의 원칙

(1) 입법 정신

UNCITRAL모델법은 도산절차의 처리에 있어서 "내외국인 평등의 원칙"을 규정하여, 외국채무자가 국내도산절차의 개시를 신청하거나 외국의 채권자가 국내도산절차를 참여함에 있어서 아무런 차별을 두지 않는다.[60]

채무자회생법도 이 정신을 수용하여 이 법의 적용에서는 외국인 또는 외국법인도 대한민국 국민 또는 대한민국 법인과 동일한 지위를 가진다(제2조). 다만 UNCITRAL모델법은 외국채권자의 차별을 예방하기 위하여 특별규정을 두고 있으며, 이러한 지침을 국내법에 규정한 국가도 많지만 우리나라는 특별히 규정하지 않고 있다.[61]

---

60) Article 13. Access of foreign creditors to a proceeding under [identify laws of the enacting State relating to insolvency] 1. Subject to paragraph 2 of this article, foreign creditors have the same rights regarding the commencement of, and participation in, a proceeding under [identify laws of the enacting State relating to insolvency] as creditors in this State. 2. Paragraph 1 of this article does not affect the ranking of claims in a proceeding under [identify laws of the enacting State relating to insolvency], except that the claims of foreign creditors shall not be ranked lower than [identify the class of general non-preference claims, while providing that a foreign claim is to be ranked lower than the general non-preference claims if an equivalent local claim (e.g. claim for a penalty or deferredpayment claim) has a rank lower than the general non-preference claims].

(2) 관리인 등이 외국에서 활동할 권한

국내도산절차의 관리인·파산관재인 그 밖에 법원의 허가를 받은 자 등은 외국법이 허용하는 바에 따라 국내도산절차를 위하여 외국에서 활동할 권한이 있다(제640조).

(3) 외국도산절차 대표자의 권한

외국도산절차가 승인된 때에는 외국도산절차의 대표자는 국내도산절차의 개시를 신청하거나 진행 중인 국내도산절차에 참가할 수 있다(제634조).

(4) 국제도산관리인의 지위

국제도산관리인이 선임된 경우 채무자의 업무의 수행 및 재산에 대한 관리·처분권한은 국제도산관리인에게 전속한다(제637조 제1항). 국제도산관리인은 대한민국 내에 있는 채무자의 재산을 처분 또는 국외로의 반출, 환가·배당 그 밖에 법원이 정하는 행위를 하는 경우에는 법원의 허가를 받아야 한다(제637조 제2항).

그리고 국내사건의 관리인에 관한 규정(제2편 제2장 제1절) 및 파산관재인에 관한 규정(제3편 제2장 제1절)은 국제도산관리인에 관하여 준용한다(제637조 제3항).

---

61) 최우영, "국제도산법에 관한 검토"(2010), 50면.

마. 서울회생법원의 실무

(1) 국제도산 사건 관련 준칙

서울회생법원은 준칙 제504호 "국제도산 사건에서의 **법원 간 공조**"를 제정하여 운용하고 있다. 이는 외국법원 및 외국도산절차의 대표자와의 공조에 관한 구체적인 방법과 절차를 정하여, 병행절차에서 채권자나 채무자를 포함한 이해관계인들의 이익을 보호하고, 국제도산 절차가 효율적이고 효과적으로 관리되도록 하는 것을 목적으로 한다(제1조).

(2) 법원의 공조

법원은 병행절차의 공정하고 원활한 진행을 위해 외국법원 내지 외국도산절차의 대표자와 통신수단을 이용하여 의견을 교환(교신)할 수 있다(제2조 제1항).

법원은 외국법원 등으로부터 교신에 관한 요청을 받으면 신속히 이에 응하여야 한다(제2조 제2항). 교신은 다음의 방법으로 행할 수 있다(제2조 제3항).

① 판결, 결정, 명령, 조서 등·사본의 송달 내지 전송
② 전화, 영상 컨퍼런스 콜, 다른 전자적 수단을 통한 쌍방향 교신
③ 기타 법원이 외국법원 등과 합의한 다른 방법.

(2) 관리인 등의 공조

국내도산절차의 **관리인 또는 파산관재인**은 법원의 허가를 얻어 외국법원 등과 교신할 수 있다(제4조 제1항). 관리인 등은 외국법원 등으로부터 교신에 관한 요청을 받으면 지체없이 법원에 이를 보고하고 교신에 관한 허가를 신청하여야 한다(제4조 제2항).

관리인 등이 요청하는 경우 **법원**은 관리인 등이 외국법원 등과 원활히 교신할 수 있도록 협조할 수 있다(제4조 제3항). 관리인 등이 외국법원 등과 교신을 마친 이후에는 그 내용을 법원에 보고하여야 한다(제4조 제4항).

(3) 이해관계인의 참여

법원은 이해관계인이 외국법원의 승인을 얻어 당해 법원에 진행 중인 절차에 출석하고 참여하는 것을 허가할 수 있다(제6조 제1항). 법원은 법이 허용하는 한도 내에서 필요한 경우에는 외국도산절차의 이해관계인이 특정 쟁점에 관하여 국내도산절차에 출석하고 참여하도록 허가할 수 있다.

이때 그 **이해관계인**은 관련 쟁점을 제외한 나머지 모든 쟁점에 대해서는 국내도산절차의 관할권에 구속되지 않는다(제6조 제2항).

3. 외국도산절차에 대한 처리 방법

가. 외국도산절차의 재판관할

원칙적으로 외국도산절차의 승인 및 지원에 관한 사건은 **서울회생법원 합의부**의 관할에 전속한다(제630조본문). 그러나, 회생절차의 효율적인 진행이나 이해당사자의 권리보호를 위하여 필요한 때에는 서울회생법원은 당사자의 신청에 의하거나 직권으로 외국도산절차의 승인결정과 동시에 또는 그 결정 후에 **국내사건의 관할법원**(제3조)으로 사건을 이송할 수 있다(제630조단서). 그리고 서류의 비치(제37조) 및 비용의 예납 등(제39조)은 국내 신청사건과 동일하다(제631조제4항).

나. 외국도산절차의 승인

(1) 승인신청

외국도산절차의 대표자는 외국도산절차가 신청된 국가에 채무자의 영업소·사무소 또는 주소가 있는 경우에 다음의 서면을 첨부하여 법원에 **외국도산절차의 승인을 신청**할 수 있다(제631조제1항).62) 외국도산절차의 승인을 신청한 후 아래의 내용이 변경된 때에는 신청인은 지체 없이 변경된 사항을 기재한 서면을 법원에 제출하여야 한다(제631조제2항). 외국도산절차 승인의

---

62) 외국어로 작성된 서면에는 번역문을 붙여야 한다.

신청이 있는 때에는 법원은 지체 없이 그 요지를 공고하여야 한다(제631조 제3항).

① 외국도산절차 일반에 대한 법적 근거 및 개요에 대한 진술서
② 외국도산절차의 개시를 증명하는 서면
③ 외국도산절차의 대표자의 자격과 권한을 증명하는 서면
④ 승인을 신청하는 그 외국도산절차의 주요내용에 대한 진술서 (채권자·채무자 및 이해당사자에 대한 서술을 포함한다)
⑤ 외국도산절차의 대표자가 알고 있는 그 채무자에 대한 다른 모든 외국도산절차에 대한 진술서.

(2) 외국도산절차의 승인결정

(가) 승인결정의 기한

법원은 외국도산절차의 승인신청이 있는 때에는 신청일부터 1월 이내에 승인 여부를 결정하여야 한다(제632조 제1항). 여기서 승인여부의 결정을 내리기 전에는 국내 도산절차를 신청하거나 진행중인 국내도산절차에 참가할 수 없으므로 권리의 행사에 중대한 제한으로 볼 수 있다.[63]

(나) 기각 사유

다음의 경우에는 승인신청을 기각하여야 한다(제632조 제2항).

① 법원이 정한 비용을 미리 납부하지 아니한 경우

---

63) 박승두, "한국 기업회생제도의 긴급진단과 처방"(2019), 426면.

② 신청시 같이 제출하여야 할 서면(제631조 제1항 각호)을 제출하지 아니하거나 그 성립 또는 내용의 진정을 인정하기에 부족한 경우

③ 외국도산절차를 승인하는 것이 대한민국의 선량한 풍속 그 밖에 사회질서에 반하는 경우.

(다) 승인 전 사전지원

법원은 외국도산절차의 대표자의 신청에 의하거나 직권으로 외국도산절차의 승인신청이 있은 후 그 결정이 있을 때까지 중지명령 등 외국도산절차에 대한 지원의 조치(제636조 제1항 제1호 - 제3호)를 명할 수 있다(제635조 제1항). 이는 외국도산절차의 승인신청을 기각하는 결정에 대하여 즉시항고가 제기된 경우에도 마찬가지이다(제635조 제2항). 법원은 이상의 처분을 변경하거나 취소할 수 있다(제635조 제3항). 이해관계인은 이상의 결정에 대하여는 즉시항고를 할 수 있다(제635조 제4항). 이는 집행정지의 효력이 없다(제635조 제5항).

(라) 승인결정후 조치사항

법원은 외국도산절차의 승인결정이 있는 때에는 그 주문과 이유의 요지를 공고하고 그 결정서를 신청인에게 송달하여야 한다(제632조 제3항).

(마) 승인여부 결정에 대한 불복

승인신청에 관한 결정에 대하여는 즉시항고를 할 수 있다

(제632조
제4항). 즉시항고는 집행정지의 효력이 없다(제632조
제5항).

(바) 승인결정의 효력

① 국내도산절차의 개시나 참가

외국도산절차가 승인된 때에는 외국도산절차의 대표자는 **국내도산절차의 개시**를 신청하거나 진행 중인 **국내도산절차에 참가**할 수 있다(제634조).

② 국내도산절차에 미치는 영향

외국도산절차의 승인결정은 이 법에 의한 절차의 개시 또는 진행에 영향을 미치지 아니한다(제633조).[64]

다. 외국도산절차에 대한 지원

(1) 지원사항

법원은 채무자의 업무 및 재산이나 채권자의 이익을 보호하기 위하여 다음의 지원결정을 할 수 있다(제636조
제1항).[65]

---

64) '외국도산절차의 승인'은 민사소송법 제217조가 규정하는 '외국판결의 승인'과는 달리 외국법원의 '재판'을 승인하는 것이 아니라 당해 '외국도산절차'를 승인하는 것으로서 그 법적 효과는 외국도산절차가 지원결정을 하기 위한 적격을 갖추고 있음을 확인하는 것에 그치는 것이다: 대법원 2010. 3. 25. 자 2009마1600 결정.

65) Article 19. Relief that may be granted upon application for re-cognition of a foreign proceeding

① 채무자의 업무 및 재산에 대한 소송 또는 행정청에 계속하
　는 절차의 중지
② 채무자의 업무 및 재산에 대한 강제집행, 담보권실행을 위
　한 경매, 가압류·가처분 등 보전절차의 금지 또는 중지
③ 채무자의 변제금지 또는 채무자 재산의 처분금지
④ 국제도산관리인66)의 선임
⑤ 그 밖에 채무자의 업무 및 재산을 보전하거나 채권자의 이
　익을 보호하기 위하여 필요한 처분.

---

1. From the time of filing an application for recognition until the application is decided upon, the court may, at the request of the foreign 10 UNCITRAL Model Law on Cross-Border Insolvency Law with Guide to Enactment and Interpretation representative, where relief is urgently needed to protect the assets of the debtor or the interests of the creditors, grant relief of a provisional nature, including:
(a) Staying execution against the debtor's assets; (b) Entrusting the administration or realization of all or part of the debtor's assets located in this State to the foreign representative or another person designated by the court, in order to protect and preserve the value of assets that, by their nature or because of other circumstances, are perishable, susceptible to devaluation or otherwise in jeopardy; (c) Any relief men -tioned in paragraph 1 (c), (d) and (g) of article 21.
2. [Insert provisions (or refer to provisions in force in the enacting State) relating to notice.]
3. Unless extended under paragraph 1 (f) of article 21, the relief granted under this article terminates when the application for recognition is decided upon.
4. The court may refuse to grant relief under this article if such relief would interfere with the administration of a foreign main proceeding.

66) 외국도산절차의 지원을 위하여 법원이 채무자의 재산에 대한 환가 및 배당 또는 채무자의 업무 및 재산에 대한 관리 및 처분권 한의 전부 또는 일부를 부여한 자를 말한다(제628조 제6호).

(2) 지원결정의 요건

법원은 외국도산절차를 승인함과 동시에 또는 승인한 후 이해관계인의 신청에 의하거나 직권으로 결정을 할 수 있다 (제636조 제1항).67)

법원은 지원신청이 대한민국의 선량한 풍속 그 밖의 사회질서에 반하는 때에는 그 신청을 기각하여야 한다(제636조 제3항). 그리고 법원은 필요한 경우 이해관계인의 신청에 의하거나 직권으로 이를 변경하거나 취소할 수 있다(제636조 제6항).

(3) 금지명령시 조치 및 소멸시효

법원은 금지명령 및 이를 변경하거나 취소하는 결정을 한 때에는 그 주문을 공고하고 그 결정서를 외국도산절차의 대표자나 신청인에게 송달하여야 한다(제636조 제4항). 금지명령이 있는 때에는 그 명령의 효력이 상실된 날의 다음 날부터 2월이 경과하는 날까지 채무자에 대한 채권의 시효는 완성되지 아니한다(제636조 제5항).

(4) 중지된 절차에 대한 취소명령

법원은 특히 필요하다고 인정하는 때에는 이해관계인의 신청에 의하거나 직권으로 중지된 절차의 취소를 명할 수 있으며, 담보를 제공하게 할 수 있다(제636조 제7항).

---

67) 법원은 이러한 결정을 하는 때에는 채권자·채무자 그 밖의 이해관계인의 이익을 고려하여야 한다(제636조 제2항).

(5) 지원에 관한 결정에 대한 불복

외국도산절차의 지원에 관한 결정에 대하여는 즉시항고를 할 수 있다(제636조 제8항). 즉시항고는 집행정지의 효력이 없다(제636조 제9항).

(6) 지원결정의 효력

지원결정은 채무자의 재산의 보전을 위한 조치에 불과하다.[68]

---

68) 채무자회생법상의 지원결정은 국내에서 진행되고 있는 채무자의 업무 및 재산에 대한 소송 등의 중지나 강제집행, 담보권실행을 위한 경매, 보전절차 등의 금지 또는 중지, 채무자의 변제금지 또는 채무자 재산의 처분금지 등 외국도산절차의 대표자가 외국도산절차에 필요한 배당·변제재원을 국내에서 보전·확보하고 이를 기초로 배당·변제계획을 수립하거나 그 계획을 수행할 수 있도록 절차적인 지원을 하는 것일 뿐, 외국법원이 외국도산절차에서 한 면책결정이나 회생계획의 인가결정 등과 같이 채무나 책임을 변경·소멸시키는 재판(이하 '외국법원의 면책재판 등'이라고 한다)을 직접 한다거나 외국법원의 면책재판 등에 대하여 국내에서 동일한 효력을 부여하는 재판을 함으로써 채권자의 권리를 실체적으로 변경·소멸시키기 위한 절차는 아니다.
외국법원의 면책재판 등의 승인은 그 면책재판 등이 비록 외국도산절차의 일환으로 이루어진 것이라 하더라도 민사소송법 제217조가 규정하는 일반적인 외국판결의 승인과 다를 바 없다고 할 것이다. 따라서 속지주의 원칙을 폐지한 채무자회생법하에서 외국도산절차에서 이루어진 외국법원의 면책재판 등의 승인 여부는 그 면책재판 등이 민사소송법 제217조의 승인요건을 충족하고 있는지를 심리하여 개별적으로 판단함이 상당하고, 그 승인 여부를 채무자회생법의 승인절차나 지원절차에 의하여 결정할 것은 아니라고 할 것이다: 대법원 2010. 3. 25. 자 2009마1600 결정.

4. 국내외 도산사건의 동시 진행

가. 동시진행결정

채무자를 공통으로 하는 외국도산절차와 국내도산절차가 동시에 진행하는 경우 법원은 국내도산절차를 중심으로 승인 전 명령 등이나 외국도산절차에 대한 지원을 결정하거나 이를 변경 또는 취소할 수 있다(제638조제1항). 이러한 결정에 대하여는 즉시항고를 할 수 있지만(제638조제2항), 즉시항고를 하더라도 집행정지의 효력은 없다(제638조제3항).

나. 복수의 절차에 대한 처리

(1) 병합심리

채무자를 공통으로 하는 여러 개의 외국도산절차의 승인 신청이 있는 때에는 법원은 이를 병합심리하여야 한다(제639조제1항).

(2) 주된 외국도산절차의 결정

채무자를 공통으로 하는 여러 개의 외국도산절차가 승인된 때에는 법원은 승인 및 지원절차의 효율적 진행을 위하여 채무자의 주된 영업소 소재지 또는 채권자보호조치의 정도 등을 고려하여 **주된 외국도산절차**를 결정할 수 있다(제639조제2항).69) 이 결정에 대하여는 즉시항고를 할 수 있지만(제639조제5항), 즉시항고를 하더라도 집행정지의 효력은 없다($\frac{제639조}{제6항}$).

법원은 주된 외국도산절차를 중심으로 이에 대한 지원을 결정하거나 변경할 수 있다($\frac{제639조}{제3항}$). 이 결정에 대하여는 즉시항고를 할 수 있지만($\frac{제639조}{제5항}$), 즉시항고를 하더라도 집행정지의 효력은 없다($\frac{제639조}{제6항}$). 이에 관하여 UNCITRAL모델법은 외국회생절차를 주된(main) 절차[70]와 종된(nonmain) 절차[71]로 나누고 그 효력을 달리 규정하고 있지만, 채무자회생법은 이러한 규정을 두고 있지 않아 법원의 해석에 맡기고 있다.

다. 이중변제의 금지

채무자를 공통으로 하는 국내도산절차와 외국도산절차 또는 복수의 외국도산절차가 있는 경우 외국도산절차 또는 채무자의 국외재산으로부터 **변제받은 채권자**는 국내도산절차에서 그와 같은 조 및 순위에 속하는 다른 채권자가 동일한 비율의 변제를 받을 때까지 국내도산절차에서 배당 또는 변제를 받을 수 없다($\frac{제642조}{}$).

---

69) 법원은 필요한 경우 이를 변경할 수 있다(제639조 제4항).

70) Article 2. Definitions (b) "Foreign main proceeding" means a foreign proceeding taking place in the State where the debtor has the centre of its main interests.

71) Article 2. Definitions (c) "Foreign non-main proceeding" means a foreign proceeding, other than a foreign main proceeding, taking place in a State where the debtor has an establishment within the meaning of subparagraph (f) of this article.

제4절 기업회생법의 현황과 전망

1. 기업회생법의 중요성

코로나19사태, 미중 무역전쟁 등으로 정상적인 경영을 영위하기 어려운 기업은 법원에 회생절차와 파산절차를 신청하고 있다.[72]

특히, 경영위기에 이르러 파산할 수 있는 기업에 대하여 효율적으로 회생을 지원하는 제도는 이해관계 당사자에게는 물론이고 국가경제의 측면에서도 매우 유익한 효과를 가져오며, **자본주의 경제체제하에서 중요한 의의를 가진다.**

우리나라가 기업회생제도를 도입된 지 약 60년이 되었고,[73] 개선을 위하여 많은 노력을 해오고 있음에도 불구하고,

---

72) 기업회생 접수건수는 2019년 1,722건, 2020년 1,552건, 2021년 7월 누계 734건이고, 법인파산 접수건수는 2019년 931건, 2020년 1,069건, 2021년 7월 누계 516건이다; 대한민국 법원/ 대국민서비스/ 사법통계https://www.scourt.go.kr/portal/justicesta/JusticestaCodeAction.work? gubun_code=G01.

아직도 입법부의 인식부족과 법원의 권위주의 등으로 그 낙후성을 극복하지 못하고 있다.

2. 우리나라 기업회생법의 문제점

가. 진입절차의 혼란

우리나라 회생절차의 가장 큰 문제점은 ① 회생절차와 파산절차의 분리 ② 회생절차와 파산절차 상호간의 연계성 부족 ③ 회생절차 조기신청을 유도하는 제도의 부재라고 생각한다.

먼저, 기업회생제도의 진입절차를 회생과 파산으로 분리하지 말고 독일이나 프랑스 등과 같이 **입구를 단일화**하여야 한다. 이러한 주장은 채무자회생법 제정 검토 단계에도 제기되었지만,[74] 입법에 반영되지 않았고 채무자회생법은 오히려 절차 상호간의 연계성을 후퇴시켰다.[75]

---

73) 엄밀히 말하면, 우리나라의 기업회생제도는 해방 후 우리의 상법이 없어서 의용(依用)하여 온 일본상법, 즉 구(舊)상법에 규정되었던 회사정리제도부터 시작되었다고 볼 수 있다. 그러나 이 제도는 여러 가지 사정으로 제 기능을 발휘하지 못하였으며, 1962년 1월 20일 구(舊)화의법이 제정되어 당일자로 시행되었는데, 여기서는 이를 시발점으로 보았다.

74) 한국산업은행, 『통합도산법(안)의 주요내용과 개선방안』(2003), 33면.

그 결과 ① 처음부터 파산절차를 신청하여야 할 기업이
회생절차를 신청하여 시간과 경제적인 낭비를 초래하거나 ②
회생가능한 기업을 채권자가 파산절차를 신청하여 다시 회생
절차로 신청하는 문제점도 발생하고 있다.76)

나. 보전제도의 비효율성

기업회생절차상 채무자 재산을 보전하는 제도로는 ① 보
전처분 ② 중지명령 ③ 포괄적 금지명령 등으로 산발적으로
존재하여 비효율적이다.

현재 기업회생사건 거의 대부분의 경우 보전처분을 신청
하고 법원도 이에 대하여 일반적으로 수용하는 자세를 취하
고 있어 **절차의 번잡과 비용의 낭비**를 초래하고 있다. 그리
고 보전처분이 내려진 후에는 수표발행자를 부정수표단속법
위반으로 처벌하지 못하여 회생제도가 불법행위의 피난처가
되고 있다.

이러한 문제를 해결하기 위하여 채무자회생법 제정과정에
서 미국 연방파산법상의 자동중지(automatic stay)제도를 도입하여
야 한다는 견해가 강력하게 제기되었으나,77) 이에 대한 이해

---

75) 채무자회생법은 회생절차와 파산절차의 연계성을 강화시키지
못하고 오히려 필요적 파산선고 사유를 축소시켜 절차 상호간의 연
계성을 후퇴시켰다.

76) 박승두, "한국 기업회생제도의 긴급진단과 처방"(2019), 417면.

77) 박승두, "미국 연방파산법상 자동정지제도와 채권자 보호제도"(2000), 104면.

부족으로 채택하지 못하고 일본의 포괄적 금지명령제도를 도입하였다.[78]

다. 회생계획안 사전제출제도의 미흡

우리나라의 회생계획안 사전제출제도[79](Prepackaged Bankruptcy, 다음부터 'Prepack제도' 라 한다)는 2001년 구(舊)회사정리법의 개정시에 최초로 도입하였고, 2005년 채무자회생법의 제정시 승계하여 2016년 개정시 대폭 확대하였다

그러나 이 제도는 여러 가지 **한계성**을 가지고 있어 여전히 큰 실효를 거두지 못하고 있다.[80]

---

78) 이는 우리의 법문화가 아직 일본법의 한계를 벗어나지 못하고 법원이 권위주의에서 벗어나지 못하고 있음을 여실히 보여준다: 박승두, 『통합도산법 분석』(2005), 301면.

79) 구체적인 요건은 뒤(211~212면)에서 상세히 설명한다.

80) 그 이유는 첫째, 이 제도의 신청요건을 엄격히 제한하고 있기 때문이다. 이 제도를 처음 창설한 미국법에서는 채권자의 동의 여부와 상관없이 채무자는 자유롭게 신청할 수 있지만, 채무자회생법은 채무자의 채무액 2분의 1 이상을 가진 채권자 또는 이러한 채권자의 동의를 얻은 채무자에게만 신청권을 주고 있다. 둘째, 사전회생계획안을 제출할 수 있는 기간이 회생절차를 신청한 후부터 개시결정전까지로 한정되어 있다. 셋째, 법원내의 회생절차를 최대한 신속하게 진행할 강행규정이 없다; 박승두, "기업회생절차상 '한국형 **Prepack제도**'(P-Plan)의 개선 방안"(2014), 315~316면.

라. 법원의 전문성 부족

서울회생법원의 설립 등 그동안 법원의 전문성 강화를 위하여 노력하고 있음에도 불구하고, 법원의 전문성은 아직도 매우 취약한 것으로 평가되고 있다.

그 원인으로 법원의 기업경영에 관한 비전문성을 지적하기도 하기도 하지만,[81] 가장 근본적인 것은 직급과 서열에 따라 **법관을 전국적으로 순환 보직**시키는데 있다.[82] 그리고 회생전담재판부의 인력부족 등으로 효율적이고 체계적인 회생지원이 행해지지 못하고 있다.[83]

마. 도덕적 해이를 조장하는 관리인제도

채무자의 관리인을 원칙적으로 기존경영자를 선임하는 미국식 DIP제도[84]를 도입하였으며, 부실경영책임이 있는 경우

---

81) 최도성·지헌열, 『회사정리제도』(1998), 129~132면.

82) 법관 개인의 입장에서는 향후 승진 등을 고려하면 순환보직이 필요할 수 있겠지만, 법원의 고객인 소송당사자 입장에서 보면 결국 법원의 전문성을 약화시켜 신속하고 정당한 서비스를 받지 못하는 피해를 입게 된다.

83) 박승두, "한국 기업회생제도의 긴급진단과 처방"(2019), 419면.

84) 우리는 원칙적으로 관리인을 선임하지만, 미국에서는 원칙적으로 관리인을 선임하지 않고 기존 경영진에게 계속 경영권을 맡기는 것으로 서로 다르다. 따라서 우리의 제도는 완전한 'DIP제도'가 아닌 '변형 DIP제도'라 할 수 있다.

예외적으로 외부관리인을 선임할 수 있도록 하였다.

　이는 채무자회생법의 제정시 구(舊)화의법이 부실경영책임주에게 경영권을 보장하여 채무자의 도덕적 해이를 초래한다는 비판을 받아 폐지하였는데, 실제 채무자회생법은 이보다 더욱 후퇴된 제도를 도입하였다.[85]

　당시 이 제도의 도입이유를 채무자가 절차를 조기에 회생절차를 신청하도록 유도하기 위한 것이라 주장하였다. 그러나 조기신청을 하지 않은 경우 이를 배제하는 규정이 없어, 현재에도 대부분의 기업이 회생가능성이 있을 때 조기에 회생절차를 신청하기 보다는 파산이 불가피한 상황이 되어서 비로소 회생절차를 신청하고 있으며,[86] 그 결과 기업의 **회생률 또한 저조한 실정**이다.[87]

　구(舊)경영진과 관련된 사람이 관리인으로 선임된 경우 기업회생에 실패한 사례가 많았는데,[88] 이는 부실기업의 회생을 위해서는 신규투자자금의 확보와 경영능력을 갖춘 제3자에게 사업을 양도하는 M&A가 바람직한 경우에도, 구(舊)경영진이 관리인으로 선임된 경우에는 이에 대하여 소극적인 경우가 많기 때문이다.[89]

---

85) 박승두, 『통합도산법 분석』(2005), 320면.

86) 임치용, "회생계획 인가 전의 영업양도의 신속화 및 활성화 방안"(2021), 35면.

87) 박승두, "한국 기업회생제도의 긴급진단과 처방"(2019), 419면.

88) 최도성・지헌열, 『회사정리제도』(1998), 132~135면.

89) 기존의 경영진은 회사의 부채에 대한 연대보증으로 인하여 회

바. 소모적인 조사위원제도

회생절차상 조사위원제도는 회생절차를 신청한 기업에 대하여 객관적 평가를 통하여 회생가능성 여부를 진단하고 가장 적절한 회생방법을 모색한다는 점에서 매우 의의있는 제도라 할 수 있다.[90]

그러나 현재 이 제도는 조사위원의 선임이 불필요한 경우까지 거의 일률적이고 강제적으로 조사위원을 선임함으로써 회생기업에게 **과도한 경제적 부담**을 지우고[91] **절차의 지연**을

사의 **M&A**가 성사되더라도 자신의 채무는 면제되지 아니한다.

90) 구체적으로 보면, ① 관리인의 채무자의 재산평가의무(제90조), 조사위원의 조사(제87조 제3항) ② 회생담보권자의 담보목적물의 가액 범위내 의결권 인정(제140조 제5항) ③ 채무자의 계속기업가치와 청산가치의 비교에 따른 법원의 회생계획안 제출명령(제219조 제1항) ④ 채무자의 계속기업가치와 청산가치의 비교에 따른 법원의 회생계획안 제출허가(제221조 제1항) ⑤ 청산가치 이상의 회생계획상 변제 보장(제242조 제1항 제4호) ⑥ 채무자의 계속기업가치와 청산가치의 비교에 따른 법원의 청산형 회생계획안 작성의 허가 또는 회생절차폐지결정(제286조) ⑦ 회생계획안 제출명령 이후 채무자의 계속기업가치와 청산가치의 비교에 따른 회생절차폐지결정(제287조 제2항) 등이다.

91) 회생절차개시의 신청을 하는 때에는 신청인은 회생절차의 비용을 미리 납부하여야 하는데(제39조 제1항), 비용의 대부분은 조사위원에게 지급하는 보수에 충당된다. 조사위원에게 지급하는 보수의 기준은 조사 당시의 자산총액을 기준으로, 50억 원 미만인 경우 1,500만 원에서 시작하여, 2조 원 이상이면 12,000만 원에 이르고, 1조 원당 1,200만 원씩 추가된다.

초래하는 원인으로 지적되고 있다.[92] 그리고 채무자회생법은 평가의 기준을 규정하지 않고 있어, 평가의 공정성을 담보할 수 없다.[93]

사. 채권자 참여기회의 미흡

채무자회생법은 처음 제정시 채권자협의회의 지위를 강화시켰고, 2016년에 개정시에는 주요 채권자에게 채권자협의회의 구성에 관한 의견제시권과 채권자협의회에 관리인후보자 추천권을 부여하였고, 신규자금 확보 지원을 위해 신규자금 대여채권자에게 의견제시권·자료 요청권을 부여하였다.[94]

이러한 노력에도 불구하고, 아직 선진 각국의 수준에 비하여 **채권자의 참여제도가 미흡한 단계**에 머무르고 있다. 그 이유는 채무자회생법에서 규정하고 있는 사항이 대부분 채권자협의회가 법원에 의견을 제시할 수 있는 권한밖에 없으므로 아무런 구속력이 없기 때문이다. 채권자협의회의 구성도 '10인 이내로 구성한다'고만 규정할 뿐 구체적인 내용은 대법원규칙에 위임하고 있어(제21조 제4항), 구성 및 운용상 문제가 발생할 소지가 있다. 그리고 채권자의 참여가 저조하면 ①

---

92) 이는 결과적으로 경영위기에 처하여 구조를 요청한 기업에게 법원이 과도한 비용을 부과하여 경영을 더욱 어렵게 하는 요인이 된다.

93) 박승두, "한국 기업회생제도의 긴급진단과 처방"(2019), 420면.

94) 박승두·남영덕, "2016년 기업회생법의 개정내용과 향후 전망"(2017), 345면.

조사보고서의 부실 ② 실질적 회생지원의 미흡 ③ CRO의 법원예속화 등을 초래할 수 있다.[95]

아. CRO제도의 왜곡

채무자회생법에는 CRO의 위촉에 관한 명문규정이 없다. 그 결과 CRO 위촉대상자 명단을 미리 법원에 비치해 두고 이 중에서 **법원의 재량으로 선임**하는 경우가 대부분이며, 업무도 대부분 법원과 관리인을 위한 업무에 집중되어 있다. 그리고 관리인에 대한 자문 또는 조언자의 역할에 머무르고 있다. 그리고 업무수행의 범위와 그에 대한 법적 책임도 명확하지 않다.[96]

자. 회생계획안 의결제도의 비효율성

우리는 특별한 경우를 제외하고 관계인집회에서 의결절차를 거치며, 회생계획안 의결요건도 회생채권의 경우 회생채권자의 의결권의 총액의 3분의 2 이상의 찬성이 필요하며, 회생담보권의 경우 의결권의 총액의 4분의 3이상의 동의를 얻어야 한다(제237조).

이는 선진각국에 비하여 **엄격한 요건**으로 주채권자의 불

---

95) 박승두, "한국 기업회생제도의 긴급진단과 처방"(2019), 421면.

96) 안청헌, "기업회생절차상 구조조정담당임원(CRO)제도에 관한 한국과 미국의 비교연구"(2019), 187~189면.

합리한 반대로 회생계획안이 의결되지 못하는 사례가 빈번히
나타나고 있다.[97]

차. 원시적 절차폐지요건

채무자회생법은 미국 연방파산법상의 제도를 도입하여, 기
업의 가치평가를 통하여 회생절차 진행여부를 결정하고 있
다. 이 규정은 IMF 구제금융 이후 1998년 구(舊)회사정리법의
개정시 도입되었으며,[98] 채무자회생법에서도 유지되고 있다.
이는 절차개시의 요건을 객관적이고 명확하게 규정하였다는
점에서 의의가 있다.

그러나 이 제도는 ① 평가의 유동성[99] ② 채권자의 헌법
상 재산권 침해[100] ③ 채무자회생법의 가장 큰 이념인 공정·
형평성 위반[101] ④ 국가경쟁력 추락[102] 등을 초래하는 **졸속**

---

97) 일부 채권자의 조의 반대가 있더라도 법원은 회생계획안을 인
가(강제인가)할 수 있는 권한이 있지만, 이를 시행하는 사례는 많지
않다.

98) 박승두, 『회사정리법』(2000), 46면.

99) 김성용·오수근, "도산법에 대한 법경제학적 고찰"(2011), 143면.

100) 윤남근, "회생계획안의 인가-기업가치의 분배를 중심으로
-"(2012), 참조.

101) 실질적 생산설비를 갖춘 제조업에는 절대적으로 불리하고, 임
차건물에 컴퓨터 등의 기초설비만 갖춘 IT 기업에 유리하게 된다.

102) 실질적 생산설비를 갖춘 제조업을 청산가치가 크다는 것을 이
유로 퇴출시키게 되면 해당 기업의 임직원 및 거래처의 생존에도
문제가 있지만, 가장 심각한 것은 국가의 기반산업을 통째로 무너뜨

입법으로 평가된다.

카. 임금채권의 우선변제권 보장 미흡

채무자회생법은 헌법과 노동법에서 보장한 **임금채권에 대한 우선변제권 보장이 미흡**하다.[103]

타. 국제도산절차의 후진성

첫째, 외국도산절차에 대한 승인제도는 외국도산절차가 진행 중이더라도 국내 도산절차를 신청하거나 진행중인 국내도산절차에 참가할 수 있도록 함으로써 국제적 협력체계를 보장한 것으로 볼 수 있다. 그러나 UNCITRAL모델법에서는 외국도산절차의 대표자는 **언제든지 국내도산절차를 신청할 수**

릴 수 있다는 점이다. 국가적으로 볼 때, 전체 산업이 청산가치가 크다고 가정할 경우 모두를 파산시키는 것이 바람직한 것이냐 하는 점을 고려할 때 이는 결코 단순히 결정할 문제가 아니다. 특히, 경제위기시에는 생산자원을 최대한 활용하여야 하는데, 청산가치가 높다고 파산시킨다면 우리 경제를 더욱 추락시킬 것은 자명하다: 박승두, "기업회생법의 역사·현황·전망"(2014), 245면.

103) 구체적으로 보면, 회생절차상 임금채권은 공익채권으로 인정되어 일반 회생채권에 비하여 우선변제를 받는다고 하더라도 전체 공익채권의 일부로 포함되어 유동성이 취약한 채무자로부터 제대로 변제받기는 어려울 뿐만 아니라, 신규차입채권이 있으면 일반 공익채권보다 우선하므로 임금채권은 항상 이 보다 후순위에 놓이게 된다; 박승두, "채무자회생법상 임금채권 우선변제권의 문제점과 개선방안"(2020), 9~12면.

있다104)는 점을 생각할 때, 우리법은 법원의 권위주의를 극복하지 못한 한계성을 가지는 것으로 평가할 수 있다.105)

둘째, 외국도산절차에 대한 지원제도는 중지명령 등 지원하는 것으로 국제교류에 유용한 것으로 볼 수 있다. 그러나 UNCITRAL모델법에서는 외국도산절차의 **승인신청과 동시에** 채무자 재산에 대한 권리실행이나 채무자의 변제를 금지명령을 신청할 수 있고,106) 법원은 승인결정과 동시에 이러한 명령을 내릴 수 있다.107) 우리법에서는 법원의 승인결정과 동

---

104) Article 9. Right of direct access, A foreign representative is entitled to apply directly to a court in this State.

105) 박승두, "한국 기업회생제도의 긴급진단과 처방"(2019), 426면.

106) Article 19. Relief that may be granted upon application for recognition of a foreign proceeding 1. From the time of filing an application for recognition until the application is decided upon, the court may, at the request of the foreign 10 UNCITRAL Model Law on Cross-Border Insolvency Law with Guide to Enactment and Interpretation representative, where relief is urgently needed to protect the assets of the debtor or the interests of the creditors, grant relief of a provisional nature, including: (a) Staying execution against the debtor's assets; (b) Entrusting the administration or realization of all or part of the debtor's assets located in this State to the foreign representative or another person designated by the court, in order to protect and preserve the value of assets that, by their nature or because of other circumstances, are perishable, susceptible to devaluation or otherwise in jeopardy; (c) Any relief mentioned in paragraph 1 (c), (d) and (g) of article 21.

107) Article 21. Relief that may be granted upon recognition of a foreign proceeding, 1. Upon recognition of a foreign proceeding, whether main or nonmain, where necessary to protect the assets of the

시에 또는 승인한 후에만 지원결정을 할 수 있으므로, 그 이전에 집행한 채권자가 부당하게 이익을 취할 수 있고 이는 이해관계인 상호간의 공정·형평성을 침해할 수 있다는 점에서 문제가 있다.

셋째, UNCITRAL모델법은 외국회생절차를 **주된**(main) **절차와 종된**(nonmain) **절차**로 나누고 그 효력을 달리 규정하고 있지만, 채무자회생법은 이러한 규정을 두고 있지 않아 법원의 해석에 맡기고 있다. 이를 입법적으로 명확히 구분하는 것은 어려운 일이지만, 이를 법원의 해석에 맡기는 것은 더 큰 문제가 있다.108)

---

debtor or the interests of the creditors, the court may, at the request of the foreign representative, grant any appropriate relief, including: (a) Staying the commencement or continuation of individual actions or individual proceedings concerning the debtor's assets, rights, obligations or liabilities, to the extent they have not been stayed under paragraph 1 (a) of article 20; (b) Staying execution against the debtor's assets to the extent it has not been stayed under paragraph 1 (b) of article 20; (c) Suspending the right to transfer, encumber or otherwise dispose of any assets of the debtor to the extent this right has not been suspended under paragraph 1 (c) of article 20; (d) Providing for the examination of witnesses, the taking of evidence or the delivery of information concerning the debtor's assets, affairs, rights, obligations or liabilities; (e) Entrusting the administration or realization of all or part of the debtor's assets located in this State to the foreign representative or another person designated by the court; (f) Extending relief granted under paragraph 1 of article 19; (g) Granting any additional relief that may be available to [insert the title of a person or body administering a reorganization or liquidation under the law of the enacting State] under the laws of this State.

3. 우리나라 기업회생법의 개정방안

가. 진입절차의 단일화

우리나라에서는 기업의 구조조정이나 회생지원제도가 복잡하여 단일화의 필요성이 제기되어 왔다.109) 특히 채무자회생법을 선진화시키기 위하여는 경제적 파탄에 직면한 기업은 회생이나 파산절차를 선택하지 않고 **단일의 절차를 신청**(입구단일화)하도록 하여야 한다.110)

입법방안은 독일과 같이111) 파산절차를 원칙으로 하여야 한다는 주장이 이론적으로는 타당하지만, 기업자체의 입장이나 국가경제를 고려하면 프랑스와 같이112) 회생을 우선으로 하는 것이 바람직하다고 본다.113)

---

108) 박승두, "한국 기업회생제도의 긴급진단과 처방"(2019), 426면.

109) 최도성·지헌열, 『회사정리제도』(1998), 148~150면.

110) 박승두, "한국 기업회생제도의 긴급진단과 처방"(2019), 426~427면.

111) 독일의 신(新)파산법은 절차개시와 동시에 파산절차가 진행되고, 회생 가능성과 필요성이 있는 기업에 한하여 회생절차로 전환한다.

112) 프랑스는 절차개시와 동시에 회생절차가 진행되고, 회생의 가능성이 없는 기업에 대하여는 파산절차로 전환한다.

113) 한국산업은행, 『통합도산법(안)의 주요내용과 개선방안』(2003),

나. 자동중지제도의 도입

현재 채무자 재산에 대한 보전제도가 산발적으로 존재하고 있어 혼란과 비효율성을 낳고 있으므로,114) 이를 개선하기 위하여 **자동중지제도를 도입**하여야 한다.115)

다. 회생계획안 사전제출제도의 개선

Prepack제도를 그 **본래의 취지**를 살릴 수 있도록 다음과 같이 개선하여야 한다.

첫째, 미국법과 같이 신청 전에 작성된 회생계획안에 대해 적절한 정보공개 후에 법정 다수의 채권자로부터 동의를 얻은 경우에는 신청 후에 다시 투표할 필요없이 법원이 확인절

33~34면.

114) 박승두, "채무자회생법상 자동중지제도 도입의 필요성과 정당성"(2013), 139면.

115) 구체적인 입법 방안으로는, 먼저 자동적으로 중지되는 행위를 상세하게 규정하여야 한다. 그렇지 않은 경우 대부분의 채권자가 채무자의 남용방지를 위하여 자동중지효력 배제를 신청할 경우 시행상의 혼란을 가중시킬 가능성이 있다. 둘째, 이 제도를 도입함에 따라 발생할 수 있는 남용행위를 방지하고 채권자가 부당한 피해를 입지 않도록 그 보호방안을 마련하여야 한다. 셋째, 현재 회생절차는 부정수표단속법의 도피처가 되고 있는데 이를 적용할 수 있는 규정을 명문화할 필요가 있다. 마지막으로 자동중지제도의 효력발생 시기는 개시신청서를 법원에 제출한 시점으로 하여야 한다; 박승두, "채무자회생법상 자동중지제도의 입법 방안"(2013), 419~421면.

차를 거쳐 바로 그 회생계획안을 인가하도록 하여야 한다.

둘째, 사전회생계획안의 신청시기를 완화하여야 한다. 미국법과 같이 채무자는 자발적 사건은 개시신청과 동시에 또는 자발적 사건 또는 비자발적 사건 중에 언제든지 회생계획안을 제출할 수 있도록 하여야 한다.

셋째, 이 제도의 남용을 예방하고, 채권자 권리를 보호하는 규정을 두어야 한다.[116]

라. 법원의 전문성 제고

법원의 전문성을 제고하기 위해서는 회생법원 판사에 대한 **순환보직제를 지양**하여야 한다. 참고로 미국의 파산법원은 파산법관으로 구성되는데 파산법관은 종신제인 연방법관과 달리 14년의 임기로 순회구 항소법원에 의해 임명된다.[117]

우리도 순환보직제를 지양하고 분야별 전문가를 양성하여

---

116) 박승두, "미국의 '회생계획안 사전제출제도(Prepackaged Bankruptcy)'에 관한 연구"(2018), 23~24면.

117) U.S.Code:Title28-Judiciary and Judicial Procedure §152(a) (1) Each bankruptcy judge to be appointed for a judicial district, as provided in paragraph (2), shall be appointed by the court of appeals of the United States for the circuit in which such district is located. Such appointments shall be made after considering the recommendations of the Judicial Conference submitted pursuant to subsection (b). Each bankruptcy judge shall be appointed for a term of fourteen years, subject to the provisions of subsection (e).

소송수행의 연속성을 유지하고 전문성을 강화하는 방향으로 개선하여야 한다. 이것은 국민의 신뢰를 얻기 위하여 필수적으로 갖추어야 한다.[118]

마. 관리인제도의 개선

채무자회생법이 채무자가 절차를 조기에 신청할 것을 유도하기 위하여 DIP제도를 도입하였다. 그러나 회생절차를 조기에 신청하지 않은 경우 이를 배제하는 규정이 없어 실효성이 없다. 그리고 기업은 대부분 회생가능성이 있을 때 조기에 신청하기 보다는 파산상태에 이르러 불가피한 상황이 되어서야 신청하고 있으며, 그 결과 기업의 회생률 또한 저조한 실정이다.

특히, 부실기업의 회생을 위해서는 경영과 재정의 능력을 갖춘 제3의 실수요자에게 경영권을 양도하는 M&A가 바람직한 경우가 많다.[119] 이러한 업무를 원활하게 수행하기 위하여는 기존의 경영주보다는 **M&A나 기업구조조정의 전문가를 관리인으로 선임**하는 것이 바람직하다.[120]

---

118) 박승두, 『대법원 판례 평석집: 대법원의 오늘과 내일』(2018), 239면.

119) 새로운 기술개발 및 시설확충에 필요한 대규모 자금이 단기간 내에 조달될 것을 필요로 하는 기업이라면 적절한 신규투자 없이는 그 기업의 생존가능성을 보장하기 어렵기 때문에 이러한 투자자금의 조달을 위해서도 M&A의 추진은 필요하다: 안청헌, "기업회생절차상 M&A 실무"(2014), 58면.

120) 미국에서도 DIP를 배제하고 관리인을 선임하는 사유로는 기존

나아가 기존의 경영주가 성실하게 경영하여 부실경영책임
이 없다고 하더라도, 경영의 능력에 한계가 있는 경우에는
과감하게 유능한 인재를 관리인으로 영입할 수 있도록 제도
를 개선하여야 한다.[121]

바. 조사위원제도의 개선

회생절차에서 조사위원은 중요한 역할을 수행한다. 그러나
모든 사건에 조사위원을 선임하게 하는 것은 경제나 시간적
으로 낭비요인이 될 수 있다. 회생절차 신청시 납부하는 예
납금은 주로 조사위원의 조사비용으로 지출되는데 매우 큰
부담이 된다.[122] 이러한 이유로 미국에서는 조사위원의 선임
을 극도로 제한하고 있다.[123]

경영자의 사기, 부정직, 무능력, 중대한 경영부실 등이 있지만, 법원
은 이러한 사유에 해당하지 않더라도 이해관계인에게 이익이 된다
고 판단하는 경우 언제든지 DIP를 배제하고 관리인을 선임할 수 있
다(§1104); 박승두·안청헌, "미국 연방파산법 제11장의 기업회생제
도"(2018), 129~130면.

121) 박승두, "향후 관리인 제도의 발전방향"(2010), 40면.

122) 실제 이 비용을 마련할 수 없어 회생절차 신청을 포기하기도
한다. 또한 조사위원의 조사보고서가 나오기 전에는 다른 절차를 진
행할 수도 없어 절차지연의 핵심요인이 되고 있다.

123) 2007년부터 2011년까지 미국에서 회생절차를 신청한 대기업의
사건에서 조사위원을 선임한 예는 전체 157개사에서 정보를 알 수 없
는 11개사를 제외한 나머지 146개사 중에서 6개사만 조사위원을 선임
하고 140개사는 조사위원을 선임하지 않은 것으로 나타났다; UCLA-
LoPucki Bankruptcy Research Database(2018.7.16. 구매자료) 분석.

따라서 우리나라의 조사위원제도는 ① 법원의 역할 면에서는, 현재 법원이 회생절차에 적합한 역할을 제대로 수행하지 못하고 있는데, 합리적인 역할수행을 위한 방향설정이 필요하고 조사절차와 관련한 전문성을 강화하여야 한다. ② 조사위원의 선임을 제한하고 시간과 비용을 절감하여 저효율과 고비용 구조를 개선하여야 한다. ③ 조사위원제도의 좌표에 관하여는, 현재 조사위원의 업무가 청산가치와 계속기업가치의 평가에 주력하고 있는데 이해관계인의 합리적 의견 조정을 위한 역할을 제고하고 조사위원의 조사보고서에 대한 정당성과 공신력을 확보하고, 조사위원의 지위를 남용[124]하는 일을 예방하여야 한다.[125]

사. 채권자 참여기회의 확대

우리는 회생법원 중심으로 절차를 운영하고 있지만, 미국에서는 당사자 주도로 절차를 운영하므로 법원이 아닌 채권자가 절차를 지배하고 자신들이 원하는 방향으로 추진하는 경향이 강해졌다.[126] 채권자위원회는 채무자의 행위, 자산과 부채, 재정상태, 경영활동 등에 대하여 조사하고 회생계획안

---

124) 조사위원의 평가가 공정성을 가질 수 있도록 평가세부기준을 마련하여야 한다. 또한 M&A를 추진시 선정하는 매각 및 매수주간사에 조사위원은 선임될 수 없도록 하여야 한다; 박승두, "한국 기업회생제도의 긴급진단과 처방"(2019), 430면.

125) 박승두, "기업회생절차상 조사위원제도의 개선방안"(2022), 참조.

126) 村田典子, "當事者主導型倒産處理節次の機能の變容(1)"(2008), 747면.

의 작성에도 참여할 수 있다(§ 1103).

우리도 관리인 및 CRO의 선임, M&A의 추진 등 **채권자의 참여를 더욱 확대**하는 방안이 마련되어야 한다.[127]

아. CRO제도의 개선

CRO제도의 본래 도입취지는 DIP제도를 유지하면서 채권자 입장에서 DIP에 대하여 견제하고 효율적인 회생을 지원하는데 있다. 따라서 현재 법원 중심으로 운영되고 있는 CRO제도가 실질적으로 제 기능을 수행할 수 있도록, CRO의 위촉절차와 업무 및 책임의 범위 등 **운영기준에 관하여 명확히 규정**하여야 한다.[128]

자. 회생계획안의 의결요건의 완화

미국에서는 우리나라와 달리 채권자집회를 개최하여 회생계획안을 의결하지 않고, 서면에 의하여 투표가 행하여진다(규칙 § 3018ⓒ). 투표권을 가지는 자는 채권자나 지분권자(주주 등)로 확인된 자이다(§ 502ⓐ). 그리고 회생계획안의 의결요건은 채권자 조의 경우, 실제 투표한 채권자의 채권액의 3분의 2 이상, 그리고 투표한 채권자수의 과반수의 찬성을 얻어야 한다.

---

127) 박승두, "기업회생법의 역사·현황·전망"(2014), 243면; 박승두·안청헌, "미국 연방파산법 제11장의 기업회생제도"(2018), 127~128면.
128) 박승두, "한국 기업회생제도의 긴급진단과 처방"(2019), 431면.

우리도 회생계획안 의결을 신속하고 효율적으로 진행하기 위하여 미국처럼 **원칙적으로 서면결의**에 의하도록 하고, 의결요건도 전체 의결권 총액을 기준으로 하지 않고 참석 의결권 총액을 **기준으로 완화**할 필요가 있다. 또한 회생담보채권자의 **의결요건**도 회생채권자의 의결요건과 동일하게 조정하여야 한다.[129]

차. 회생절차폐지요건의 개선

채무자회생법은 계속기업가치가 청산가치를 상회하는 경우에 한하여 절차를 개시하고 유지하도록 하고 있다. 이는 평가의 유동성, 채권자의 헌법상 재산권 침해, 공정·형평성 위반, 국가경쟁력 추락 등 많은 문제를 초래한다. 따라서 이러한 **불합리한 규정은 조속히 삭제**하여야 한다.[130]

참고로, 미국법에서는 청산가치보장의 원칙은 적용하고 있지만, 청산가치와 계속기업가치를 평가하여 비교하는 규정은 없으며, 주식의 평가에 있어서는 계속기업가치를 기준으로 하지만, 담보물의 평가에 있어서는 각 사안에 따라 다르며 반드시 청산가치나 계속기업가치에 따를 필요는 없다[131]

---

129) 박승두·안청헌, "미국 연방파산법 제11장의 기업회생제도"(2018), 130~131면.

130) 박승두, "한국 기업회생제도의 긴급진단과 처방"(2019), 432면.

131) In re Monnier Bros., 755 F.2d 1336, 1340(8th Cir.1985).

카. 임금채권의 우선변제권 강화

헌법에는 노동자의 인간다운 생활권을 보장하고 있고, 노동법은 이를 실현하기 위하여 임금채권의 일반채권에 대한 우선변제권과 최우선임금채권의 담보권 우선변제권을 규정하고 있다.

그러나 채무자회생법은 회생절차와 개인회생절차에 최우선임금채권을 규정하지 않아 노동자들이 임금채권을 제대로 변제받지 못할 수 있다. 따라서 채무자회생법상 회생절차, 개인회생절차 그리고 파산절차 등에 있어서 **임금채권 우선변제권을 동일하게 보장**하는 것이 바람직하다.132)

타. 국제도산절차의 선진화

첫째, 채무자회생법도 UNCITRAL모델법과 같이 외국도산절차의 대표자는 국내에서 별도의 **승인절차를 거치지 않고 언제든지** 국내도산절차를 신청할 수 있도록 하여야 한다.

둘째, 채무자회생법도 UNCITRAL모델법과 같이 외국도산절차의 **승인신청과 동시에 지원결정을 신청**할 수 있도록 하여 채무자 재산에 대한 권리실행이나 채무자의 변제가 금지

---

132) 박승두, "채무자회생법상 임금채권 우선변제권의 문제점과 개선방안"(2020), 13면; 임치용, "개정된 채무자 회생 및 파산에 관한 법률 제415조의2 및 제477조에 대한 管見"(2020), 53~54면.

되도록 하여야 한다.

셋째, 외국회생절차를 주된(main) 절차와 종된(nonmain) 절차로 명확히 구분하는 것은 어려운 일이지만, 이를 법원의 해석에 맡기는 것은 더 큰 문제가 있다. 따라서 채무자회생법도 외국의 도산절차를 **주된 절차와 종된 절차로 규정**하는 바람직하다고 본다. 이러한 개념의 설정이 도산절차에서 중요한 의미를 가지는 사항이며, 3권분립의 정신에서 보더라도 타당하다고 생각한다.133)

---

133) 박승두, "한국 기업회생제도의 긴급진단과 처방"(2019), 433면.

제 2 장 기업회생절차의 개시

제1절 회생절차개시의 신청

1. 개시신청의 의미

가. 개시결정의 신청

기업이 회생절차를 신청할 수 있는 요건을 갖추었을 때, 법원에 **회생절차개시신청**을 한다. 여기서 "회생계획의 인가"나 "채무의 면제"를 신청하지 않고 왜 "절차의 개시"를 신청하느냐 하는 점을 검토할 필요가 있다.[134]

그 이유는 채무자회생법은 채무자가 개시의 신청을 하면, 이를 심사하여 적법 요건을 갖추었을 때 개시결정을 내리고, 개시결정을 내리면 그 효과로서 그 이후의 절차가 자동적으로 진행되도록 규정하였기 때문이다.

---

134) 이 점은 간이회생절차의 간이회생절차 개시신청, 개인회생절차의 개인회생절차 개시신청, 파산절차의 파산신청 등으로 모두 동일하다.

이에 관한 구체적인 사항은 "회생절차개시결정과 동시에 정하여야 할 사항"을 규정하고 하고 있다(제50조). 물론 진행 과정상 소정의 요건을 갖추지 못하면 절차를 폐지하게 되지만, 그렇지 않으면 채무자회생법에서 규정한 절차에 맞추어 진행하게 된다. 따라서 "회생계획의 인가"나 "채무의 면제" 등을 신청하지 않고 절차의 개시를 신청하도록 하고 있다.

즉, 회생절차는 법원이 개시의 결정을 내림으로써 채무자회생법상 **정식 절차가 시작**하게 되므로, 채무자는 법원에 대하여 회생절차에 대한 개시결정을 내려달라는 신청을 하는 것이다.

나. 신청권의 남용 방지

회생절차는 채무에 대한 절대적 면책권이 있으므로 ① 채무자가 이를 악용하여 자신의 채무를 부당하게 면탈하거나 ② 주주·지분권자가 경영권 분쟁 등에 이용하거나 ③ 채권자가 채무자에 대하여 사업을 방해하기 위하여 이를 악용할 가능성이 있다.

따라서 회생절차가 경제적 파탄에 직면한 채무자의 회생을 위한 본래의 목적을 벗어나 신청권을 남용하는 사례를 예방할 필요가 있다.

따라서 채무자회생법은 신청권의 남용을 방지하기 위하여 회생절차의 개시신청시 그 **개시원인을** 소명하도록 하고, 채권자 또는 주주·지분권자의 **신청자격에도 일정한 제한을** 가하고 있다. 그리고 신청인에게는 **일정금액의 비용을 예납**하도록 하고, 보전처분 후에는 **신청의 취하를 제한**하고 있다. 그리고 기타 남용적 신청에 대하여 법원은 이를 **기각함으로써** 신청의 남용을 예방하고 있다.[135]

다. 회생절차 개시의 신청과 채무불이행 여부

공사도급계약과 관련하여 체결되는 계약이행보증보험계약에서 보험사고에 해당하는 수급인의 계약상 채무불이행이 있는지 여부는 보험계약의 대상으로 약정된 도급공사의 공사금액, 공사기간, 공사내용 등을 기준으로 판정해야 하고,[136] 수급인이 계약기간 중에 **회생절차개시신청**을 하였다고 하더라도, 그러한 사정만으로 당해 계약의 이행이 그의 귀책사유로 **불가능하게 되었다고 단정할 수는 없다.**[137]

---

135) 한국산업은행, 『회사정리법해설』(1982), 56면; 임채홍·백창훈, 『회사정리법(상)』(1999), 149~150면; 박승두, 『회사정리법』(2000), 246면; 서울회생법원 재판실무연구회, 『회생사건실무(상)』(2019), 138면.

136) 대법원 1987. 6. 9. 선고 86다카216 판결.

137) 회생절차개시신청 전후의 계약 이행 정도, 회생절차개시신청에 이르게 된 원인, 회생절차개시신청 후의 영업의 계속 혹은 재개 여부, 당해 계약을 이행할 자금사정 기타 여건 등 제반 사정을 종합하여 계약의 이행불능 여부를 판단하여야 한다; 대법원 2006. 4. 28. 선고 2004다16976 판결; 대법원 2020. 3. 12. 선고 2016다225308 판결.

2. 신청사유

가. 신청사유의 법정

원칙적으로 회사가 파산상태에 이르면 상법에서 규정하고 있는 청산절차를 취하면 된다. 그러나 회사를 청산시키지 않고 회생을 지원하는 것이 사회적 이익에 부합하는 경우에 채무자회생법은 일정한 요건을 충족하는 것을 조건으로 회사를 재건시킬 수 있는 길을 열어두고 있다.

이것이 회생절차이며 이는 청산하여야 할 회사에 대하여 예외적으로 회생시키고자 하는 제도이므로, 그 절차개시사유와 신청권자를 명확히 법률로 규정하고 있다.[138]

회생절차개시 신청사유에 관하여 채무자회생법은 두 가지를 규정하고 있다. 즉, ① **변제불능**(사업의 계속에 현저한 지장을 초래하지 아니하고는 변제기에 있는 채무를 변제할 수 없는 경우)(제34조 제1항 제1호)과 ② **파산원인이 생길 염려**(채무자에게 파산의 원인인 사실이 생길 염려가 있는 경우)(제34조 제1항 제2호)이다.

이 중에서 전자(前者)는 파산원인과는 직접적인 관계가 없음에도 불구하고 회생절차를 신청할 수 있도록 하고 있다.

---

138) 박승두, 『회사정리법』(2000), 235면.

이는 미국 연방파산법이 "이행기에 있는 채무의 변제불능 (inability to pay its debts as they mature)"을 개시원인의 하나로 규정한 것에서 유래한다.

이 점에 관하여 일반적으로 회생절차는 이미 파산원인인 사실이 발생한 후 또는 그 직전에 신청하므로 절차개시원인을 법률상 확장한 것이 반드시 실정을 충분히 반영하고 있다고는 할 수 없다[139]는 견해가 있다.

그러나 우리나라의 경우에는 회생가능기업이 조기에 회생절차를 진행하지 않음에 따라 오히려 시기를 놓쳐 신속하고 효율적인 회생을 이루지 못하는 사례가 번번히 발생하고 있고 회생절차가 회생가능기업의 파산을 예방하기 위한 제도임을 생각할 때, 절차신청의 요건을 확대한 것은 의의가 있다고 본다.[140]

나. 변제불능

회생절차는 파산에 직면한 채무자의 회생을 효율적으로 지원하는 데 목적이 있으므로, 채무자의 재무상태가 악화되

---

139) 兼子一監修, 『條解 會社更生法(下)』(1998), 294면.

140) 미국에서는 단순한 현금부족(shortage of money)의 경우에도 채무자 자신이 회생절차를 신청하는 경우가 빈번하여 오히려 시기상조의 회생(premature reorganization)이란 문제가 된다; 한국산업은행, 『회사정리법해설』(1982), 48면; 임채홍·백창훈, 『회사정리법(상)』(1999), 139~140면; 박승두, 『회사정리법』(2000), 236면.

어 회생을 위한 지원이 필요한 상태에 있어야 한다. 이에 관하여 채무자회생법은 "사업의 계속에 현저한 지장을 초래함이 없이는 변제기에 있는 **채무를 변제할 수 없는**" 상태로 규정하고 있다(_{제30조}_{제1항}).141)

다. 파산원인이 생길 염려

회생절차는 지급불능 등 현실적으로 파산상태가 발생하지 않았다 하더라도 "파산의 원인인 사실이 생길 염려가 있는 경우"142)에도 신청할 수 있도록 규정하고 있다.143)

파산의 원인인 사실에는 '지급불능'과 '채무초과'의 두 가지가 있다. 전자(前者)는 자연인과 법인에 공통적으로 적용되는 파산원인이고, 후자(後者)는 법인에만 적용되는 파산원인이다.

첫째, 지급불능이란 채무자의 변제능력이 계속적으로 결여되어 즉시 변제하여야 할 채무를 변제함이 일반적으로 불가능한 재산상태를 말한다.

---

141) 이 원인에 의하여는 채무자만이 신청할 수 있다.

142) 갑 주식회사는 다른 공장에 없는 시설을 가지고 있고, 정부의 양곡을 도정함에 있어서 상당한 업적이 있었으며, 장래에 합리적인 운영을 하면 상당한 이익이 있음에도 불구하고 위 회사의 대표자가 없는 회사의 부채를 있는 것 같이 조작하고 채무초과를 가장하였다는 것이므로 정리절차 개시의 원인인 채무의 지급불능 또는 채무초과등의 원인을 인정하기 어려움으로 정리개시 원인이 있음을 전제로 하는 논지는 이유없다: 대법원 1964. 5. 5. 자 63마29 결정.

143) 이 원인에 의하여는 채무자뿐만 아니라 일정한 요건을 충족한 채권자와 주주·지분권자도 신청할 수 있다.

둘째, 채무초과란 소극재산(부채)이 적극재산(자산)을 상회하는 상태를 말한다.

3. 신청권자

회생절차개시 신청권자는 신청사유에 따라 다르게 규정하고 있다.

먼저, ① **변제불능**(사업의 계속에 현저한 지장을 초래하지 아니하고는 변제기에 있는 채무를 변제할 수 없는 경우)의 경우에는 해당 채무자만이 신청권을 가진다(제34조 제1항).

그리고 ② **파산원인이 생길 염려**(채무자에게 파산의 원인인 사실이 생길 염려가 있는 경우)의 경우에는 채무자 이외에도 채권자144)와 주주·지분권자145)도 신청권을 가진다(제34조 제2항).

---

144) 채권자는 채무자가 주식회사 또는 유한회사인 때에는 자본의 10분의 1 이상에 해당하는 채권을 가진 자, 채무자가 주식회사 또는 유한회사가 아닌 때에는 5천만 원 이상의 금액에 해당하는 채권을 가진 자에 한정한다.

145) 주주·지분권자는 자본의 10분의 1 이상에 해당하는 주식 또는 출자지분을 가진 자와 합명회사·합자회사 그 밖의 법인 또는 이에 준하는 자에 대하여는 출자총액의 10분의 1 이상의 출자지분을 가진 자에 한정한다.

4. 신청방법

가. 신청서의 제출

개시의 신청은 **서면**으로 하여야 한다(제36조).146)

나. 필요적 기재사항

다음의 사항은 **반드시 기재**하여야 한다(제36조).

① 신청인과 대리인의 성명과 주소
② 채무자가 개인인 경우에는 채무자의 성명·주민등록번호(주민등록 번호가 없는 사람의 경우에는 외국인등록번호 또는 국내거소번호) 및 주소
③ 채무자가 개인이 아닌 경우에는 채무자의 상호, 주된 사무소 또는 영업소의 소재지 및 대표자의 성명(외국에 주된 사무소 또는 영업소가 있는 때에는 대한민국에 있는 주된 사무소 또는 는 영업소의 소재지 및 대한민국에서의 대표자의 성명)
④ 신청의 취지
⑤ 회생절차 개시의 원인
⑥ 채무자의 사업목적과 업무의 상황
⑦ 채무자의 발행주식 또는 출자지분의 총수

---

146) 파산신청의 경우에도 마찬가지이다(제302조).

⑧ 자본의 액과 자산·부채 그 밖의 재산상태
⑨ 채무자의 재산에 관한 다른 절차 또는 처분으로서 신청인이 알고 있는 것
⑩ 회생계획에 관하여 신청인에게 의견이 있는 때에는 그 의견
⑪ 채권자가 신청하는 경우에는 채권의 액과 원인
⑫ 주주·지분권자가 신청하는 때에는 주식 또는 출자지분의 수 또는 액.

다. 임의적 기재사항

이상의 사항 외에도 다음의 사항을 **기재할 필요**가 있다.

① 채무자의 사업계획 및 효율적인 회생방안
② 채무자의 경영에 관한 의견
③ 관리인의 선임에 관한 의견
④ 채무자의 청산가치와 계속기업가치에 관한 사항.

청산가치와 계속기업가치에 관한 사항에 관하여는 이를 기재할 필요가 없다는 견해[147]도 있다. 그러나 채무자가 스스로 향후 회생가능성을 사전에 검토하거나 법원의 심사시 신뢰를 제고할 수 있다는 측면에서는 기재의 필요성이 있다.

---

147) ① 회생절차개시신청을 준비하는 채무자 등에게 시간적, 경제적인 부담을 가중시킬 우려가 있고, ② 무엇보다도 채무자회생법이 요구하는 신청사항이 아닐 뿐만 아니라 ③ 어차피 회생절차가 개시되면 조사위원이 다시 청산가치와 계속기업가치를 산정하게 되어 중복되는 측면이 있다: 서울회생법원 재판실무연구회, 『회생사건실무(상)』(2019), 80면.

5. 신청법원

가. 관할법원의 특징

회생사건은 비송사건적 성격이 강하지만,[148] 채무자회생법에 특별한 규정이 없는 경우에는 민사소송법을 준용한다.[149] 이는 재판관할의 경우에도 마찬가지이다.

그러나 채무자회생법은 관할법원에 관하여 특칙을 두고 있으며, **다양한 채무자의 특성**을 고려하여 법원이 원활하고 효율적인 회생을 지원할 수 있도록 ① 전속관할 ② 선택관할 ③ 특별관할 등 다양한 제도를 두고 있다.

나. 전속관할

회생사건은 다음의 어느 한 곳을 관할하는 회생법원의 관할에 전속한다(제3조 제1항).

① 채무자의 보통재판적이 있는 곳(제3조 제1항 제1호)

---

148) 박승두, 『회사정리법』(2000), 69면.

149) 제33조(민사소송법 및 민사집행법의 준용) 회생절차·파산절차·개인회생절차 및 국제도산절차에 관하여 이 법에 규정이 없는 때에는 민사소송법 및 민사집행법을 준용한다.

② 채무자의 주된 사무소나 영업소가 있는 곳 또는 채무자가
   계속하여 근무하는 사무소나 영업소가 있는 곳($\frac{제3조}{제1항 제2호}$)
③ 앞의 ① 또는 ②에 해당하는 곳이 없는 경우에는 채무자의
   재산이 있는 곳($\frac{제3조}{제1항 제3호}$).

개인이 아닌 채무자에 대한 회생사건은 신중을 기하기 위
하여 회생법원의 합의부의 전속관할로 하였다($\frac{제3조}{제5항}$). 실무적으
로는 간이회생사건도 채무자가 법인인 경우 합의부에 배당하
여 처리하고 있다.[150]

다. 선택관할

채무자회생법은 위의 전속관할에 그치지 않고 추가적으로
자유롭게 선택할 수 있는 선택관할을 인정하고 있다. 여기에
해당하는 곳은 다음과 같다.

① 고등법원 소재지의 회생법원($\frac{제3조}{제2항}$)
② 계열회사에 대한 회생사건 또는 파산사건이 계속되어 있는
   회생법원($\frac{제3조}{제3항 제1호}$)
③ 법인에 대한 회생사건 또는 파산사건이 계속 되어 있는 회
   생법원($\frac{제3조}{제3항 제2호}$)
④ 관련자에 대한 회생사건·파산사건 또는 개인회생사건이 계
   속되어 있는 회생법원($\frac{제3조}{제3항 제3호}$)
⑤ 대기업에 대한 회생사건은 서울회생법원($\frac{제3조}{제4항}$).[151]

---

150) 서울회생법원 재판실무연구회, 『회생사건실무(상)』(2019), 37면.

라. 특별관할

서울특별시에 소재하는 모든 채무자는 **서울회생법원**에 신청할 수 있는데,[152] 이는 서울회생법원의 전문성을 활용함과 동시에 서울특별시에 소재하는 채무자에게 편의를 제공하는 의의가 있다.

마. 다른 법원으로 이송

(1) 이송 사유

회생사건이 접수된 경우, 법원은 민사소송법에 의하여 직권으로 관할을 조사할 수 있고,[153] 조사 결과 관할이 없다고 인정되면 정당한 관할법원으로 **이송**하여야 한다(제3조 민소 제34조 제1항). 재판의 형식은 결정으로 한다.

(2) 이송의 효과

민사소송법상 이송결정은 이송한 사유와 이송법원의 관할

---

151) 채권자의 수가 300인 이상으로서 대통령령으로 정하는 금액 (500억 원) 이상인 대기업(영 제1조의2)에 관한 사건은 전문성을 갖춘 서울회생법원에 신청할 수 있다.

152) 「각급 법원의 설치와 관할 구역에 관한 법률」 제4조 제8호 별표10.

153) 민소 제32조(관할에 관한 직권조사) 법원은 관할에 관한 사항을 직권으로 조사할 수 있다.

판단은 **이송받은 법원을 기속한다.**[154]

따라서 이송을 받은 법원은 이송사유나 관할권이 없다는 이유로 사건을 반송(역이송)하거나 다른 법원에 재이송할 수는 없고, 반드시 사건을 심리·재판하여야 한다(제33조, 민소 제38조).

6. 계약상대방의 계약해제권 발생 여부

가. 문제의 제기

건설도급계약 등 쌍무계약을 체결한 거래당사자는 계약 체결 후 한쪽이 법원에 회생절차의 개시를 신청한 경우, 다른 한쪽은 상대방이 해당 계약상의 채무를 제대로 이행할 것인지 여부에 관하여 불안한 입장에 놓이게 된다.

이 경우 계약상대방은 앞으로 발생할 수도 있는 채무불이행의 위험에서 벗어나기 위하여, 회생절차를 신청한 자에 대하여 해당 계약을 해제 또는 해지[155]할 수 있느냐 하는 문제

---

154) 민소 제38조(이송결정의 효력) ① 소송을 이송받은 법원은 이송결정에 따라야 한다. ② 소송을 이송받은 법원은 사건을 다시 다른 법원에 이송하지 못한다.

155) 계약의 해제와 해지는 둘 다 민법의 채권편에서 같이 규율하고(민법 제543조), 모두 계약 당사자의 일방적인 의사표시만으로 계약을 실효시킨다는 점에서는 동일하다. 그러나 계약의 성질에 따라 해제 혹은 해지로 구분하고 있는데, 계약의 해제는 소급하여 효력을 상실하며 이미 이행한 급부는 원상회복의 의무가 생기지만, 해지는

가 발생한다.

이에 관한 쟁점사항은 다음과 같다. ① 이러한 사태의 발생을 사전에 예방하기 위하여156) 당초 계약을 체결하면서 계약당사자 중 한쪽이 회생절차의 개시를 신청하거나 개시결정이 내려진 경우에 그 상대방은 이를 이유로 계약을 해제할 수 있다는 약정(Ipso Facto Clauses)157)을 체결하는 것이 일반화되어 있는데,158) 이 약정에 따른 해제(약정해제)가 가능한지 여부와 ② 이러한 약정이 없더라도 민법의 규정에 의하여 해제(법정해제)가 가능한지 여부가 문제된다. ③ 채무자회생법은 채무자의 재건을 돕고자 거래당사자 쌍방이 모두 미이행 상태인

이미 정당하게 급부가 이루어진 경우 소급하여 무효로 할 이유가 없으므로, 해지 이후의 장래에 대하여서만 계약의 효력이 상실된다(제550조)는 점에서 차이가 있다. 다음부터는 모두 '계약해제'로만 표기한다.

156) 계약의 당사자들 사이에 채무자인 회사의 재산상태가 장래 악화될 때에 대비하여 지급정지, 회사정리절차의 개시신청, 회사정리절차의 개시와 같이 도산에 이르는 과정상의 일정한 사실이 그 회사에 발생하는 것을 당해 계약의 해지권의 발생원인으로 정하거나 또는 계약의 당연 해지사유로 정하는 특약을 두는 경우가 있다; 대법원 2007. 9. 6. 선고 2005다38263 판결.

157) 당사자의 약정으로 계약을 해제할 수 있는 사유로는 회생절차개시의 신청뿐만 아니라 채무초과, 지급불능, 지급정지, 파산신청 등 다양하게 정할 수 있고, 그 명칭도 '도산해제조항', '도산해지조항', '도산실효조항', '도산해제특약', '도산신청특약' 등 다양하게 부르고 있지만, 여기서는 회생절차개시의 신청을 해제사유로 약정한 것만 그 대상으로 하므로, 다음부터 '회생해제약정'이라 한다.

158) 공정거래위원회가 제정한 "건설업종 표준하도급계약서"(2020. 12. 17. 개정)에도 이를 채택하고 있다(제55조 제1항).

쌍무계약에 대하여는 관리인이 그 이행이나 해제를 선택할 수 있는 권리를 부여하고 있는데(제119조 제1항),159) 이 규정에 의하여 앞의 약정해제권과 법정해제권이 제한되거나 불가능한지 여부가 문제된다. ④ 이 경우, 관리인이 선택할 수 있는 계약의 대상은 쌍방미이행 쌍무계약에 한정되느냐, 아니면 일방미이행 쌍무계약에도 적용되는지 여부가 문제된다. 이들에 관하여 회생해제약정이 있는 경우와 없는 경우로 나누어서 검토하고 한다.

나. 회생해제약정이 있는 경우의 해제권

회생해제약정에 관하여 학설의 다수설은 원칙적으로 그 효력을 긍정하고, 소수설은 원칙적으로 그 효력을 부정한다. 그리고 판례는 다수설과 같이 원칙적으로 그 효력을 긍정하는 입장이다. 즉, 회생해제약정 그 자체가 신의성실의 원칙에 위반되는 것은 아니므로,160) 원칙적으로 계약자유의 원칙을

---

159) 계약의 내용이 "계속적 급부를 목적으로 하는 쌍무계약"인 경우, 채무자에 대하여 계속적 공급의무를 부담하는 쌍무계약의 상대방은 회생절차개시신청 전의 공급으로 발생한 회생채권 또는 회생담보권을 변제하지 아니함을 이유로 회생절차개시신청 후 그 의무의 이행을 거부할 수 없다(제122조 제1항)는 특칙을 을 두고 있으나, 이에 관한 설명은 생략하였다.

160) 도산해제(해지)조항을 일반적으로 금지하는 법률은 없는 점, 이 사건 채무조정약정이 해제된다 하더라도 채무자가 현재까지 위 약정에 기하여 원고에게 지급한 돈은 위 약정 체결 전의 조건으로 채무자의 원고에 대한 채무의 변제에 충당되는 점 등에 비추어 보면, 이 사건 채무조정약정의 해제로써 위 약정을 이행하여 감면될

존중하여 유효하다고 본다. 그러나 이 약정이 부인권의 대상
이 되거나 공서양속에 위배된다는 등의 이유로 효력이 부정
되어야 할 경우에는 무효라고 한다.[161]

것으로 기대되던 채무자의 채무가 전부 소멸하지 않는 결과가 발생
하여 위 회생절차개시 후 회생기업에 영향을 미칠 수 있다는 사정
만으로는 위 도산해제(해지)조항을 무효라고 보기 어려우며, 약정해
제권을 행사한 것이 정의관념에 비추어 용인될 수 없어 신의성실의
원칙에 반하는 권리의 행사라고 볼 수 없다; 부산고등법원 2011. 6.
29. 선고 (창원)2010나2469 판결.

161) 계약의 당사자들 사이에 채무자인 회사의 재산상태가 장래 악
화될 때에 대비하여 지급정지, 회사정리절차의 개시신청, 회사정리절
차의 개시와 같이 도산에 이르는 과정상의 일정한 사실이 그 회사에
발생하는 것을 당해 계약의 해지권의 발생원인으로 정하거나 또는
계약의 당연 해지사유로 정하는 특약(이하 '도산해지조항'이라고 한
다)을 두는 경우가 있는데, 도산해지조항의 적용 결과가 정리절차개
시 후 정리회사에 미치는 영향이라는 것은 당해 계약의 성질, 그 내
용 및 이행 정도, 해지사유로 정한 사건의 내용 등의 여러 사정에
따라 달라질 수밖에 없으므로 도산해지조항을 일반적으로 금지하는
법률이 존재하지 않는 상태에서 그와 같은 구체적인 사정을 도외시
한 채 도산해지조항은 어느 경우에나 회사정리절차의 목적과 취지에
반한다고 하여 일률적으로 무효로 보는 것은 계약자유의 원칙을 심
각하게 침해하는 결과를 낳을 수 있을 뿐만 아니라, 상대방 당사자
가 채권자의 입장에서 채무자의 도산으로 초래될 법적 불안정에 대
비할 보호가치 있는 정당한 이익을 무시하는 것이 될 수 있다. 이와
같은 사정과 아울러 구 회사정리법상 관리인은 정리절차개시 당시에
존재하는 회사 재산에 대한 관리처분권을 취득하는 데 불과하므로
채무자인 회사가 사전에 지급정지 등을 정지조건으로 하여 처분한
재산에 대하여는 처음부터 관리처분권이 미치지 아니한다는 점을 생
각해 보면, 도산해지조항이 구 회사정리법에서 규정한 부인권의 대
상이 되거나 공서양속에 위배된다는 등의 이유로 효력이 부정되어야
할 경우를 제외하고, 도산해지조항으로 인하여 정리절차개시 후 정
리회사에 영향을 미칠 수 있다는 사정만으로는 그 조항이 무효라고

그리고 회생절차가 개시된 이후에는, 학설은 약정해제권의 행사는 쌍방미이행 쌍무계약에 관하여 관리인이 그 이행과 해제를 선택할 수 있도록 규정한 채무자회생법에 반하므로 불가능하다고 본다(통설). 그러나 판례는 이 규정에 의하여 약정해제권의 행사가 무효 또는 제한받을 수 있다고 한다.

다. 회생해제약정이 없는 경우의 해제권

민법은 이행지체·이행불능·불완전 이행 등의 채무불이행[162]이 발생하는 경우, 그 거래의 상대방인 채권자는 채무자에 대하여 최고 후 또는 일정한 요건을 갖춘 경우에는 최고 없이도 계약을 해제(법정해제)할 수 있도록 하고 있다.[163]

회생해제약정이 없는 경우에도 이 규정에 의하여 계약을

할 수 없다; 대법원 2007. 9. 6. 선고 2005다38263 판결.

162) 채무불이행의 발생요건에 대하여 종전의 학설은 이행지체·이행불능·불완전 이행 셋으로 나누고, 그 개별 유형에 대해 객관적 요건과 주관적 요건(귀책사유)를 설명하는 방식을 취해 왔으나, 이러한 설명 방식은 귀책사유에 관해 동일한 내용을 반복하는 것이 되어 비합리적이며, 이행거절과 같이 충분히 별도의 유형으로 파악할 수 있는 전형적인 불이행의 모습을 외면하는 문제점이 있다고 지적하는 견해도 있다; 조원헌, "채무불이행의 유형에 관한 연구"(2013), 92~93면.

163) 민법 총칙에서는 법정해제권의 공통 발생 원인으로서 이행지체(제544~545조)와 이행불능(제546조) 두 가지를 규정하고 있으며, 각칙에서는 증여(제555~557조), 매매(제570조 이하), 도급(제668조~670조) 등에서 각 계약에 특유한 법정해제권의 발생 원인을 규정하고 있다.

해제할 수 있느냐 하는 것이 문제되는데, 학설과 판례 모두 아직 제시된 견해가 없지만 앞의 회생해제약정에 관한 견해를 고려하여 추정하면 다음과 같다.

개시결정이 내려지기 전에는 학설은 긍정설과 원칙 긍정설, 그리고 부정설 모두 가능하다고 본다. 그러나, 개시결정이 내려진 후에는 쌍방미이행 쌍무계약에 관하여 법정해제권을 행사하는 것은 관리인의 선택권을 침해하여 불가하며, 일방미이행 쌍무계약은 관리인의 선택권 대상이 아니므로 긍정설과 원칙 긍정설, 그리고 부정설 모두 가능할 것으로 본다.

라. 필자의 사견

이에 관한 필자의 견해는 다음과 같다. 먼저, 회생절차 개시결정 전에는 다수설 및 판례와 같이 민법상 계약자유의 원칙을 존중하여 약정해제권을 행사할 수 있으며, 민법상 법정해제사유가 발생한 경우에도 해제권을 행사할 수 있다고 본다. 반면, 회생절차 개시결정 이후에는 관리인의 선택권 규정에 의하여 약정해제권과 법정해제권 모두 행사가 불가하다고 생각한다. 그리고 관리인이 선택할 수 있는 계약의 대상은 쌍방미이행 쌍무계약에 한정되므로, 회생절차개시결정이 내려진 후에 채무자는 채무를 이행하지 아니하였으나 그 계약 상대방은 채무를 이행한 경우(일방미이행 쌍무계약)에는 적용되지 아니하므로, 약정해제권과 법정해제권 모두 원칙적으로 가능하다고 생각한다. 따라서, 계약 상대방은 회생해제약정에 의하거나 법정해제사유가 발생하면 관리인에 대하여 계약을 해제하고 원상회복을 청구할 수 있다. 그리고 약정해제권과 법정해제권이 동시에 발생하는 경우에는 계약 상대방이 그 한쪽의 권리나 양자 모두를 행사할 수 있다.[164]

제2절 법원의 심사 및 재판

1. 신청에 대한 심사

가. 형식요건의 심사

(1) 인지 첩부 확인

법원은 회생절차개시신청서가 접수되면 먼저 **형식요건**을 심사한다. 소정의 인지액이 첩부되었는지 여부를 확인한다.

회생절차개시신청 사건에 첩부할 **인지액**은 30,000원이고

---

164) 이에 관한 상세한 설명은 박승두, "기업회생절차신청을 이유로 한 계약해제권에 관한 연구"(2022) 참조.

(민사소송 등 인지법 제9조 제1항 제2호),165) 보전처분 사건에 첨부할 인지액은 2,000원(규칙 제4조)이다. 그러나 일반적으로 회생사건은 전자소송으로 진행하는데, 이 경우에는 위 인지액의 10분의 9에 해당하는 인지를 붙이면 된다(민사소송 등 인지법 제16조 제1항).

(2) 송달료 징수

송달료는 「송달료규칙의 시행에 따른 업무처리요령(재일 87-4)」(재판예규 제1712호 시행 2019. 3. 1)에 정해져 있는데, 회생사건은 40회 + (채권자수 x 3회)이다(<별표 1>).

(3) 예납금 징수

회생절차를 진행하기 위해서는 **여러 가지의 비용**이 소요되는데, 주요 내용은 다음과 같다.

① 각종 결정의 공고·송달·통지에 필요한 비용
② 기일의 공고·소환에 필요한 비용
③ 관리인·조사위원·보전관리인·법률고문의 보수를 지급함에 필요한 비용 등.

이러한 비용은 최종적으로는 채무자가 부담하지 않으면

---

165) 제9조(그 밖의 신청서) ① 다음 각 호의 신청을 위한 신청서에는 3만원의 인지를 붙여야 한다. 1. 채권자가 하는 파산의 신청 2. 회생절차 또는 간이회생절차 개시의 신청 3. 개인회생절차 개시의 신청 4. 그 밖에 제1호부터 제3호까지의 신청에 준하는 신청으로서 대법원규칙으로 정하는 신청.

안되지만 개시신청이 기각된 경우에는 그때까지 소요된 비용은 신청인이 부담하여야 한다.[166] 따라서 회생절차 개시의 신청이 있으면 법원은 곧 예납금액을 결정하여 일정기간 내에 이를 예납할 것을 신청인에게 명한다(제39조 제1항). 그 금액은 법원이 사건의 규모 등을 고려하여 정하며, 채무자 이외의 자가 신청을 하는 때에는 회생절차개시 후의 비용에 관하여 채무자의 재산에서 지급할 수 있는 금액도 고려하여 정하여야 한다(제39조 제2항). 비용예납 명령에 대하여는 항고할 수 없다(제13조 제1항, 제39조 참조). 신청인이 예납기간 내에 소정의 금액을 예납하면 법원은 절차개시건을 실질적으로 심리하게 된다. 반면 예납기간 내에 예납이 없으면 법원은 이를 이유로 신청을 기각할 수 있다.

나. 실질요건의 심사

　법원은 앞의 형식요건에 대한 문제가 없는 경우, 다음의 사항에 대한 **실질심사**를 행한다.

① 신청적격
② 관할권 유무
③ 신청권 유무
④ 개시요건의 존부
⑤ 필요적 기재사항 및 첨부서류의 구비 여부 등.

---

166) 박승두, 『회사정리법』(2000), 253면.

심사후 문제가 있는 경우, 보정명령을 하거나 대리인 등에게 연락하여 이를 보완하도록 조치한다.[167] 이에 신청인이 이에 응하지 아니하거나 보정하여도 해결되지 아니하면 기각한다.

다. 채무자에 대한 조사

(1) 대표자 심문

회생절차개시의 신청이 있는 때에는 법원은 **채무자 또는 그 대표자**를 심문하여야 한다(제41조 제1항). 그러나 예외적으로, 다음의 경우에는 심문을 하지 아니할 수 있다(제41조 제2항)

① 채무자 또는 그 대표자가 외국에 거주하여 채무자에 대한 심문이 절차를 현저히 지체시킬 우려가 있는 때
② 채무자 또는 그 대표자의 소재를 알 수 없는 때.

(2) 현장검증

법원은 신청서에 기재된 사항을 확인하기 위하여 **채무자의 주요 공장이나 사업장**을 방문하여 다음의 사항을 확인하고, 필요한 경우에는 현장에서 노동자대표 등의 의견을 청취할 수도 있다.[168]

---

167) 서울회생법원 재판실무연구회, 『회생사건실무(상)』(2019), 87면.
168) 서울회생법원 재판실무연구회, 『회생사건실무(상)』(2019), 90면.

① 채무자 공장의 가동현황
② 설비자재의 유무 및 관리상황
③ 작업 환경
④ 생산공정
⑤ 종업원의 작업태도
⑥ 재고자산
⑦ 복지후생시설
⑧ 폐수처리시설 등.

(3) 의견조회

법원은 관리위원회와 채권자협의회의 의견을 들어 관리인을 선임하여야 한다(제50조제1항). 그리고 조사위원은 반드시 선임하여야 하는 것은 아니지만, 법원이 필요하다고 인정하는 때에는 채권자협의회 및 관리위원회의 의견을 들어 1인 또는 여럿의 조사위원을 선임할 수 있다(제87조제1항). 그리고 간이회생절차에서는 간이조사위원을 선임할 수 있다[169]

라. 개시결정을 위한 준비

---

[169] 제293조의7(간이조사위원 등) ① 간이회생절차에서 법원은 이해관계인의 신청에 의하거나 직권으로 제601조 제1항 각 호의 어느 하나에 해당하는 자를 간이조사위원으로 선임할 수 있다. 간이조사위원에 대해서는 제79조, 제81조, 제82조, 제83조 제1항 및 제87조를 준용한다. ② 간이조사위원은 제87조에 따른 조사위원의 업무를 대법원규칙으로 정하는 바에 따라 간이한 방법으로 수행할 수 있다. ③ 간이조사위원이 선임된 경우 관리인은 제91조부터 제93조까지의 규정에 따른 관리인의 업무를 대법원규칙으로 정하는 바에 따라 간이한 방법으로 수행할 수 있다.

(1) 감독기관 등에 대한 통지

회생절차개시의 신청이 있는 때에는 법원은 이를 심사하여 적법성이 인정되면 절차를 진행하는데, 이 사실을 사전에 감독기관 등에 통지하여야 한다.[170]

(2) 채권자협의회의 구성

관리위원회는 회생절차개시신청이 있은 후 채무자의 주요 채권자를 구성원으로 채권자협의회를 구성하여야 한다(제20조 제1항). 채권자협의회의 구성은 회생절차개시신청 후 7일 내에 마쳐야 한다(규칙 제34조 제1항).

2. 법원의 재판

가. 신청취하에 대한 허가

신청인은 회생절차개시결정 전에 한하여 회생절차개시의 신청을 취하할 수 있다(제48조 제1항). 이는 ① 보전처분 등이 있기 전(前)과 ② 보전처분 등이 있은 후(後)로 나누어진다.

위 ①의 경우에는 자유로이 신청을 취하할 수 있으나, ②의 경우에는 법원의 허가를 얻어야 한다(제48조 제2항).

---

170) 박승두, 『회사정리법』(2000), 259면.

나. 개시신청에 대한 기각결정

법원은 ① **회생절차개시의 원인**(제34조 제1항)을 갖추지 못하였거나 ② 다음의 **기각사유**(제42조)가 있는 경우에는 신청을 기각하여야 한다.

① 회생절차의 비용을 미리 납부하지 아니한 경우(제42조 제1호)
② 회생절차개시신청이 성실하지 아니한 경우(제42조 제2호)
③ 그 밖에 회생절차에 의함이 채권자 일반의 이익에 적합하지 아니한 경우(제42조 제3호).

여기서 문제되는 것은 채무자회생법에는 회생절차개시 신청에 대한 기각결정을 규정하고 있지만, 각하에 대하여는 아무런 언급이 없다. 이 경우 법원은 각하결정을 할 수 있느냐 하는 것이다. 원칙적으로 채무자회생법에 특별한 규정이 없는 사항은 민사소송법을 준용하므로 각하결정을 할 수 있다고 보아야 할 것이다. 그러나 각하와 기각의 효력에 특별한 차이점이 없으므로 굳이 각하를 할 필요는 없다고 생각한다.

다. 개시결정전의 보전처분

(1) 보전처분의 의의

회생절차개시결정이 있으면 채무자의 업무수행권과 재산

의 관리·처분권은 관리인에게 전속하게 되고, 또한 이해관계인의 채무자에 대한 개별적인 권리행사가 금지된다.

그러나 이와 같은 효과는 개시결정 이후에 발생하고, 회생절차개시신청은 있었지만 개시여부를 심리하고 있는 단계에서는 아직 발생하지 않는다. 따라서 이 시기에는 **채무자가 재산을 도피·은닉할 우려**가 있고, 또한 **이해관계인에 의한 권리 행사**가 쇄도할 가능성이 있다. 그 결과 다른 이해관계인에게는 부당한 손해를 끼칠 염려가 있으며, 이는 기업회생법이 지향하는 공정·형평성을 해치게 된다.

이를 예방하기 위하여 법원은 회생절차개시의 신청이 있는 때에는 이해관계인의 신청에 의하거나 직권으로 회생절차개시신청에 대한 결정이 있을 때까지 채무자의 업무 및 재산에 관하여 가압류·가처분 그 밖에 필요한 보전처분을 명할 수 있다(제43조 제1항). 그리고 법원은 보전처분 외에 필요하다고 인정하는 때에는 관리위원회의 의견을 들어 보전관리인에 의한 관리를 명할 수 있다(제43조 제3항).

(2) 보전처분의 종류

보전처분은 일반적으로 ① **업무제한** 보전처분과 ② **처분금지** 보전처분 ③ **조직법상의** 보전처분 등으로 구분한다.

라. 포괄적 금지명령

법원은 회생절차개시의 신청이 있는 경우 필요하다고 인

정하는 때에는 이해관계인의 신청에 의하여 또는 직권으로 회생절차개시의 신청에 대한 결정이 있을 때까지 채권자의 강제집행 등171)의 각 중지를 명할 수 있다(제44조 제1항 제1호 내지 제5호).

그러나 이러한 중지명령만으로는 회생절차의 목적을 충분히 달성하지 못할 우려가 있다고 인정할 만한 특별한 사정이 있는 때에는, 법원은 이해관계인의 신청에 의하거나 직권으로 회생절차개시의 신청에 대한 결정이 있을 때까지 **포괄적으로**172) **집행의 금지**를 명할 수 있다(제45조 제1항).

마. 송달

채무자회생법은 회생절차에 관한 재판은 직권으로 송달하도록 규정하고 있다(제8조 제1항). 그러나 회생절차는 다수의 이해관계인이 관여함과 동시에 그 권리관계에 큰 영향을 미치는 절차이기 때문에,173) 송달비용의 절감과 절차의 신속한 진행을

---

171) ① 파산절차 ② 회생채권 또는 회생담보권에 기한 강제집행, 가압류, 가처분 또는 담보권실행을 위한 경매절차로서 채무자의 재산에 대하여 이미 행하여지고 있는 것 ③ 채무자의 재산에 관한 소송절차 ④ 채무자의 재산에 관하여 행정청에 계속하고 있는 절차 ⑤ 국세징수법 또는 지방세징수법에 의한 체납처분, 국세징수의 예 (국세 또는 지방세 체납처분의 예를 포함)에 의한 체납처분 또는 조세채무담보를 위하여 제공된 물건의 처분 등이다.

172) 모든 회생채권자 및 회생담보권자에 대하여 회생채권 또는 회생담보권에 기한 강제집행, 가압류, 가처분 또는 담보권실행을 위한 경매절차를 말한다.

173) 즉시항고의 대상이 되는 재판 중에서도 특히 중요한 것과 엄격한 불복신청 방법으로 이의의 소를 제기할 수 있는 회생채권 조

위하여 송달에 관한 특례를 규정하고 있다.[174]

바. 공고

공고하여야 하는 사항은 회생절차상 이해관계인에게 큰 영향을 미치는 재판들이다.[175] 공고는 ① **관보 게재** 또는 ② **대법원규칙이 정하는 방법**[176]으로 행한다($\frac{제9조}{제1항}$).

공고는 채무자회생법에 특별한 정함이 없는 한 모든 관계

사확정, 부인의 청구, 손해배상청구권 등의 조사확정에 관한 각 재판 등은 이해관계인에게 절차적 보장을 위하여 별도로 송달 규정을 두고 있다.

174) 박승두, 『회사정리법』(2000), 15면.

175) 구체적으로 보면, ① 보전관리 명령 및 이의 변경·취소(제43조 제8항) ② 포괄적 금지명령 및 이의 변경·취소(제46조 제1항) ③ 회생절차개시의 결정(제51조 제1항) ④ 회생절차개시결정의 취소(제54조 제1항) ⑤ 관리인대리의 선임허가(제76조 제3항) ⑥ 주식 또는 출자지분의 추가신고 허가(제155조 제1항) ⑦ 관계인집회의 기일과 회의목적(제185조 제1항) ⑧ 서면결의의 허가(제240조 제1항) ⑨ 회생계획인가 여부 결정의 선고(제245조 제1항) ⑩ 회생절차의 종결결정(제283조 제2항) ⑪ 회생계획인가 후 폐지를 위한 의견청취의 기일·기한(제288조 제3항) ⑫ 회생절차폐지결정(제289조) 등이다.

176) 규칙 제6조(공고) ① 법 제9조 제1항에 규정된 "대법원규칙이 정하는 방법"은 다음 각 호의 어느 하나에 해당하는 방법을 말한다. 1. 법원이 지정하는 일간신문에 게재 2. 전자통신매체를 이용한 공고 ② 법 제9조 제1항의 규정에 따른 공고를 하는 경우에 필요하다고 인정하는 때에는 적당한 방법으로 공고사항의 요지를 공시할 수 있다. ③ 법원서기관·법원사무관·법원주사 또는 법원주사보(이하 '법원사무관등'이라 한다)는 공고한 날짜와 방법을 기록에 표시하여야 한다.

인에 대하여 해당 재판의 고지가 있는 것으로 본다(제9조 제3항). 효력발생 시점은 관보에 게재된 날의 다음 날 또는 대법원규칙이 정하는 방법에 의한 공고가 있은 날의 다음 날이다(제9조 제2항).

3. 재판에 대한 불복

가. 재판에 대한 불복절차

채무자회생법은 재판에 대하여 불복절차를 3단계에 걸쳐 제한적으로 운용하고 있다. 첫째, 모든 재판에 대하여 불복절차를 허용하지 아니하고, 각 재판에 관하여 개별적으로 이를 **허용하는 규정이 있는 재판**에 한하여 이를 허용하고 있다.

둘째, 불복의 방법은 **즉시항고**로 제한하고 있다(제13조 제1항). 이는 민사소송법상 즉시항고 외의 항고(제439조)[177]는 허용되지 아니한다는 의미이다. 통상항고의 제기기간은 제한이 없으며, 불복의 이익이 있는 한 언제든지 제기할 수 있다.[178] 그러나 즉시항고는 재판의 공고가 있는 때에는 그 공고가 있은 날부터 14일 이내에 하여야 한다(제13조 제2항).

---

177) 이를 일반적으로 '통상항고'라 하며, '보통항고라 부르기도 한다; 이시윤, 『신민사소송법』(2021), 917면; 정동윤·유병현·김경욱, 『민사소송법』(2020), 926면; 정영환, 『신민사소송법』(2019), 1332면.

178) 정동윤·유병현·김경욱, 『민사소송법』(2020), 931면; 정영환, 『신민사소송법』(2019), 1337면.

그리고 항고법원의 결정에 대하여 민사소송법상의 **재항고** 요건[179]을 충족하는 경우에는 재항고할 수 있다. 즉시항고에 대하여 항고법원이 각하나 기각결정을 내린 때에 재항고의 성격은 즉시항고이다.[180] 여기서 문제되는 것은 채무자회생법에서 즉시항고를 인정하지 아니한 결정에 대하여는 민사소송법상 **특별항고**[181]도 허용되지 않느냐 하는 점인데, 특별항고는 헌법 위반 등의 경우 특별히 인정한 것이기 때문에[182] 할 수 있다고 보아야 한다.

셋째, 민사소송법상 즉시항고는 원칙적으로 집행정지의 효력을 가지고,[183] 특별한 경우에 이를 배제하고 있다. 그러나 채무자회생법은 회생절차의 신속한 진행을 위하여 중요한 결정에 대하여는 **집행정지의 효력**을 인정하지 않는 규정을 두고 있으

---

179) 제442조(재항고) 항고법원·고등법원 또는 항소법원의 결정 및 명령에 대하여는 재판에 영향을 미친 헌법·법률·명령 또는 규칙의 위반을 이유로 드는 때에만 재항고(再抗告)할 수 있다.

180) 정동윤·유병현·김경욱, 『민사소송법』(2020), 935면; 정영환, 『신민사소송법』(2019), 1341면.

181) 특별항고 외의 항고를 '일반항고'라 한다.

182) 제449조(특별항고) ① 불복할 수 없는 결정이나 명령에 대하여는 재판에 영향을 미친 헌법위반이 있거나, 재판의 전제가 된 명령·규칙·처분의 헌법 또는 법률의 위반여부에 대한 판단이 부당하다는 것을 이유로 하는 때에만 대법원에 특별항고(特別抗告)를 할 수 있다. ② 제1항의 항고는 재판이 고지된 날부터 1주 이내에 하여야 한다. ③ 제2항의 기간은 불변기간으로 한다.

183) 제447조(즉시항고의 효력) 즉시항고는 집행을 정지시키는 효력을 가진다.

며, 이를 규정하지 않은 경우에는 집행정지의 효력이 있다.

나. 개시결정의 신청에 관한 재판

"개시결정의 신청에 관한 재판"에 대하여는 즉시항고를 할 수 있으며(제53조 제1항), 대상이 되는 재판은 다음과 같다.

① 회생절차개시 신청에 대한 기각결정
② 위의 기각결정에 대한 취소결정
③ 보전처분신청을 기각하는 결정(제43조 제6항)
④ 위의 기각결정에 대한 취소결정
⑤ 보전처분(보전관리 명령 포함)을 명하는 결정
⑥ 위 보전처분을 취소·변경하는 결정
⑦ 포괄적 금지명령
⑧ 위 포괄적 금지명령을 변경하거나 취소하는 결정
⑨ 중지된 강제집행 등의 취소명령(제45조 제6항)
⑩ 회생절차개시결정
⑪ 위 개시결정의 취소결정.

그러나 포괄적 금지명령 신청을 기각하는 결정에 대하여는 즉시항고를 할 수 있다는 규정이 없으므로, 즉시항고의 대상이 되지 않는다(제13조 제1항).

다. 즉시항고권자

이상의 재판에 관하여 이해관계를 가진 자[184]는 즉시항고를 할 수 있다.

라. 즉시항고의 제기기간

즉시항고를 제기하여야 하는 기간은 ① 채무자회생법상 특칙에 의하여 재판의 공고가 있는 때에는 그 **공고가 있은 날부터 14일 이내**이며(제13조 제2항), ② 민사소송법상 일반원칙에 의하여 재판의 공고를 하지 않는 경우에는 **송달을 받은 날 또는 재판의 고지를 받은 날부터 1주간**이다(제33조 민소 제444조).

그리고 즉시항고가 허용되지 않는 재판에 대하여는 민사소송법상 특별항고185)만이 허용되며,186) 재판이 고지된 때로부터 1주 내에 하여야 한다(제33조 민소 제449조 제1항).

---

184) 채권자 등의 신청에 의해 회생절차개시결정이 내려진 때에는 채무자가 이해관계인으로서 그에 대하여 즉시항고를 할 수 있다고 보아야 한다. 이때 채무자가 법인인 경우에는 채무자의 기존 대표자가 채무자를 대표하여 즉시항고를 제기할 수 있다. 만일 기존 대표자가 채무자를 대표하여 즉시항고를 제기할 수 없다면, 채무자로서는 회생절차개시결정에 대하여 사실상 다툴 수 없게 되기 때문이다; 대법원 2021. 8. 13. 자 2021마5663 결정.

185) 제449조(특별항고) ① 불복할 수 없는 결정이나 명령에 대하여는 재판에 영향을 미친 헌법위반이 있거나, 재판의 전제가 된 명령·규칙·처분의 헌법 또는 법률의 위반여부에 대한 판단이 부당하다는 것을 이유로 하는 때에만 대법원에 특별항고(特別抗告)를 할 수 있다. ② 제1항의 항고는 재판이 고지된 날부터 1주 이내에 하여야 한다. ③ 제2항의 기간은 불변기간으로 한다.

186) 대법원 2011. 2. 21. 자 2010마1689결정; 대법원 2016. 4. 18. 자 2015마2115 결정.

마. 즉시항고의 방법

항고장을 원심법원에 제출한다(제33조 민소 제445조).

바. 즉시항고의 효력

민사소송법상 즉시항고는 집행을 정지시키는 효력을 가지지만(제447조), 위의 즉시항고에 대하여는 **집행정지의 효력을 인정하지 아니한다**(제45조 제7항).

사. 즉시항고에 대한 재판

즉시항고의 대상이 된 결정을 내린 **원심법원**이 항고에 정당한 이유가 있다고 인정하는 때에는 스스로 결정을 경정하여야 한다(제33조 민소 제446조). 그렇지 않고 위의 결정을 내린 원심법원이 항고에 정당한 이유가 없다고 판단하는 때에는 **항고법원**에 송부하여 재판을 받는다.

항고법원은 ① 즉시항고의 절차가 법률에 위반되거나 즉시항고가 **이유없다고 인정하는 때**에는 결정으로 즉시항고를 각하 또는 기각하여야 한다(제53조 제4항). ② 즉시항고가 **이유있다고 인정하는 때**에는 원심법원의 결정을 취소하고 사건을 원심법원에 환송하여야 한다(제53조 제5항). 즉시항고에 관한 항고법원의 재판에 대한 불복은 민사소송법의 규정187)에 의한다(제242조 제7항).

제 3 절　회생절차개시결정

1. 개시결정의 시기

　채무자회생법은 개시결정의 시기를 법원의 재량에 일임하지 않고 기업의 신속한 회생을 지원하기 위하여,[188] 법원은 회생절차개시의 **신청일부터 1월 이내**에 회생절차개시 여부를 결정하도록 규정하고 있다(제49조제1항). 실무적으로 법원은 기업의 사정을 고려하여 결정하고 있다.[189]

---

187) 제442조(재항고) 항고법원·고등법원 또는 항소법원의 결정 및 명령에 대하여는 재판에 영향을 미친 헌법·법률·명령 또는 규칙의 위반을 이유로 드는 때에만 재항고(再抗告)할 수 있다.

188) 구(舊)회사정리법은 제정시 개시결정의 시한에 관하여 아무런 규정을 두지 아니하였다. 그러나 1997년 IMF로부터 긴급구제금융을 받은 후 신속한 절차의 진행이 요청되어 1998년 개정시 중소기업에 한하여 신청 후 3월내(관리위원 외의 자가 조사위원으로 선임된 경우에는 5월내), 1999년 개정시에는 중소기업 여부와 상관없이 모든 채무자에 대하여 신청 후 1월내에 개시결정을 내리도록 하였다(제45조의2); 박승두, 『회사정리법』(2000), 45~58면.

189) 기업회생절차 개시를 신청한 쌍용자동차에 대하여 서울회생법

2. 개시결정의 요건

가. 적극적 요건

회생절차를 개시하기 위한 적극적 요건으로는 채무자가 ① 사업의 계속에 현저한 지장을 초래함이 없이는 변제기에 있는 **채무를 변제할 수 없는 경우**와 ② **파산의 원인인 사실이 생길 염려**가 있을 경우의 두 가지가 있다(제34조제1항).

나. 소극적 요건

개시신청 **기각사유**는 다음과 같다.

① 회생절차의 비용을 미리 납부하지 아니한 경우(제42조제1호)
② 회생절차신청이 성실하지 아니한 경우(제42조제2호)
③ 그 밖에 회생절차에 의함이 채권자 일반의 이익에 적합하지 아니한 경우(제42조제3호)

원은 개시결정시한인 2021년 2월 28일 앞두고 이를 유예하였다. 이 회사는 2020년 12월 21일 회생절차 신청시 ARS를 신청하여 법정관리 개시까지 약 두 달의 시간을 벌었다; 신현아 한경닷컴 기자, 입력 2021.02.26 15:14.

법원의 기각결정에 대하여 즉시항고를 제기하여 취소결정이 확정된 경우, 반드시 개시결정을 내려야 하느냐 하는 문제가 발생된다. 이에 관하여는 기각사유가 존재하지 아니하여 기각결정이 취소되었다고 하더라도 이는 소극적 요건의 해소로 보아야 하고, 다른 적극적 개시요건을 충족하는지 여부를 판단하여 결정하여야 할 것이다.

다. 개시결정 연월일시의 기재

개시결정은 각종 법률관계에 중대한 영향을 미치므로 그 개시결정의 연·월·일·시를 명확히 하여야 한다(제49조 제2항). 특히 시(時)의 기재를 누락하지 않도록 유의하여야 한다.

3. 개시결정의 효력

가. 효력발생 시점

회생절차개시결정은 그 확정 전에도 **개시결정시부터** 효력이 발생한다(제49조 제3항).

나. 개시결정의 효력

회생절차개시의 결정이 내려지면 다음과 같은 효력이 발

생한다. 첫째, 채무자의 **업무의 수행과 재산의 관리 및 처분**을 하는 권한은 관리인에게 전속한다($\frac{제56조}{제1항}$). 따라서 개인인 채무자 또는 개인이 아닌 채무자의 이사는 관리인의 권한을 침해하거나 부당하게 그 행사에 관여할 수 없다($\frac{제56조}{제2항}$).

둘째, 회생절차개시 이후부터 그 회생절차가 종료될 때까지는 채무자는 회생절차에 의하지 아니하고는 **자본감소 등의 행위**190)를 할 수 없다($\frac{제55조}{제1항}$).

셋째, 회생절차의 진행에 장애가 되는 다른 절차 등은 자동적으로 **금지**($\frac{제58조}{제1항}$)191) **또는 중지**($\frac{제58조}{제2항}$),192) 되고, 체납처분 등에 제공된 물건의 처분($\frac{제58조}{제3항}$)193)은 금지 및 중지된다.194)

---

190) ① 자본 또는 출자액의 감소 ② 지분권자의 가입 ③ 신주 또는 사채의 발행 ③ 자본 또는 출자액의 증가 ④ 주식의 포괄적 교환 또는 주식의 포괄적 이전 ⑤ 합병·분할·분할합병 또는 조직변경 ⑥ 해산 또는 회사의 계속 ⑦ 이익 또는 이자의 배당 등이다. 그리고 법인인 채무자의 정관을 변경하고자 하는 때에는 법원의 허가를 받아야 한다(제55조 제2항).

191) ① 파산 또는 회생절차개시의 신청 ② 회생채권 또는 회생담보권에 기한 강제집행등 ③ 국세징수의 예에 의하여 징수할 수 있는 청구권으로서 그 징수우선순위가 일반 회생채권보다 우선하지 아니한 것에 기한 체납처분 등이다.

192) ① 파산절차 ② 채무자의 재산에 대하여 이미 행한 회생채권 또는 회생담보권에 기한 강제집행등 ③ 국세징수의 예에 의하여 징수할 수 있는 청구권으로서 그 징수우선순위가 일반 회생채권보다 우선하지 아니한 것에 기한 체납처분 등이다.

193) 회생절차개시결정이 있는 때에는 다음의 기간 중 말일이 먼저 도래하는 기간 동안 회생채권 또는 회생담보권에 기한 채무자의 재산에 대한 국세징수법 또는 지방세징수법에 의한 체납처분, 국세징수의 예에 의하여 징수할 수 있는 청구권으로서 그 징수우선순위가

앞(95-97면)에서 설명한 바와 같이, **개시결정이 내려지기 전
에는** 채무자 재산의 보전을 위하여 이러한 행위를 법원이 중
지명령 등을 내렸으나, 개시결정은 별도로 중지명령 등을 내
릴 필요없이 이러한 행위를 모두 금지 또는 중지시키는 강력
한 효력을 가진다.

넷째, 채무자가 진행중인 **소송절차는 중단**,195) **수계**,196) 이

일반 회생채권보다 우선하는 것에 기한 체납처분과 조세채무담보를
위하여 제공된 물건의 처분은 할 수 없으며, 이미 행한 처분은 중지
된다. 이 경우 법원은 필요하다고 인정하는 때에는 관리인의 신청에
의하거나 직권으로 1년 이내의 범위에서 그 기간을 늘일 수 있다.
① 회생절차개시결정이 있는 날부터 회생계획인가가 있는 날까지
② 회생절차개시결정이 있는 날부터 회생절차가 종료되는 날까지
③ 회생절차개시결정이 있는 날부터 2년이 되는 날까지.

194) 양도담보권의 실행행위는 종국적으로 채권자가 제3채무자에
대해 추심권을 행사하여 변제를 받는다는 의미이다. 특히 양도담보
권의 목적물이 금전채권인 경우 피담보채권의 만족을 얻기 위해 금
전채권을 환가하는 등의 별도의 절차가 필요 없고, 만약 양도담보권
자가 제3채무자를 상대로 채무의 이행을 구하는 소를 제기하여 승
소판결을 얻는다면 제3채무자가 양도담보권자에게 임의로 변제하는
것을 막을 방법이 없다. 따라서 채권이 담보 목적으로 양도된 후 채
권양도인인 채무자에 대하여 회생절차가 개시되었을 경우 채권양수
인인 양도담보권자가 제3채무자를 상대로 그 채권의 지급을 구하는
이행의 소를 제기하는 행위는 회생절차개시결정으로 인해 금지되는
양도담보권의 실행행위에 해당한다. 이와 같이 해석하는 것이 채무
자의 효율적 회생을 위해 회생절차개시결정 이후 채권자의 개별적
권리행사를 제한하는 한편 양도담보권도 회생담보권에 포함된다고
규정한 채무자회생법의 내용에도 부합한다: 대법원 2020. 12. 10. 선
고 2017다256439, 256446 판결.

195) 제59조(소송절차의 중단 등) ① 회생절차개시결정이 있는 때에
는 채무자의 재산에 관한 소송절차는 중단된다. ② ~ ⑥ (생략).

송197) 등의 절차를 취한다.198)

다섯째, 관리인의 **부인권** 및 **계약이행 여부 선택권** 등의 효력이 발생하는데, 이에 관하여는 뒤(부인권: 163~171면, 계약이행 여부 선택권: 172~182면)에서 상세히 설명한다.

---

196) 제59조(소송절차의 중단 등) ① (생략) ② 제1항의 규정에 의하여 중단한 소송절차 중 회생채권 또는 회생담보권과 관계없는 것은 관리인 또는 상대방이 이를 수계할 수 있다. 이 경우 채무자에 대한 소송비용청구권은 공익채권으로 한다. ③ 제2항의 규정에 의한 수계가 있기 전에 회생절차가 종료한 때에는 채무자는 당연히 소송절차를 수계한다. ④ 제2항의 규정에 의한 수계가 있은 후에 회생절차가 종료한 때에는 소송절차는 중단된다. 이 경우 채무자는 소송절차를 수계하여야 한다. ⑤ 제4항의 경우에는 상대방도 소송절차를 수계할 수 있다. ⑥ 제1항 내지 제5항의 규정은 채무자의 재산에 관한 사건으로서 회생절차개시 당시 행정청에 계속되어 있는 것에 관하여 준용한다.

197) 제60조(이송) ① 회생계속법원(회생사건이 계속되어 있는 회생법원을 말한다. 이하 같다)은 회생절차개시 당시 채무자의 재산에 관한 소송이 다른 법원에 계속되어 있는 때에는 결정으로써 그 이송을 청구할 수 있다. 회생절차개시 후 다른 법원에 계속되어 있게 된 것에 관하여도 또한 같다. ② 제1항의 결정이 있는 때에는 이송의 청구를 받은 법원은 소송을 회생계속법원에 이송 하여야 한다. ③ 제2항의 규정에 의한 이송은 소송절차의 중단 또는 중지 중에도 할 수 있다. ④ 제1항 내지 제3항의 규정은 상소심법원에 계속되어 있는 소송에 관하여는 적용하지 아니한다.

198) 소송 계속 중 일방 당사자에 대하여 회생절차 개시결정이 있었음에도 법원이 이를 알지 못한 채 그 관리인의 소송수계가 이루어지지 아니한 상태 그대로 소송절차를 진행하여 판결을 선고하였다면, 그 판결은 일방 당사자의 회생절차 개시결정으로 소송절차를 수계할 관리인이 법률상 소송행위를 할 수 없는 상태에서 심리되어 선고된 것이므로 여기에는 마치 대리인에 의하여 적법하게 대리되지 아니하였던 경우와 마찬가지의 위법이 있다; 대법원 2021. 5. 7. 선고 2020두58137 판결.

다. 필수적 결정사항

회생절차개시결정과 동시에 다음의 사항을 정하여야 한다.

(1) 관리인의 선임

법원이 관리인 불선임의 결정을 하는 경우 이외에는 반드시 개시결정과 동시에 **관리인을 선임**하여야 한다(제50조).199) 법원은 관리인을 선임할 때에는 관리인이 받을 보수를 결정하여야 한다(제30조). 관리인은 회생절차에서 채무자(법인 또는 개인기업)의 업무를 수행하고 그 재산을 전속적으로 관리·처분할 권한과 의무를 가지며, 회생계획안을 작성·제출하고 계획안이 관계인집회의 결의를 거쳐 법원의 인가를 받으면 그 확정된 회생계획을 수행해야 하는 자이다. 일반적으로 '관리인'은 채무자뿐만 아니라 채권자 등까지를 포함하여 구성되는 가상적(假想的)인 이른바 '이해관계인 단체'의 관리 위탁을 받은 '공적 수탁자(Public Trustee)'라고 본다. 법원은 관리인을 선임함에 있어서 예외사유(제74조)가 없는 한, ① 채무자가 개인인 경우에는 **채무자**, ② 채무자가 개인이 아닌 경우 채무자의 **대표자**를 관리인으로 선임하여야 한다.200) 회생법

---

199) 필자도 2005년 9월 14일 인천지방법원으로부터 ㈜이트로닉스의 관리인으로 선임되어 2006년 9월 14일 인천지방법원에서 정리계획 변경안에 대한 가결과 인가를 받음으로써 1년만에 M&A를 성사시킨 적이 있다. 구체적인 내용은 박승두, 『잊을 수 없는 9월 14일 - (주)인켈 M&A 이야기』(2007) 참조.

원은 관리자를 선임함에 있어서 위의 예외사유(제74조
제2항)가 있는 경우에는, 채무자 등의 대표자(기존 경영자)를 관리인으로 선임할 수 없다. **간이회생절차**에서는 원칙적으로 관리인을 선임하지 아니하며, 예외적으로(제74조 제2항 각 호의 어느 하나에 해당한다고 인정하는 경우) 관리인을 선임할 수 있다.[201] 채무자가 **개인, 중소기업, 그 밖에 대법원규칙이 정하는 자**인 경우에는 관리인을 선임하지 않을 수 있다(제74조
제3항). 이 경우에는 채무자(개인이 아닌 경우에는 그 대표자)를 관리인으로 본다(제74조
제4항).

관리인이 여럿인 때에 ① 의사결정이나 대외적 의사표시 등 **능동적인 업무**는 모든 관리인이 공동으로(連名) 그 직무를 수행하는 것을 원칙으로 하고(제75조
제2항),[202] ② **수동적 의사표시** 즉 제3자의 의사표시는 관리인 중 누구에게 하여도 된다

---

200) 제74조(관리인의 선임) ① (생략) ② 법원은 다음 각호에 해당하는 때를 제외하고 개인인 채무자나 개인이 아닌 채무자의 대표자를 관리인으로 선임하여야 한다. 1. 채무자의 재정적 파탄의 원인이 다음 각목의 어느 하나에 해당하는 자가 행한 재산의 유용 또는 은닉이나 그에게 중대한 책임이 있는 부실경영에 기인하는 때 가. 개인인 채무자 나. 개인이 아닌 채무자의 이사 다. 채무자의 지배인 2. 채권자협의회의 요청이 있는 경우로서 상당한 이유가 있는 때 3. 그 밖에 채무자의 회생에 필요한 때.

201) 제293조의6(관리인의 불선임) ① 간이회생절차에서는 관리인을 선임하지 아니한다. 다만, 제74조 제2항 각 호의 어느 하나에 해당한다고 인정하는 경우에는 관리인을 선임할 수 있다. ② 제1항 본문의 경우에는 채무자(개인이 아닌 경우에는 그 대표자를 말한다)는 이 편에 따른 관리인으로 본다.

202) 사전에 회생법원의 허가를 받아 여러 관리인의 담당 직무를 분장할 수 있다.

(^{제75조}_{제2항}). 관리인은 필요한 때에는 법원의 허가를 받아서 그 직무를 행하게 하기 위하여 자기의 책임으로 1인 또는 여럿의 관리인대리를 선임할 수 있다.203) '관리인대리'는 법인의 지배인이 대표이사를 갈음하는 것과 마찬가지로, 관리인에 갈음하여 채무자의 재판상 또는 재판 외의 모든 행위를 할 수 있다(^{제76조}_{제5항}). 회생절차 개시신청에 대하여 보전관리명령을 내리는 경우에는 **보전관리인**을 필요적으로 선임하며, 회생절차개시결정 전까지 채무자의 업무수행, 재산의 관리 및 처분을 하는 권한을 전속적으로 맡아서 수행하는 기관이다(^{제85조}). 외국법원에 신청된 회생절차에 있어서 한국 법원이 이를 승인하여 그 절차를 지원하기 위하여 한국 내에서 그 외국 채무자의 업무 및 재산에 대한 관리 및 처분권한의 전부 또는 일부를 부여한 자이다(^{제628조}_{제6호}).

(2) 목록제출기간의 결정

법원은 개시결정과 동시에 관리인이 회생채권자, 회생담보권자, 주주 지분권자의 목록을 작성하여 제출하여야 하는 기간을 정해야 하는데,204) 그 제출기간의 말일은 **결정일로부터**

---

203) 관리인은 '관리인대리' 외에도, 필요한 때에는 법원의 허가를 받아 법률 또는 경영에 관한 전문가를 고문으로 선임할 수 있고, 고문은 법원이 정하는 보수를 받을 수 있다(제77조, 제30조 제1항).

204) 제147조(회생채권자·회생담보권자·주주·지분권자의 목록) ① 관리인은 회생채권자의 목록, 회생담보권자의 목록과 주주·지분권자의 목록을 작성하여 제50조 제1항 제1호에 따른 기간 안에 제출하여야 한다. ② 목록에는 다음 각호의 사항을 기재하여야 한다. 1. 회

2주 이상 2월 이하 사이에서 정하여야 한다(제50조 제1항 제2호).

(3) 채권신고기간의 결정

법원은 개시결정과 동시에 회생채권, 회생담보권, 주식·출자지분의 신고기간을 정해야 하는데, 그 신고기간의 말일은 위 회생채권자, 회생담보권자, 주주·지분권자의 **목록 제출기간의 말일부터 1주 이상 1월 이하** 사이에서 정하여야 한다(제50조 제1항 제2호).

(4) 조사기간의 결정

법원은 개시결정과 동시에 회생채권·회생담보권의 조사기간을 정해야 한다. 그 조사기간의 말일은 **신고기간의 말일로부터 1주 이상 1월 이하** 사이에서 정하여야 한다(제50조 제1항 제3호).

(5) 회생계획안 제출기간의 결정

법원은 개시결정과 동시에 회생계획안 제출기간을 정하고

생채권자의 목록 가. 회생채권자의 성명과 주소 나. 회생채권의 내용과 원인 다. 의결권의 액수 라. 일반의 우선권 있는 채권이 있는 때에는 그 뜻 2. 회생담보권자의 목록 가. 회생담보권자의 성명 및 주소 나. 회생담보권의 내용 및 원인, 담보권의 목적 및 그 가액, 회생절차가 개시된 채무자 외의 자가 채무자인 때에는 그 성명 및 주소 다. 의결권의 액수 3. 주주·지분권자의 목록 가. 주주·지분권자의 성명 및 주소 나. 주식 또는 출자지분의 종류 및 수 ③ 법원은 신고기간 동안 이해관계인이 목록을 열람할 수 있도록 하여야 한다. ④ 관리인은 신고기간의 말일까지 대법원규칙이 정하는 바에 따라 법원의 허가를 받아 목록에 기재된 사항을 변경 또는 정정할 수 있다.

있는데, 그 기간은 **조사기간의 말일로부터 4개월 이하여야**
한다(제50조 제1항 제4호).205)

라. 임의적 결정사항

(1) 법원의 허가사항

법원이 필요하다고 인정할 때에는 관리인의 일정한 행위
에 대하여 **법원의 허가**를 얻은 후에야 할 수 있도록 정할 수
있다(제61조).

(2) 재산목록 등의 제출의무

관리인은 회생절차개시 후 지체없이 채무자의 모든 재산의
가액을 평가하여야 하고(제90조), 개시결정시의 재산목록206)과
재무상태표를 작성하여 이를 법원에 제출하여야 한다(제91조).

(3) 보고서 제출의무

관리인은 법원이 정하는 바에 따라 그 업무와 재산의 관

---

205) 채무자가 개인인 경우에는 "조사기간의 말일로 부터 2개월 이
하"이다.

206) 관리인은 비록 소송절차에서 다투는 등으로 회생절차에 관하
여 주장되는 어떠한 회생채권의 존재를 인정하지 아니하는 경우에
도, 그 회생채권의 부존재가 객관적으로 명백한 예외적인 경우가 아
닌 한 이를 회생채권자 목록에 기재하여야 할 의무가 있다; 대법원
2012. 2. 13. 자 2011그256 결정; 대법원 2020. 9. 3. 선고 2015다
236028, 236035 판결.

리상태 기타 법원이 명하는 사항을 법원에 보고하여야 할 의무가 있다(제93조).

(4) 채무자 재산의 소지자 등의 신고의무

개시결정을 할 때에는 **채무자의 재산**을 소지하고 있거나 그에게 **채무를 부담**하는 자는 회생절차가 개시된 채무자에게 그 재산을 교부하여서는 아니된다는 뜻이나 그 채무자에게 그 채무를 변제하여서는 아니 된다는 점을 명시하고, 회생절차가 개시된 채무자의 재산을 소지하고 있거나 그에게 채무를 부담하고 있다는 사실을 일정한 기간 안에 관리인에게 신고하게 하여야 한다.

(5) 조사위원 관련사항

서울회생법원은 개시결정과 동시에 **조사위원 선임결정**을 별도로 하고 있으며, 결정문에 조사명령·조사보고서 제출기간일 지정결정을 함께 하고 있다(제87조).

마. 계약상대방의 계약해제권 발생 여부

쌍무계약의 계약당사자 중 한쪽에 대한 회생절차 개시결정이 내려진 경우, 그 상대방은 해당 계약을 해제할 수 있느냐 하는 것이 문제되는데, 이에 관하여는 앞(83-89면)에서 설명한 회생절차개시신청시 계약상대방의 해제권에 관한 내용과 동일하다.

4. 개시결정의 취소결정

(1) 개시결정 취소의 요건

앞(103면)에서 본 바와 같이, 회생절차개시결정에 대하여 즉시항고가 제기된 경우, **원심법원**이 이를 정당한 이유가 있다고 인정하면 결정을 경정하여야 하는데(제33조), 개시결정을 취소할 수 있다.

그리고 원심법원이 항고에 정당한 이유가 없다고 판단하는 때에는 **항고법원**에 송부하여 재판을 받는데, 항고법원이 개시결정의 요건을 흠결한 것으로 판단하면 이를 취소한다.[207]

---

207) 채무자회생법에 따른 회생절차개시신청은 갑 회사의 정관 규정에 의하여 주주총회에 그 의사결정권한이 있으므로, 정관에 따라 주주총회 특별결의라는 의사결정절차를 밟지 않고 이루어진 갑 회사의 회생절차개시신청은 흠결 있는 대표권 행사에 의한 것으로서 부적법하고, 한편 갑 회사의 대표자 사내이사가 자본의 1/10 이상을 보유하는 주주로서 채무자회생법 제34조 제2항에 따라 갑 회사와 별도로 신청권을 가지고 있고, 갑 회사의 부적법한 신청에 터 잡은 회생절차개시결정에 따라 관련 절차가 진행되었다는 사정만으로는 회생절차개시결정에 대한 즉시항고 사유로 위와 같은 흠결 있는 대표권 행사임을 주장하여 회생절차개시결정의 당부를 문제 삼는 것이 회생절차의 목적이나 소송경제 등에 비추어 허용될 수 없다고 단정하기 어렵다는 회생절차개시결정을 취소하고 사건을 원심법원에 환송한다; 서울고등법원 2020. 5. 26. 자 2019라21331 결정.

(2) 개시결정 취소결정시 후속 조치

취소결정이 확정되면 개시결정과 마찬가지로 다음의 후속 조치를 취하여야 한다(제54조, 제51조 제2항 제52조, 제23조
제1항 제2호, 제24조 제1, 3, 5항, 제27조).

① 개시결정의 공고, 송달
② 관계행정청 등에 대한 통지
③ 사무소 및 영업소의 소재지 등기소에 대한 등기촉탁
④ 채무자의 재산에 관한 등기·등록 촉탁 등.

(3) 취소결정에 대한 불복

앞(101면)에서 본 바와 같이, 개시결정의 취소결정도 즉시항고의 대상이 되며, 구체적인 설명은 생략한다.

(4) 개시결정취소결정 확정의 효력

(가) 효력발생 시기

회생절차개시결정208)이나 회생계획인가결정209)에 대하여는 결정시 바로 효력이 발생하는 특칙을 두고 있다. 그러나 개시결정의 취소결정에 관하여는 이러한 규정을 두지 아니하였으므로, **취소결정이 확정**되어야 그 효력이 발생한다.

---

208) 제49조(회생절차개시의 결정) ① ~ ② (생략) ③ 회생절차개시결정은 그 결정시부터 효력이 생긴다.

209) 제246조(회생계획의 효력발생시기) 회생계획은 인가의 결정이 있은 때부터 효력이 생긴다.

(나) 소급효의 발생

개시결정취소결정이 확정되면 처음부터 개시결정이 없었던 것으로 되기 때문에 개시결정으로 발생하였던 효력은 **소급하여 소멸**한다.[210]

그러나 개시결정이 내려진 시점부터 개시결정취소가 확정되기까지 사안에 따라서는 상당한 기간이 소요될 수도 있고, 즉시항고가 집행정지의 효력이 없기 때문에 그 사이에 많은 법률행위가 행해질 수 있다.

따라서 개시결정이 취소되더라도 개시결정이 내려진 시점부터 적법하게 행해진 법률행위는 효력이 있다.

(다) 회생절차의 구속력 상실

① 관리인의 지위 상실

개시결정의 취소결정이 확정되면, **관리인의 권한은 소멸**한다.[211] 그러나, 관리인은 공익채권을 변제하고, 이의가 있는 공익채권에 관하여는 그 채권자를 위하여 공탁하여야 할 의

---

210) 채권자표의 기재에 부여하는 확정판결과 동일한 효력도 소멸하고, 이사 등의 책임에 기한 손해배상청구권 등의 조사확정재판절차·부인절차는 처음부터 없었던 것으로 된다; 서울회생법원 재판실무연구회, 『회생사건실무(상)』(2019), 150면.

211) 개시결정 후 관리인이 그 권한에 기하여 한 행위는 그 효력을 가진다.

무가 있으므로($^{제54조}_{제3항}$), 이 범위 내에서의 권한은 존속한다.

② 채무자의 지위 회복

채무자는 **업무수행권 및 재산의 관리처분권**을 회복하고, 회생채권에 대한 변제금지의 효력도 없어진다. 이러한 효력은 소급하여 발생하며, 개시결정 후 채무자가 한 법률행위(^{제64조}), 채권자의 권리취득(^{제65조}), 등기·등록의 경료(^{제66조}), 채무자에 대한 변제(^{제67조}), 회생채권의 변제(^{제131조}) 등은 소급하여 유효가 된다.

③ 행위제한의 해제

개시결정시 채무자에 대하여 할 수 없었던 각종 절차212)는 취소결정이 확정된 이후에 자유로이 할 수 있다.213)

(마) 회생절차폐지와 회생계획 불인가의 차이점

개시결정취소결정은 일단 회생절차가 개시되었지만 이를 소급하여 취소함으로써 이것이 발생하지 않은 것으로 되므

---

212) 회생채권에 기한 이행소송의 제기, 채무자의 재산에 대한 강제집행, 가압류·가처분·경매 절차, 체납처분 및 파산절차 등.

213) 개시결정에 의하여 중단된 소송절차는 취소결정의 확정으로 당연히 채무자가 수계하고, 개시결정 후 관리인 또는 상대방이 수계한 소송절차는 취소결정에 의하여 다시 중단되고 채무자가 수계한다. 개시결정에 의하여 중지된 강제집행·가압류·가처분·담보권실행등을 위한 경매절차 및 체납처분은 중지상태가 종료되고 당연히 속행된다.

로, 별도로 **회생절차를 폐지할 필요가 없다.**

　그러나 회생절차의 폐지나 회생계획의 불인가는 회생절차가 개시되어 적법한 절차가 진행되었으므로, 그동안의 효력은 인정하고(불소급의 원칙) 향후 회생절차의 구속에서 벗어나게 되는 점에서 차이가 있다.

제3장 이해관계인의 권리

제1절 이해관계인

1. 회생채권자

가. 회생채권의 개념

(1) 회생채권의 범위

회생채권은 다음과 같다(제118조).

① 채무자에 대하여 회생절차개시 전의 원인으로 생긴 재산상
　　의 청구권
② 회생절차개시 후의 이자
③ 회생절차개시 후의 불이행으로 인한 손해배상금 및 위약금
④ 회생절차참가의 비용.

(2) 채무자에 대하여 회생절차개시 전의 원인으로 생긴 재산상의 청구권

(가) 채무자에 대한 청구권

회생채권은 "채무자에 대한 청구권"으로 **채권적 청구권** 또는 **인적 청구권**을 말한다.

이에 반하여 채무자의 일반재산을 담보로 하는 채권인 **물권적 청구권**은 인적 청구권이 아니며, 회생담보권으로 인정한다. 그리고 물권 기타 절대권에 기한 부작위청구권도 인적 청구권이 아니다.

(나) 재산상의 청구권

회생채권은 채무자재산의 가치의 이용에 의하여 이행될 청구권이어야 한다. 그러나 반드시 금전채권일 필요는 없다.214)

그리고 계약상의 **부작위청구권**은 재산상의 청구권에 해당하지 아니하지만, 이를 위반하여 발생한 손해배상청구권은 재산상의 청구권이다.

이에 반하여 계약상의 **작위청구권**은 채무자의 재산가치의

---

214) 제137조(비금전채권 등) 채권의 목적이 금전이 아니거나 그 액이 불확정한 때와 외국의 통화로서 정하여진 때에는 회생절차가 개시된 때의 평가금액으로 한다.

이용에 따라 이행될 채권에 해당하고, 이를 이행하지 아니하여 발생한 손해배상청구권도 재산상의 청구권이다.[215]

(다) 개시결정전(前)의 원인에 기한 청구권

회생채권은 의사표시 등 채권발생의 기본적 구성요건에 해당하는 사실이 **개시결정전(前)에 존재**하여야 한다.

이 요건을 충족하는 경우에는 기한부채권,[216] 불확정기한부채권,[217] 정기금채권,[218] 조건부채권[219]과 장래의 청구권[220]

---

215) 한국산업은행, 『회사정리법해설』(1982), 246면; 임채홍·백창훈, 『회사정리법(상)』(1999), 395면; 박승두, 『회사정리법』(2000), 470면; 서울회생법원 재판실무연구회, 『회생사건실무(상)』(2019), 420면; 노영보, 『도산법 강의』(2019), 172~173면.

216) 제134조(이자없는 기한부채권) 기한이 회생절차개시 후에 도래하는 이자없는 채권은 회생절차가 개시될 때부터 기한에 이르기까지의 법정이율에 의한 이자와 원금의 합계가 기한 도래 당시의 채권액이 되도록 계산한 다음 그 채권액에서 그 이자를 공제한 금액으로 한다.

217) 제136조(이자없는 불확정기한채권 등) 기한이 불확정한 이자없는 채권은 회생절차가 개시된 때의 평가금액으로 한다. 정기금채권의 금액 또는 존속기간이 불확정한 때에도 또한 같다.

218) 제135조(정기금채권) 제134조는 금액과 존속기간이 확정되어 있는 정기금채권에 준용한다.

219) 가집행선고의 실효를 조건으로 하는 가지급물의 원상회복 및 손해배상 채권(민사소송법 제215조)은 그 채권 발생의 원인인 가지급물의 지급이 회생절차개시 전에 이루어진 것이라면 조건부채권으로서 회생채권에 해당한다; 대법원 2021. 7. 8. 선고 2020다221747 판결.

220) 제138조(조건부채권과 장래의 청구권) ① 조건부채권은 회생절차가 개시된 때의 평가금액으로 한다. ② 제1항의 규정은 채무자에

도 회생채권이 된다.

그러나 개시결정전에 성립한 계약에 기한 청구권이더라도 쌍방미이행의 쌍무계약상의 채권인 때에는 그 계약의 성격에 따라 다르며 일률적으로 회생채권으로 되는 것은 아니다 (제119조). 그리고 회생절차개시후(後)의 원인에 기하여 발생한 청구권 중에서 공익적 비용은 뒤(140-143면)에서 설명하는 바와 같이, 공익채권(제179조)이 된다. 그러나 절차개시후(後)의 원인에 기한 청구권이라도 공익적 성질을 가지지 않는 것은 공익채권이 되지 아니한다.

회생절차개시후(後)의 원인에 기하여 발생한 청구권 중에서 공익채권에 해당하지 않는 경우에는 회생채권과 구별하여 특별히 '개시후기타채권'으로 규정하고 있다(제181조 제1항).221)

(라) 강제집행할 수 있는 청구권

회생절차는 재판상의 강제적 권리실현절차로서의 성격을 가지므로, **강제집행에 의하여 실현할 수 있는 청구권**이어야 한다. 따라서 재판상 주장할 수 없는 청구권은 회생채권이

대하여 행사할 수 있는 장래의 청구권에 관하여 준용한다.

221) 일본의 회사갱생법에서는 갱생채권과 공익채권 어디에도 해당되지 않는 채권을 '개시후채권'으로 규정하고 있는데(제134조 제1항), 여기에는 회사의 이사가 한 조직법상의 행위 등으로 인하여 발생하는 청구권으로 부득이한 비용에 해당되지 않아 공익채권으로 인정받지 못한 것 등이 해당된다: 伊藤眞, 『會社更生法·特別淸算法』(2020), 229면.

될 수 없다.222) 따라서 민법상 불법원인급여의 반환청구권,223) 소멸시효가 완성된 채권(민 제162조~제165조) 등은 회생채권에 해당하지 아니한다. 그러나 소멸시효가 완성되었더라도 그 완성 전에 상계할 수 있었던 것이면 회생절차에서 상계할 수 있다(민 제495조 및 제162조).

그리고 부제소계약, 불집행계약이 있는 채권도 그 효력이 회생절차에서도 인정되는 경우에는 회생채권이 될 수 없다.224)

(마) 물적 담보를 가지지 않는 청구권

앞(124면)에서 설명한 바와 같이, 이상의 요건을 구비한 청구권이더라도 회생절차 개시당시 채무자의 재산상에 존재하는 질권·저당권·유치권 등에 의하여 담보되어 있는 채권은 회생담보권으로 인정되므로(제123조) 회생채권에 해당하지 아니한다.225)

---

222) 한국산업은행, 『회사정리법해설』(1982), 247면; 임채홍·백창훈, 『회사정리법(상)』(1999), 396면; 박승두, 『회사정리법』(2000), 472면; 서울회생법원 재판실무연구회, 『회생사건실무(상)』(2019), 423면; 노영보, 『도산법 강의』(2019), 178면.

223) 제746조(불법원인급여) 불법의 원인으로 인하여 재산을 급여하거나 노무를 제공한 때에는 그 이익의 반환을 청구하지 못한다. 그러나 그 불법원인이 수익자에게만 있는 때에는 그러하지 아니하다.

224) 한국산업은행, 『회사정리법해설』(1982), 247면; 박승두, 『회사정리법』(2000), 472~473면.

225) 회생담보권자가 가지는 채권이라도 그 담보채권의 목적의 가

(3) 회생절차개시 후의 이자

회생절차개시결정전에 발생한 이자는 당연히 회생채권이 되지만(제118조 제1호), 회생절차개시결정일을 포함하여 **그 이후에 발생하는 이자도** 회생채권이 된다(제118조 제2호).

(4) 회생절차개시 후의 불이행으로 인한 손해 배상금 및 위약금

회생절차개시결정전의 불이행으로 발생한 손해배상금 및 위약금은 당연히 회생채권이 되지만(제118조 제1호), 회생절차개시결정일을 포함하여 **그 이후에 발생하는 손해배상금 및 위약금도** 회생채권이 된다(제118조 제3호).

(5) 회생절차참가의 비용

회생채권자의 신고비용은 당연히 여기에 해당되지만, **회생담보권자의 신고비용**에 대하여는 여기에 된다는 견해226)도 있지만, 회생담보권자의 신고비용 및 실행비용은 회생담보권으로 보아야 한다.227) 그리고 **회생절차개시를 신청하는 비용**은 총채권자를 위하여 출연하는 것으로 여기에 해당하지 않고 공익채권이 된다.228)

액을 초과하는 부분은 회생채권으로 된다(제124조 제2항).

226) 서울회생법원 재판실무연구회, 『회생사건실무(상)』(2019), 428면.

227) 한국산업은행, 『회사정리법해설』(1982), 247면; 박승두, 『회사정리법』(2000), 483면.

나. 채무소멸금지의 원칙

(1) 원칙

회생채권에 관하여 회생절차에 의하지 않으면 변제 기타 이를 소멸시키는 행위를 할 수 없다(제131조 본문).229)

여기서 말하는 회생채권의 소멸금지는 채무자의 임의에 의한 것인가 채권자가 강제적으로 하는 것인가를 묻지 않고 **채무자의 재산상 출연**에 의한 회생채권의 소멸을 일반적으로 금지된다.

이 규정에 위반하여 한 변제 기타 회생채권을 소멸시키는 행위는 무효이다.230) 물론 상계도 원칙적으로 허용되지 아니하지만,231) 뒤(183-195면)에서 보는 바와 같이 상계권의 행사가

---

228) 박승두, 『회사정리법』(2000), 483면; 서울회생법원 재판실무연구회, 『회생사건실무(상)』(2019), 428면.

229) 그 이유는 ① 특정 채권자에의 변제는 채권자 전체의 공정·형평성을 저해할 수 있고, ② 회생절차에서의 채무처리는 회생계획에 의한 자본구성변경과 불가분의 관계에 있으므로 종전의 채권채무관계는 일단 동결할 필요가 있으며, ② 변제를 금지하지 않으면 회사의 적극재산이 감소되어 회생이 불가능하게 될 수도 있기 때문이다.

230) 한국산업은행, 『회사정리법해설』(1982), 259면; 임채홍·백창훈, 『회사정리법(상)』(1999), 421면; 박승두, 『회사정리법』(2000), 488면; 서울회생법원 재판실무연구회, 『회생사건실무(상)』(2019), 449면; 노영보, 『도산법 강의』(2019), 179면.

231) 회생절차에서 회생채권을 변제 등으로 소멸하게 하는 행위는 회생계획에 의한 자본구성 변경과 불가분의 관계에 있으므로 종전

허용되는 범위내에서는 가능하다.

(2) 예외

채무소멸을 금지하는 이유는 채무자 자산의 실질적 출연을 막는데 있으므로, 회생채권자가 일방적으로 채무자에 대한 채권을 면제하거나 채무자가 수인인 경우에 연대채무자, 연대보증인, 보증인, 물상보증인, 주채무자 등이 채무를 이행하는 것도 유효하다.[232] 그리고 다음의 경우는 예외이다.

의 채권·채무관계를 일단 동결할 필요가 있다. 만일 변제 등의 행위를 금지하지 않으면 회생채무자의 적극재산이 감소되어 회생채무자 또는 그 사업의 효율적인 회생을 도모할 수 없고, 일부 회생채권자에게만 회생계획에 의하지 않고 우선 변제 등의 행위를 하는 것은 회생채권자들 사이의 공평을 깨뜨릴 염려가 있다. 이러한 취지에서 채무자회생법 제131조 본문은 파산절차에서와는 달리 명시적으로 회생채무자에 대한 회생절차가 개시된 후에는 채무자회생법에 특별한 규정이 없는 한 회생채무자의 재산으로 회생채권을 변제하는 등 회생채권을 소멸하게 하는 행위를 포괄적으로 금지하고 있다. 이 규정에서 금지하는 행위에는 회생채무자 또는 관리인에 의한 회생채권 변제뿐만 아니라, 회생채무자 또는 관리인에 의한 상계와 보증인 등 제3자에 의한 상계도 포함된다고 보아야 한다. 이 규정은 행위의 주체를 한정하지 않고 있는 데다가 이러한 상계도 이 규정에서 정한 '회생채권을 소멸하게 하는 행위'에 해당하기 때문이다. 다만 이 규정에서 명시하고 있는 면제는 회생채무자의 재산이 감소되지 않기 때문에 예외적으로 허용된 것이다; 대법원 2018. 9. 13. 선고 2015다209347 판결.

232) 이들이 자발적으로 이행하는 경우뿐만 아니라 이들에 대하여 채권자가 담보권실행이나 강제집행을 행하는 것은 물론 허용된다. 대법원 1967. 12. 26. 67마1127 결정; 대법원 1969. 4. 14. 69마153 결정.

① 관리인이 법원의 허가를 받아 변제하는 경우[233]

② 국세징수법 또는 국세징수의 예에 의하여 징수할 수 있는 청구권[234]

③ 채무자의 회생을 위하여 필요하다고 인정되는 경우[235]

---

233) 이와 관련하여 문제가 된 사례는 1997년 IMF 구제금융 당시 한보철강이 당진에 대규모 제철공장 신축을 추진하다가 부도가 나서 건설계약이 해지되었고 선지급되었던 계약금(당시 약130억 원)이 해외에서 환급되어 왔다. 이를 둘러싸고 ① 회사의 운영자금으로 사용하여야 한다는 한보철강, ② 해당 공사 기성고에 대하여 양도담보권을 가진 한국산업은행, ③ 각 채권에 비례하여 분배하여야 한다는 시중은행 등의 의견이 제시되었다. 이에 대하여 필자가 차주회사의 부도로 공사계약이 해지된 경우에는 한국산업은행법 제18조에 의하여 당초 소요자금 사정에 따른 자금공급(대출금)을 감액처리하여야 한다고 주장하여, 이를 법원이 수용하여 전액 한국산업은행에게 지급할 것을 허가하였다.

234) 제131조(회생채권의 변제금지) 회생채권에 관하여는 회생절차가 개시된 후에는 이법에 특별한 규정이 있는 경우를 제외하고는 회생계획에 규정된 바에 따르지 아니하고는 변제하거나 변제받는 등 이를 소멸하게 하는 행위(면제를 제외한다)를 하지 못한다. 다만, 관리인이 법원의 허가를 받아 변제하는 경우와 제140조 제2항의 청구권에 해당하는 경우로서 다음 각호의 어느 하나에 해당하는 경우에는 그러하지 아니하다. 1. 그 체납처분이나 담보물권의 처분 또는 그 속행이 허용되는 경우 2. 체납처분에 의한 압류를 당한 채무자의 채권(압류의 효력이 미치는 채권을 포함한다)에 관하여 그 체납처분의 중지 중에 제3채무자가 징수의 권한을 가진 자에게 임의로 이행하는 경우.

235) 제132조(회생채권의 변제허가) ① 채무자의 거래상대방인 중소기업자가 그가 가지는 소액채권을 변제받지 아니하면 사업의 계속에 지장을 초래할 우려가 있는 때에는 법원은 회생계획인가결정 전이라도 관리인·보전관리인 또는 채무자의 신청에 의하여 그 전부 또는 일부의 변제를 허가할 수 있다. ② 법원은 회생채권의 변제가 채무자의 회생을 위하여 필요하다고 인정하는 때에는 회생계획인가

다. 회생채권의 신고

(1) 신고할 사항

회생절차에 참가하고자 하는 회생채권자는 신고기간 안에 다음의 사항을 법원에 신고하고 증거서류 또는 그 등본이나 초본을 제출하여야 한다(제148조 제1항).

① 성명 및 주소
② 회생채권의 내용 및 원인
③ 의결권의 액수
④ 일반의 우선권 있는 채권인 때에는 그 뜻.

회생채권 중에서 일반의 우선권 있는 부분은 따로 신고하여야 하고(제148조 제2항), 회생채권에 관하여 회생절차개시 당시 소송이 계속되는 때에는 법원·당사자·사건명 및 사건번호를 신고하여야 한다(제148조 제3항).

(2) 신고기간

앞(113면)에서 본 바와 같이, 법원은 개시결정과 동시에 신고

결정 전이라도 관리인·보전관리인 또는 채무자의 신청에 의하여 그 전부 또는 일부의 변제를 허가할 수 있다. ③ 법원은 제1항 및 제2항의 규정에 의한 허가를 함에 있어서는 관리위원회 및 채권자협의회의 의견을 들어야 하며, 채무자와 채권자의 거래상황, 채무자의 자산상태, 이해관계인의 이해 등 모든 사정을 참작하여야 한다.

기간의 말일을 회생채권자, 회생담보권자, 주주·지분권자의 **목록 제출기간의 말일부터 1주 이상 1월 이하** 사이에서 정하여야 한다(제50조 제1항 제2호). 그러나 벌금·조세 등의 청구권[236]을 가지고 있는 자는 신고기간에 구속되지 않고 **지체 없이** 그 액 및 원인과 담보권의 내용을 법원에 신고하면 된다(제156조 제1항). 이들 청구권은 신고하지 않더라도 권리가 소멸되지 않으므로 (제140조 제1항 제251조 단서), 특별히 신고의 의미가 없다.

(3) 추완신고

신고기간을 엄격히 준수하고 이 기간이 지난 후에는 일체 신고를 할 수 없게 하면 불가피한 사정으로 권리를 상실하는 경우가 발생할 수 있으므로, ① 회생채권자가 그 **책임을 질 수 없는 사유**로 인하여 법원이 정한 기간내에 신고를 하지 못한 경우[237]와 ② **신고기간이 경과한 후에 생긴 회생채권**에

---

236) 제140조(벌금·조세 등의 감면) ① 회생절차개시 전의 벌금·과료·형사소송비용·추징금 및 과태료의 청구권에 관하여는 회생계획에서 감면 그 밖의 권리에 영향을 미치는 내용을 정하지 못한다. ② 회생계획에서 국세징수법 또는 지방세징수법에 의하여 징수할 수 있는 청구권(국세징수의 예에 의하여 징수할 수 있는 청구권으로서 그 징수우선순위가 일반 회생채권보다 우선하는 것을 포함한다)에 관하여 3년 이하의 기간 동안 징수를 유예하거나 체납처분에 의한 재산의 환가를 유예하는 내용을 정하는 때에는 징수의 권한을 가진 자의 의견을 들어야 한다.

237) 제152조(신고의 추후 보완) ① 회생채권자 또는 회생담보권자는 그 책임을 질 수 없는 사유로 인하여 신고기간 안에 신고를 하지 못한 때에는 그 사유가 끝난 후 1월 이내에 그 신고를 보완할 수 있다. ② 제1항의 규정에 의한 기간은 불변기간으로 한다. ③ 제

관하여는238) 추완신고를 할 수 있도록 하였다.

(4) 신고의 의제

채무자회생법은 신고절차의 불편과 번잡을 해소하기 위하여 관리인에게 목록제출 의무를 부과하였고, 이에 기재된 회생채권은 신고된 것으로 보도록 하였다(제151조). 따라서 회생채권자는 **목록에 기재된 내용**을 확인하고, 문제가 없으면 신고하지 아니하여도 된다.

라. 채권자 명의의 변경

이상의 절차를 거쳐 신고하였거나 목록에 기재되어 있는 회생채권을 취득한 자는 신고기간이 경과한 후에도 신고명의를 변경할 수 있다.239)

1항의 규정에 의한 신고는 다음 각호의 어느 하나에 해당하는 때에는 하지 못한다. 1. 회생계획안심리를 위한 관계인집회가 끝난 후 2. 회생계획안을 제240조의 규정에 의한 서면결의에 부친다는 결정이 있은 후 ④ 제1항 내지 제3항의 규정은 회생채권자 또는 회생담보권자가 그 책임을 질 수 없는 사유로 인하여 신고한 사항에 관하여 다른 회생채권자 또는 회생담보권자의 이익을 해하는 내용으로 변경하는 경우에 관하여 준용한다.

238) 제153조(신고기간 경과 후 생긴 회생채권 등의 신고) ① 신고기간이 경과한 후에 생긴 회생채권과 회생담보권에 관하여는 그 권리가 발생한 후 1월 이내에 신고하여야 한다. ② 제152조 제2항 내지 제4항의 규정은 제1항의 규정에 의한 신고에 관하여 준용한다.

239) 제154조(명의의 변경) ① 목록에 기재되거나 신고된 회생채권 또는 회생담보권을 취득한 자는 신고기간이 경과한 후에도 신고명

마. 신고의 효력

(1) 회생절차 참가의 권리

회생절차에 참가하고자 하는 회생채권자 등은 법원이 정한 신고기간 내에 법원에 대하여 회생채권 등의 신고를 하여야 하므로(제148조 제1항), **신고는 회생절차 참가권 부여의 전제**가 된다. 신고한 회생채권자는 신고한 회생채권의 범위 내에서 회생절차 참가를 하게 되며, 당해 채권에 대한 시효가 중단된다.[240] 그리고 회생채권자의 신고에 의하여 작성된 회생채권자표가 확정되면 그 기재는 확정판결과 동일한 효력을 갖는다.

(2) 권리의 소멸

만약 권리를 신고하지 아니한 자는 이해관계인으로서 채

의를 변경할 수 있다. ② 제1항의 규정에 의한 명의변경을 하고자 하는 자는 다음 각호의 사항을 법원에 신고하고 증거서류 또는 그 등본이나 초본을 제출하여야 한다. 1. 성명 및 주소 2. 취득한 권리와 그 취득의 일시 및 원인.

240) 회생채권이 소멸시효기간 경과 전에 채무자회생법률 제251조에 의하여 실권되었다면 더 이상 그 채무의 소멸시효 중단이 문제될 여지가 없다. 따라서 회생채권자가 제3자를 상대로 한 소송 계속 중에 회생채무자를 상대로 소송고지를 하고 소송고지서에 실권된 회생채무의 이행을 청구하는 의사가 표명되어 있더라도, 회생채권자는 그로써 다른 연대채무자나 보증인에 대하여 민법 제416조 또는 제440조에 따른 소멸시효 중단을 주장할 수 없다; 대법원 2021. 6. 30. 선고 2018다290672 판결.

권조사기일에서의 이의의 진술, 회생계획안의 가결 등의 절
차에 참여할 수 없음은 물론 회생계획에도 그의 권리가 기재
되지 아니하므로 **회생계획의 인가에 의해 실권**된다(제251조).241)
그러나 회생절차개시 전의 벌금·과료·형사소송비용·추징
금 및 과태료의 청구권은 실권되지 아니한다(제140조 제1항, 제251조 단서).

그리고 회생절차가 회생계획 인가결정 후에 폐지된 경우
에도 신고를 게을리하여 회생계획의 인가에 의해 실권한 채
권은 부활하지 않는다. 이에 대하여 회생계획 인가전의 폐지
의 경우에는 신고기간내에 신고를 하지 아니하거나 신고의
추완이 허용되지 아니한 회생채권도 실권되지 아니한다.

그리고 실권된 회생채권은 그 후 회생절차가 폐지되더라
도 부활하지 아니하므로 그 확정을 구하는 소는 소의 이익이
없어 부적법하다.242)

---

241) 회생절차에서 회생채권자가 회생절차의 개시사실 및 회생채권
등의 신고기간 등에 관하여 개별적인 통지를 받지 못하는 등으로
회생절차에 관하여 알지 못함으로써 회생계획안 심리를 위한 관계
인집회가 끝날 때까지 채권신고를 하지 못하고, 관리인이 그 회생채
권의 존재 또는 그러한 회생채권이 주장되는 사실을 알고 있거나
이를 쉽게 알 수 있었음에도 회생채권자 목록에 기재하지 아니한
경우, 채무자회생법 제251조의 규정에도 불구하고 회생계획이 인가
되더라도 그 회생채권은 실권되지 아니한다; 대법원 2012. 2. 13. 자
2011그256 결정; 대법원 2020. 9. 3. 선고 2015다236028, 236035 판결.

242) 실권된 회생채권은 그 후 회생절차가 폐지되더라도 부활하지
아니하므로 그 확정을 구하는 소는 소의 이익이 없어 부적법하다.
따라서 회생채권에 관한 소에서 회생채권의 신고 여부는 소송요건
으로서 직권조사사항이므로 당사자의 주장이 없더라도 법원이 이를
직권으로 조사하여 판단하여야 하고, 사실심 변론종결 후에 소송요

2. 회생담보권자

가. 회생담보권의 개념

(1) 회생담보권의 범위

회생담보권은 ① **회생채권** 또는 회생절차 개시전의 원인에 기하여 생긴 채무자 이외의 자에 대한 **재산상의 청구권**으로서 ② 회생절차 개시당시 **채무자의 재산상**에 존재하는 ③ 유치권·질권·저당권·양도담보권·가등기담보권·「동산·채권 등의 담보에 관한 법률」에 따른 담보권·전세권 또는 우선특권으로 **담보된 범위**의 것이다(제141조 제1항).243)

건이 흠결되는 사정이 발생한 경우 상고심에서 이를 참작하여야 한다; 대법원 2021. 7. 8. 선고 2020다221747 판결.

243) 제141조 제1항 단서는 "이자 또는 채무불이행으로 인한 손해배상이나 위약금의 청구권에 관하여는 회생절차개시결정 전날까지 생긴 것에 한한다."라고 규정하고 있는데, 이는 회생담보권자가 회생절차에 참가할 수 있는 회생담보권의 범위를 정한 것일 뿐이고 이를 넘어서 인가된 회생계획에 따른 회생담보권의 권리 변경과 변제 방법, 존속 범위 등을 제한하는 규정으로 볼 수 없으며, 회생계획은 향후 회생절차 수행의 기본규범이 되는 것으로서 사적 자치가 허용되는 범위에서는 회생담보권의 권리 변경과 변제 방법, 존속 범위 등과 같은 내용을 자유롭게 정할 수 있다고 보아야 한다; 대법원 2021. 10. 14. 선고 2021다240851 판결.

(2) 피담보채권

회생담보권의 피담보채권은 ① 일반적으로 **회생채권**, 즉 채무자에 대한 재산상의 청구권이다. ② 그 외에도 회생절차 개시전에 제3자의 채무를 위하여 채무자가 물적 담보를 제공 하였을 경우, **제3자에 대한 재산상의 청구권도** 피담보채권이 된다.

(3) 담보권의 존재 시점

채권이 **회생절차개시 당시** 채무자재산상에 존재하는 담보 권에 의하여 담보되어 있으면 회생담보권으로서 취급된다.

이와 같이 회생담보권의 범위는 회생절차 개시 당시로 고 정되므로 그 후에 담보의 목적물이 멸실되거나 또는 담보권 을 포기하더라도 당해 채권은 회생절차상으로는 계속 회생담 보권으로 취급된다.244)

나. 채무소멸금지의 원칙

앞(129-131면)에서 설명한 회생채권의 "채무소멸금지의 원 칙"이 회생담보권에도 준용된다(제141조제2항).

---

244) 한국산업은행, 『회사정리법해설』(1982), 294면; 임채홍 · 백창훈, 『회사정리법(상)』(1999), 448~449면; 박승두, 『회사정리법』(2000), 583면; 서울회생법원 재판실무연구회, 『회생사건실무(상)』(2019), 459 면; 노영보, 『도산법 강의』(2019), 288면.

다. 회생담보권의 신고

(1) 신고할 사항

회생채권자와 마찬가지로, 회생담보권자도 신고기간 안에 다음의 사항을 법원에 신고하고 증거서류 또는 그 등본이나 초본을 제출하여야 한다(제149조 제1항).

① 성명 및 주소
② 회생담보권의 내용 및 원인
③ 회생담보권의 목적 및 그 가액
④ 의결권의 액수
⑤ 회생절차가 개시된 채무자 외의 자가 채무자인 때에는 그 성명 및 주소.

그리고 회생담보권에 관하여 회생절차개시 당시 소송이 계속되는 때에는 회생채권과 마찬가지로 법원·당사자·사건 명 및 사건번호를 신고하여야 한다(제148조 제3항 제149조 제2항).

(2) 신고기간 등

신고기간, 추완신고, 신고의 의제 등은 앞(132-134면)에서 설명한 "회생채권의 신고"와 같다.

라. 채권자 명의의 변경 등

채권자 명의의 변경, 신고의 효력 등은 앞(134-136면)에서 설명한 "회생채권의 신고"와 같다.

3. 공익채권자

가. 공익채권의 개념

회생절차를 진행함에 있어서 특정인의 이익보다는 이해관계인 모두에게 공동(共同)의 이익(利益)을 위하여 필요한 청구권245)을 공익채권(共益債權)으로 인정하고 있다.246)

이에 해당하는 구체적인 내용은 채무자회생법에 규정하고 있는데, ① 포괄적으로 규정한 **일반규정**과 ② 개별적으로 규정한 **특별규정**이 있다. 전자(前者)에 해당하는 것은 제179조(공익채권이 되는 청구권) 제1항이고,247) 그리고 후자(後者)는 제39조(비용

---

245) 박승두, 『회사정리법』(2000), 434면.

246) 이는 "공공의 이익"을 뜻하는 공익(公益)과는 다른 개념이다.

247) 제179조(공익채권이 되는 청구권) ① 다음 각호의 어느 하나에 해당하는 청구권은 공익채권으로 한다. 1. 회생채권자, 회생담보권자와 주주·지분권자의 공동의 이익을 위하여 한 재판상 비용청구권 2. 회생절차개시 후의 채무자의 업무 및 재산의 관리와 처분에 관한

의 예납 등) 제4항, 제58조(다른 절차의 중지 등) 제6항, 제59조(소송절차의 중단 등) 제2항, 제108조(부인권행사의 효과 등) 제3항, 제113조의2(신탁행위의 부인에 관한 특칙) 제6항, 제121조(쌍방미이행 쌍무계약의 해제 또는 해

비용청구권 3. 회생계획의 수행을 위한 비용청구권. 다만, 회생절차 종료 후에 생긴 것을 제외한다. 4. 제30조 및 제31조의 규정에 의한 비용·보수·보상금 및 특별보상금청구권 5. 채무자의 업무 및 재산에 관하여 관리인이 회생절차개시 후에 한 자금의 차입 그 밖의 행위로 인하여 생긴 청구권 6. 사무관리 또는 부당이득으로 인하여 회생절차개시 이후 채무자에 대하여 생긴 청구권 7. 제119조 제1항의 규정에 의하여 관리인이 채무의 이행을 하는 때에 상대방이 갖는 청구권 8. 계속적 공급의무를 부담하는 쌍무계약의 상대방이 회생절차개시신청 후 회생절차개시 전까지 한 공급으로 생긴 청구권 8의2. 회생절차개시신청 전 20일 이내에 채무자가 계속적이고 정상적인 영업활동으로 공급받은 물건에 대한 대금청구권 9. 다음 각목의 조세로서 회생절차개시 당시 아직 납부기한이 도래하지 아니한 것 가. 원천징수하는 조세. 다만, 법인세법 제67조(소득처분)의 규정에 의하여 대표자에게 귀속된 것으로 보는 상여에 대한 조세는 원천징수된 것에 한한다. 나. 부가가치세·개별소비세 및 주세 다. 본세의 부과징수의 예에 따라 부과징수하는 교육세 및 농어촌특별세 라. 특별징수의무자가 징수하여 납부하여야 하는 지방세 10. 채무자의 근로자의 임금·퇴직금 및 재해보상금 11. 회생절차개시 전의 원인으로 생긴 채무자의 근로자의 임치금 및 신원보증금의 반환청구권 12. 채무자 또는 보전관리인이 회생절차개시신청 후 그 개시 전에 법원의 허가를 받아 행한 자금의 차입, 자재의 구입 그 밖에 채무자의 사업을 계속하는 데에 불가결한 행위로 인하여 생긴 청구권 13. 제21조 제3항의 규정에 의하여 법원이 결정한 채권자협의회의 활동에 필요한 비용 14. 채무자 및 그 부양을 받는 자의 부양료 15. 제1호부터 제8호까지, 제8호의2, 제9호부터 제14호까지에 규정된 것 외의 것으로서 채무자를 위하여 지출하여야 하는 부득이한 비용 ② 제1항 제5호 및 제12호에 따른 자금의 차입을 허가함에 있어 법원은 채권자협의회의 의견을 들어야 하며, 채무자와 채권자의 거래상황, 채무자의 재산상태, 이해관계인의 이해 등 모든 사정을 참작하여야 한다.

지) 제2항, 제177조(소송비용의 상환), 제256조(중지 중의 절차의 실효) 제2
항 등이다.

나. 신고의무의 면제

채무자회생법에 공익채권의 신고에 관한 규정이 없으므로
공익채권자는 신고의무가 **없다**.

그러나 ① 공익채권에 해당하는지 여부가 불명확하여 향
후 분쟁의 소지가 있으며, ② 청산가치 산정 등 회생가능성
여부를 평가하는데 도움이 되고, ③ 관리인이 공익채권을 변
제하기 위하여 법원의 허가가 필요할 수도 있으며, ④ 효율
적인 회생을 위하여 자금수지계획을 수립할 필요가 있고, ⑤
회생계획인가시까지 변제하지 못한 공익채권은 회생계획에
기재하여야 하므로,248) 공익채권에 관하여 신고의무가 없더
라도 실무적으로는 신고하는 것이 바람직하다고 본다.249)

---

248) 제199조(공익채권) 공익채권에 관하여는 회생계획에 이미 변제
한 것을 명시하고 장래 변제할 것에 관하여 정하여야 한다.

249) 구 회사정리법 제145조에 의하면, 확정된 정리채권과 정리담보
권에 관하여는 정리채권자표와 정리담보권자표의 기재는 정리채권
자, 정리담보권자와 주주의 전원에 대하여 확정판결과 동일한 효력
이 있다고 규정하고 있는바, 여기서 확정판결과 동일한 효력이라 함
은 기판력이 아닌 확인적 효력을 가지고 정리절차 내부에 있어 불
가쟁의 효력이 있다는 의미에 지나지 않는 것이므로, 공익채권을 단
순히 정리채권으로 신고하여 정리채권자표 등에 기재된다고 하더라
도 공익채권의 성질이 정리채권으로 변경된다고 볼 수는 없고, 또한
공익채권자가 자신의 채권이 공익채권인지 정리채권인지 여부에 대
하여 정확한 판단이 어려운 경우에 정리채권으로 신고를 하지 아니

다. 공익담보권

공익채권을 위한 설정된 담보권을 '공익담보권'이라 한다. 이는 ① 일정한 요건하에서 공익채권을 위한 담보권이 **법률상** 당연히 발생할 수도 있고, ② 채무자가 사업의 계속을 위하여 자금을 차입하는 등의 경우 **설정**에 의하여 발생할 수도 있다.[250]

공익담보권자는 채무자의 재산이 공익채권의 총액을 변제하기에 부족한 것이 명백하게 된 경우에도 담보권을 행사하여 채권의 만족을 얻을 수 있다.[251]

하였다가 나중에 공익채권으로 인정받지 못하게 되면 그 권리를 잃게 될 것을 우려하여 일단 정리채권으로 신고할 수도 있을 것인바, 이와 같이 공익채권자가 자신의 채권을 정리채권으로 신고한 것만 가지고 바로 공익채권자가 자신의 채권을 정리채권으로 취급하는 것에 대하여 명시적으로 동의를 하였다거나 공익채권자의 지위를 포기한 것으로 볼 수는 없다: 대법원 2004. 8. 20. 선고 2004다3512, 3529 판결.

250) 한국산업은행, 『회사정리법해설』(1982), 447면; 박승두, 『회사정리법』(2000), 456면; 서울회생법원 재판실무연구회, 『회생사건실무(상)』(2019), 508면.

251) 제180조(공익채권의 변제 등) ① ~ ⑥ (생략) ⑦ 채무자의 재산이 공익채권의 총액을 변제하기에 부족한 것이 명백하게 된 때에는 제179조 제1항 제5호 및 제12호의 청구권 중에서 채무자의 사업을 계속하기 위하여 법원의 허가를 받아 차입한 자금에 관한 채권을 우선적으로 변제하고 그 밖의 공익채권은 법령에 정하는 우선권에 불구하고 아직 변제하지 아니한 채권액의 비율에 따라 변제한다. 다만, 공익채권을 위한 유치권·질권·저당권·「동산·채권 등의 담

4. 조세채권자

가. 조세채권의 지위

채무자회생법은 조세채권을 ① 회생채권 ② 공익채권 ③ "개시후기타 채권"의 세 가지 종류로 규정하고 있다. 첫째, 조세채권도 재산상의 청구권에 해당하고 채무자회생법에서 조세채권을 배제하는 특별한 규정도 없다. 따라서 그 발생시점을 기준으로 회생절차개시 전의 원인으로 생긴 경우에는 다른 재산상의 청구권과 동일하게 **회생채권**으로 취급하여야 한다(제118조 제1호).

둘째, 회생절차개시 당시 성립되었지만 아직 납부기한이 도래하지 아니한 조세채권은 특별히 **공익채권**으로 규정하고 있다(제179조 제1항 제9호). 위에서 본 바와 같이 조세채권도 다른 재산상의 청구권과 마찬가지로 회생절차개시 전의 원인으로 생긴 경우에는 모두 회생채권으로 취급하여야 하지만, 개시 당시 납부기한이 도래하지 아니한 조세채권은 특별히 공익채권으로 규정한 것이다. 이 규정과 관련하여서는 두 가지 문제가 제기된다. ① 세법상 납부기한에는 조세를 자진하여 납부하도록 개별 세법이 신고납세방식의 조세 등에 관하여 미리 정

보에 관한 법률」에 따른 담보권·전세권 및 우선특권의 효력에는 영향을 미치지 아니한다.

해 두는 **법정납부기한**과 과세관청이 납세고지를 하면서 고지일부터 30일 내로 기간안에 납부할 일자를 정해 주는 **지정납부기한**이 있는데, 이 규정의 납부기한의 의미가 무엇을 뜻하는지 명확하지 않다는 점이다. 이에 대하여 판례는 처음 지정납부기한으로 해석하였지만,[252] 그 후 이를 법정납부기한으로 해석을 변경하였다.[253] 그러나 최근 이러한 해석의 변경을 무시하고 과거와 같이 지정납부기한으로 해석한 판례[254]가 있는데 이는 위법하다고 보아야 한다.[255] ② 조세채권의 납부기한이 회생절차개시 당시 도래하지 아니한 것은 공익채권으로 인정되는데, 여기서 납부기한의 도래시점에 제한이 있느냐 하는 점이다. 제한이 없다면 회생절차가 종결된 후에 납부기한이 도래하여도 가능하냐 하는 점이다. 이에 관하여는 채무자회생법의 이념과 구조에서 볼 때 납부기한은 무한정 인정되는 것은 아니며, 회생절차 종결 전에 부과처분을 하고 납부기한도 도래한 것에 한정된다고 보아야 한다.[256] 그럼에도 불구하고, 최근 회생절차 종결후에 부과한

---

252) 대법원 1990.12.26. 선고 89다카24872 판결; 대법원 1996.12.6. 선고 95누14770 판결.

253) 대법원 2012.3.22. 선고 2010두27523 전원합의체 판결.

254) 대법원 2022. 3. 31. 선고 2021두60373 판결.

255) 박승두, "기업회생절차상 제2차 납세의무자에 대한 조세채권의 법적 성격 – 대상판례: 대법원 2022. 3. 31. 선고 2021두60373 판결 –"(2022), 참조.

256) 兼子一監修, 『條解會社更生法(下)』(2001), 302면; 임채홍·백창훈, 『회사정리법(하)』(1999), 78면; 박승두, 『회사정리법』(2000), 435면.

조세채권을 공익채권으로 인정한 판례[257]가 있는데 이는 위법하다고 보아야 한다.[258]

셋째, 조세채권이 회생절차 개시결정 이후에 발생한 경우에는 일반적으로 "회생절차개시 후의 채무자의 업무 및 재산의 관리와 처분에 관한 비용청구권"에 해당되어 **공익채권**으로 인정받는다(제179조 제1항 제2호).

마지막으로, 조세채권이 회생절차개시 이후의 원인에 기하여 발생하였지만, 위 규정에 의하여 공익채권으로 인정받지 못하는 경우에는 회생채권으로 인정되고, 회생채권에도 해당하지 아니하는 때에는 **"개시후기타 채권"**으로 분류한다(제181조 제1항). 이 채권에 대하여는 특별히 회생절차가 개시된 때부터 회생계획으로 정하여진 변제기간이 만료하는 때[259]까지의 사이에는 변제를 하거나 변제를 받는 행위 그 밖에 이를 소멸시키는 행위(면제를 제외한다)를 금지하고 있다.

나. 채무소멸금지의 원칙

조세채권도 회생채권의 성격을 가지는 경우에는 회생채권

---

257) 대법원 2022. 3. 31. 선고 2021두60373 판결.

258) 박승두, "기업회생절차상 제2차 납세의무자에 대한 조세채권의 법적 성격 – 대상판례: 대법원 2022. 3. 31. 선고 2021두60373 판결 –"(2022), 참조.

259) 회생계획인가의 결정 전에 회생절차가 종료된 경우에는 회생절차가 종료된 때, 그 기간만료 전에 회생계획에 기한 변제가 완료된 경우에는 변제가 완료된 때를 말한다.

의 "채무소멸금지의 원칙"이 적용된다.

다. 조세채권의 신고

조세채권의 신고 여부는 ① 회생채권 ② 공익채권 ③ "개시후기타 채권" 등 그 성격에 따라 다르다.[260]

라. 조세채권의 특칙

조세채권은 공적 채권일 뿐만 아니라 조세징수 **행정권에 대한 사법권의 제약**이라고 볼 수 있으므로,[261] 몇 가지의 특칙을 두고 있다.

5. 주주 및 지분권자

가. 주주 및 지분권자

주주는 주식회사의 주식을 가진 자이며, 지분권자는 주식

---

260) 제156조(벌금·조세 등의 신고) ① 제140조 제1항 및 제2항의 청구권을 가지고 있는 자는 지체 없이 그 액 및 원인과 담보권의 내용을 법원에 신고하여야 한다. ② 제167조 제1항의 규정은 제1항의 규정에 의하여 신고된 청구권에 관하여 준용한다.

261) 한국산업은행, 『회사정리법해설』(1982), 285면; 박승두, 『회사정리법』(2000), 526면.

회사가 아닌 회사의 사원 및 그 밖에 이와 유사한 지위에 있는 자를 말한다(제6조 제7항 제3호). 주주·지분권자는 그가 가진 주식 또는 출자지분으로 회생절차에 참가할 수 있다(제146조 제1항).

나. 신고의무

(1) 신고할 사항

회생절차에 참가하고자 하는 주주·지분권자는 신고기간 안에 다음의 사항을 법원에 신고하고 주권 또는 출자지분증서 그 밖의 증거서류 또는 그 등본이나 초본을 제출하여야 한다(제150조 제1항).

① 성명 및 주소
② 주식 또는 출자지분의 종류 및 수 또는 액수.

회생채권과 마찬가지로, 주주·지분권에 관하여 회생절차 개시 당시 소송이 계속되는 때에는 법원·당사자·사건명 및 사건번호를 신고하여야 한다(제148조 제3항, 제150조 제3항). 그리고 법원은 기간을 정하여 주주명부를 폐쇄할 수 있으며, 그 기간은 2월을 넘지 못한다(제150조 제2항).

(2) 신고기간

앞(132~134면)에서 설명한 "회생채권의 신고"와 같다.

(3) 추가신고

법원은 상당하다고 인정하는 때에는 신고기간이 경과한 후 다시 기간을 정하여 주식 또는 출자지분의 추가신고를 하게 할 수 있다(제155조 제1항). 이 경우 법원은 그 뜻을 공고하고, 다음 각호의 자에게 그 뜻을 기재한 서면을 송달하여야 한다.

① 관리인
② 채무자
③ 알고 있는 주주·지분권자로서 신고를 하지 아니한 자.

(4) 신고의 의제

앞(134면)에서 설명한 "회생채권의 신고"와 같다.

다. 신고의 효력

(1) 회생절차 참가의 권리

주주·지분권자도 신고하지 않으면 회생절차에 참가할 수 없다.

(2) 권리의 소멸 여부

앞(135~136면, 140면)에서 본 바와 같이, 회생채권과 회생담보권은 신고하지 아니하면 실권되지만, 이와 달리 **회생계획에 의하여 인정된 주주·지분권자의 권리**는 주식 또는 출자지분의 신고를 하지 아니한 주주·지분권자에 대하여도 인정된다 (제254조).

제2절 권리의 확정

1. 회생채권자표등의 작성

법원사무관등은 목록에 기재되거나 신고된 회생채권, 회생담보권, 주식 또는 출자지분에 대하여 **회생채권자표·회생담보권자표와 주주·지분권자표**를 작성하여 권리의 성질에 따라 분류하여야 한다(제158조).

2. 이의제출

이해관계인은 조사기간 안에 목록에 기재되거나 신고된 회생채권 및 회생담보권에 관하여 서면으로 법원에 이의를 제출할 수 있다(제161조 제1항). 조사기간 안에 또는 특별조사기일에 관리인 및 이해관계인의 **이의가 없는 때**에는 권리의 내용과 의결권의 액수가 확정되며, 우선권 있는 채권에 관하여는 우선권 있는 것이 확정된다(제166조). 법원사무관등은 회생채권 및 회생담보권에 대한 조사결과와 채무자가 제출한 이의를 회생채권자표 및 회생담보권자표에 기재하여야 한다(제167조 제1항).

3. 조사확정재판

목록에 기재되거나 신고된 회생채권 및 회생담보권에 관하여 관리인 및 이해관계인이 이의를 한 때에는 그 회생채권 또는 회생담보권(다음부터 '이의채권'이라 한다)을 보유한 권리자는 그 권리의 확정을 위하여 이의자 전원을 상대방으로 하여 법원에 **채권조사확정의 재판**(다음부터 '채권조사확정재판'이라 한다)을 신청할 수 있다(제170조 제1항).262)

채권조사확정재판을 신속하고 효율적으로 처리하기 위하여 "서울회생법원 실무준칙 제203호(채권조사확정재판의 처리)"를 2021년 6월 18일 제정하였고, 2021년 6월 21일부터 시행하였는데, 그 주요 내용은 다음과 같다.

채권조사확정재판 신청서에 흠이 있는 경우 재판장은 신속하게 상당한 기간을 정하여 그 기간 내에 흠을 보정하도록 명하여야 하고, 흠이 없거나 그 흠이 보정된 경우에는 지체 없이 채권조사확정재판 신청서 부본을 상대방 당사자에게 송

---

262) 조사기간의 말일 또는 특별조사기일부터 1월 이내에 신청하여야 한다(제170조 제2항).

달하여야 한다.

상대방 당사자는 채권조사확정재판 신청서 부본을 송달받은 날부터 7일 이내 답변서를 제출하여야 한다. 채권조사확정재판 신청이 적법하지 아니하거나 신청취지나 신청원인을 보정할 필요가 있는 등 특별한 사정이 없는 한 신청일부터 1개월 이내에 심문을 하여야 한다.

4. 이의의 소

채권조사확정재판에 불복하는 자는 그 결정서의 송달을 받은 날부터 1월 이내에 **회생계속법원**에 이의의 소를 제기할 수 있다(제171조 제1·2항).

5. 회생채권자표등의 확정

법원사무관등은 관리인 또는 이해관계인의 신청에 의하여 회생채권 또는 회생담보권의 확정에 관한 소송결과263)를 **회생채권자표 및 회생담보권자표**에 기재하여야 한다(제175조).264)

---

263) 채권조사확정재판에 대한 이의의 소가 제171조 제1항의 규정에 의한 기간 안에 제기되지 아니하거나 각하된 때에는 그 재판의 내용을 말한다.

264) 회생채권 및 회생담보권의 확정에 관한 소송에 대한 판결은 이해관계인 전원에 대하여 그 효력이 있다(제176조 제1항).

확정된 회생채권 및 회생담보권을 회생채권자표 및 회생
담보권자표에 기재한 때에는 그 기재는 이해관계인 전원에
대하여 **확정판결과 동일한 효력**이 있다(제168조).

제3절 권리의 행사

1. 이해관계인의 권리

가. 회생채권자

회생채권자는 그가 가진 회생채권으로 회생절차에 참가할
수 있으며(제133조 제1항), 그 채권액에 따라 의결권을 가진다(제133조 제2항).

나. 회생담보권자

회생담보권자는 그가 가진 회생담보권으로 회생절차에 참
가할 수 있다(제141조 제3항). 회생담보권자는 그 채권액 중 담보권의
목적의 가액265)을 초과하는 부분에 관하여는 회생채권자로서

회생절차에 참가할 수 있다(제141조제4항).

회생담보권자는 그 담보권의 목적의 가액에 비례하여 의결권을 가지지만, 피담보채권액이 담보권의 목적의 가액보다 적은 때에는 그 피담보채권액에 비례하여 의결권을 가진다(제141조제5항).

다. 공익채권자

공익채권자는 이를 신고할 필요없이 직접 관리인에게 이행을 청구할 수 있으며, 관리인은 회생절차에 의하지 아니하고 수시로 변제하여야 한다.[266] 그리고 공익채권은 회생채권과 회생담보권에 우선하여 변제하여야 한다.[267]

라. 조세채권자

채무자회생법상 조세채권자의 권리행사는 ① 회생채권 ② 공익채권 ③ "개시후기타 채권" 등 조세채권의 성격에 따른다.

---

266) 제180조(공익채권의 변제 등) ① 공익채권은 회생절차에 의하지 아니하고 <u>수시로 변제한다</u>. ② ~ ⑦ (생략).

267) 제180조(공익채권의 변제 등) ① (생략) ② 공익채권은 회생채권과 회생담보권에 <u>우선하여 변제한다</u>. ③ ~ ⑦ (생략).

마. 주주 및 지분권자

주주·지분권자는 그가 가진 주식 또는 출자지분으로 회생절차에 참가할 수 있으며(제146조제1항), 그가 가진 주식 또는 출자지분의 수 또는 액수에 비례하여 의결권을 가진다(제146조제2항).

그러나 회생절차의 개시 당시 채무자의 부채총액이 자산총액을 초과하는 때에는 주주·지분권자는 의결권을 가지지 아니한다(제146조제3항). 회생계획의 변경계획안을 제출할 당시 채무자의 부채총액이 자산총액을 초과하는 때에는 주주·지분권자는 그 변경계획안에 대하여 의결권을 가지지 아니한다(제146조제4항).

2. 관계인집회에 참여할 권리

가. 보고집회

(1) 제1회 관계인집회의 개선

구(舊)회사정리법에서는 이해관계인의 의견수렴을 위한 제1회 관계인집회를 필수적으로 실시하여 왔다.268)

---

268) 구회사정리법은 제1회 관계인집회의 기일을 개시결정과 동시

이는 ① 일반적으로 회생절차의 개시로 인하여 채권자들이 개별적인 권리행사를 금지당함에 대하여 많은 불만을 가지게 되는 상황에서 ② 향후 절차를 원활히 진행하기 위해서는 많은 수의 이해관계인들의 협조가 필요하기 때문에, 사전에 **채무자에 관한 정보를 제공**함으로써 채무자에 대한 이해와 향후 절차의 원활한 진행에 많은 영향을 미친다는 점에서 중요한 의의를 가지고 있었다.[269]

그러나 이 제도는 채무자의 현황을 확인하고 회생방안을 모색하는 당초의 취지와는 달리, 형식적이고 절차를 지연시키는 부작용이 발생하여 왔다.[270]

이러한 문제를 해결하여 회생절차를 효율적으로 진행하기 위하여 2014년 12월 30일 개정 시 제1회 관계인집회를 "관리인 보고를 위한 관계인집회"로 변경하였다.

그리고 이를 반드시 개최하여야 하는 "필수적인 절차"에서 법원이 재량으로 결정하는 **"임의적인 절차"**로 변경하고, 이를 개최하지 않는 경우에는 이에 갈음하는 다른 조치(다음부터 '대체절차'라 한다)를 하도록 하였다.[271]

에 결정하도록 하였고(제46조 제2호), 채무자회생법도 이를 승계하였다(제50조 제1항 제1호).

269) 박승두, 『회사정리법』(2000), 713~714면.

270) 대부분의 사건에서 이해관계인이 출석하지 않거나 출석하더라도 실질적인 의견을 진술하지 않아, 형식에 그칠 뿐만 아니라 오히려 절차를 지연시키는 요인으로 작용하여 왔다; 서울회생법원 재판실무연구회, 『회생사건실무(상)』(2019), 623면.

271) 제98조(관리인 보고를 위한 관계인집회) ① 법원은 필요하다고

따라서 보고집회는 "관리인 보고를 위한 관계인집회" 와 이를 대체하는 절차를 모두 포함하는 개념이다.

(2) 보고집회의 종류

(가) 관리인 보고를 위한 관계인집회

이는 관리인이 채무자의 주요 사항에 대하여 이해관계인들에게 보고하고, 향후 회생절차의 진행에 관하여 이들의 의견을 듣기 위하여 개최되는 집회이다.

이는 법원이 필요하다고 인정하는 경우에 개최되며, **관리인이 보고하는 사항**(제92조 제1항 각 호에 규정된 사항, 다음부터 '보고사항' 이라 한다)272)을 설명하고, 이해관계인들로부터 관리인 및 조사위

인정하는 경우 관리인으로 하여금 제92조 제1항 각 호에 규정된 사항에 관하여 보고하게 하기 위한 관계인집회를 소집할 수 있다. 이 경우 관리인은 제92조 제1항 각 호에 규정된 사항의 요지를 관계인집회에 보고하여야 한다. ② 법원은 제1항의 관계인집회를 소집하게 할 필요성이 인정되지 아니하는 경우에는 관리인에 대하여 다음 각 호 중 하나 이상의 조치를 취할 것을 명하여야 한다. 이 경우 관리인은 해당 조치를 취한 후 지체 없이 그 결과를 법원에 보고하여야 한다. 1. 회생계획 심리를 위한 관계인집회의 개최 또는 제240조 제1항에 따른 서면결의에 부치는 결정 전에 법원이 인정하는 방법으로 제92조 제1항 각 호에 규정된 사항의 요지를 제182조 제1항 각 호의 자에게 통지할 것 2. 제98조의2 제2항에 따른 관계인설명회의 개최 3. 그 밖에 법원이 필요하다고 인정하는 적절한 조치 ③ 관리인은 제2항 각 호에 따른 조치를 취하는 경우에는 제182조 제1항 각 호의 자에게 제92조 제1항 각 호에 규정된 사항에 관한 의견을 법원에 서면으로 제출할 수 있다는 뜻을 통지하여야 한다.

원·간이 조사위원의 선임, 채무자의 업무 및 재산의 관리, 회생절차를 계속 진행함이 적정한지의 여부 등에 관한 의견을 듣는다.

이 집회의 개최시기에 관해서는 법이 정한 바가 없으나 조사위원 혹은 간이 조사위원의 조사보고서가 제출된 이후로 지정하는 것이 실무이다.273)

(나) 대체절차의 허용

법원은 위 집회를 소집할 필요성이 인정되지 않을 경우274)

---

272) 제92조(관리인의 조사보고) ① 관리인은 지체 없이 다음 각호의 사항을 조사하여 법원이 정한 기한까지 법원과 관리위원회에 보고하여야 한다. 다만, 제223조 제4항에 따라 다음 각 호의 사항을 기재한 서면이 제출된 경우에는 그러하지 아니하다. 1. 채무자가 회생절차의 개시에 이르게 된 사정 2. 채무자의 업무 및 재산에 관한 사항 3. 제114조 제1항의 규정에 의한 보전처분 또는 제115조 제1항의 규정에 의한 조사확정재판을 필요로 하는 사정의 유무 4. 그 밖에 채무자의 회생에 관하여 필요한 사항 ② 제1항에 따라 법원이 정하는 기한은 회생절차개시결정일부터 4개월을 넘지 못한다. 다만, 법원은 특별한 사정이 있는 경우에는 그 기한을 늦출 수 있다.

273) 이 집회는 이해관계인들에게 채무자의 현황과 회생절차의 진행상황 등에 대한 정보를 제공하기 위한 목적으로 개최되는 것인데, 조사보고서는 관계인집회에서 회생채권자 등 이해관계인에게 설명되어야 할 객관적이고 공정한 자료에 해당하기 때문이다; 서울회생법원 재판실무연구회, 『회생사건실무(상)』(2019), 625면.

274) 법원은 채무자의 재산 및 업무 내용, 회생절차에 참여하는 이해관계인의 수와 회생절차진행에 대한 의견 등 개별 사건의 구체적인 사정을 고려하여 법이 정한 세 가지 대체 절차 방법 중 어느 조치를 명할 것인지 결정하여야 한다. 이 때 결정의 기준은 대체절차

관리인에게 ① 이해관계인들에 대한 보고사항의 요지 통지 ② 관계인설명회의 개최 ③ 그 밖에 법원이 필요하다고 인정하는 적절한 조치 등의 대체절차를 취하도록 하여야 한다.

이에 관하여 서울회생법원 실무준칙은 "회생절차 개시신청 당시 **200억 원 이상**의 채무를 부담하는 채무자에 관하여는 관리인보고집회의 대체절차로서 관계인설명회 개최를 원칙"으로 하고 있으며, 법원은 채무의 성격, 채권자 등 이해관계인의 수 등을 고려하여 다른 대체절차의 이행을 명할 수 있도록 하고 있다.[275)]

채무자(보전관리인이 선임되어 있는 경우에는 보전관리인을 포함한다)는 회생절차의 개시 전에 회생채권자·회생담보권자·주주에게 다음의 사항에 관하여 설명하기 위하여 관계인설명회를 개최할 수 있으며(제98조의2 제1항), 그 결과의 요지를 지체 없이 법원에 보고하여야 한다(제98조의2 제3항).

① 채무자의 업무 및 재산에 관한 현황
② 회생절차의 진행 현황
③ 그 밖에 채무자의 회생에 필요한 사항.

제도의 취지에 비추어 채권자 등 이해관계인에 대한 정보 제공과 절차의 효율적 진행의 관점에서 적절한지 여부가 될 것이다; 서울회생법원 재판실무연구회, 『회생사건실무(상)』(2019), 628면.

275) 실무준칙 제232호 "관리인 보고를 위한 관계인집회의 대체절차" 제8조(관계인설명회 개최 명령의 대상).

법원이 위 보고사항의 통지와 관계인설명회의 개최 외에 취할 수 있는 기타 적절한 조치의 방식에는 제한이 없으나, 구체적으로 주요사항 요지의 **홈페이지 게시**가 있을 수 있다.[276]

나. 심리집회 및 결의집회

이에 관하여는 뒤(226~235면)에서 상세히 설명한다.

---

276) 서울회생법원 재판실무연구회, 『회생사건실무(상)』(2019), 635면.

제4장 이해관계인 상호간의 법률관계

제1절 부인권

1. 부인권의 개념

부인권(否認權)은 회생절차 신청전이나 신청후에 채무자가 재산을 은닉하거나 특정 채권자에게 변제하는 등 **다른 이해관계인에게 부당하게 피해를 초래하는 행위**를 하였을 경우, 관리인이 그 효력을 소멸시키는(否認) 권리를 말한다.[277]

2. 부인권의 행사권자

부인권은 ① 원칙적으로 **관리인**이 행사하지만, ② 관리인이 선임되지 아니한 경우에는 **채무자**(법인인 경우 그 대표자)도 행사할 수 있다(제105조 제1항 제74조 제4항).

---

[277] 법적 성질에 관한 학설은 ① 물권설과 채권설 ② 절대적 효력설과 상대적 효력설 ③ 형성의 소에 의할 것이라는 설과 이행의 소에 의할 것이라는 설 ④ 책임설과 대항력설 등으로 나누어지고 있다.

그리고 관리인이 적극적으로 부인권을 행사하지 않더라도 회생채권자 등의 신청이 있는 경우에 법원은 관리인에게 부인권 행사를 명령할 수 있다(제105조 제2항).

3. 부인권의 대상

가. 부인대상행위의 종류

회생절차 개시후 관리인이 부인할 수 있는 **채무자의 행위**는 다음과 같다(제100조 제1항).

① 채무자가 회생채권자 또는 회생담보권자를 해할 것을 알고 한 행위(고의행위의 부인)
② 지급의 정지 또는 파산·회생절차 개시의 신청이 있은 후에 채무자가 행한 회생채권자 등을 해하는 행위와 담보의 제공 또는 채무의 소멸에 관한 행위(의무 위기행위의 부인)278)
③ 지급의 정지 등이 있은 후 또는 그 전 60일279) 내에 채무자가 행한 담보의 제공 또는 채무의 소멸에 관한 행위로서 채무자의 의무에 속하지 아니하거나 그 방법 또는 시기가 채

---

278) 이를 본지행위(本旨行爲)라 부르기도 하지만, 일본식 용어라 타당하지 않다고 생각한다.

279) 1999년 구회사정리법의 제7차 개정시 회사의 재산을 보호하고 채권자 사이의 공평성을 도모하기 위하여 「30일」에서 「60일」로 대폭 확대하였다(제78조 제1항 제3호).

무자의 의무에 속하지 아니하는 것(비의무 위기행위의 부인)[280]
④ 지급의 정지 등이 있은 후 또는 그 전 6월내에 채무자가 행한 무상행위와 이와 동시하여야 할 유상행위(무상행위의 부인).

나. 부인대상행위의 주체

(1) 채무자의 행위

부인대상행위의 주체에 관하여, ① 일반적으로 부인권은 과거 채무자의 행위를 부인하는 것이지만, ② 반드시 채무자의 행위에 한정되느냐에 관하여는 논란이 있다.[281]

(2) 법원의 집행행위

부인권은 부인하고자 하는 행위에 관하여 집행력 있는 집행권원이 있는 때와 그 부인하고자 하는 행위가 집행행위에 기한 행위인 때에도 부인권을 행사할 수 있다(제104조). 즉, 채권자가 채무자의 재산으로부터 강제집행에 의하여 변제를 받았을 경우 또는 집행력 있는 집행권원이 있는 경우에도 부인

---

280) 이를 비본지행위(非本旨行爲)라 부르기도 하지만, 일본식 용어라 타당하지 않다고 생각한다.

281) 부인은 원칙적으로 채무자의 행위를 대상으로 하는 것이고, 채무자의 행위가 없이 채권자 또는 제3자의 행위만 있는 경우에는 채무자가 채권자와 통모하여 가공하였거나 기타의 특별한 사정으로 인하여 채무자의 행위가 있었던 것과 같이 볼 수 있는 예외적 사유가 있을 때에 한하여 부인의 대상이 될 수 있다: 대법원 2002.7.9. 선고 2001다46761 판결.

의 요건이 존재하는 한 부인할 수 있다.

(3) 담보권자의 실행행위

채권자의 담보권 실행행위에 관하여 학설의 대립이 있다. **긍정설**은 담보권자도 회생절차에 따른 권리행사의 제약을 받게 되므로, 절차개시 전의 담보권의 행사나 담보권자에의 변제를 부인할 수 있다고 해석한다.[282]

그러나 **부정설**은 담보권자는 담보물의 담보가치에 대하여 배타적 지배권을 지니고 있는 이상 유해성을 가지지 아니하여 부인의 대상이 되지 않는다고 한다.

이에 관하여 대법원 판례는 나누어져 있는데, 후자(後者)를 따르는 판례는 채무자의 행위가 없어 부인의 대상이 되지 않는다[283]고 보고, 전자(前者)를 따르는 판례는 회생절차내에서 담보권 실행의 금지, 집행행위에 대한 부인권의 인정 등을 감안할 때 담보권 실행행위도 부인의 대상이 된다[284]고 한다.

---

282) 兼子一監修, 『條解 會社更生法(中)』(1999), 6면; 김형두, "담보권의 실행행위에 대한 관리인의 부인권-대법원 2003.2.28 선고 2000다50275 판결"(2004), 573면.

283) 대법원 2002.7.9. 선고 2001다46761 판결; 대법원 2002.7.9. 선고 99다73159 판결.

284) 대법원 2003.2.28. 선고 2000다50275 판결.

다. 부인대상행위의 소급

부인권은 과거에 행하여진 행위를 소급하여 부인하는 것인데, 각 부인대상행위별로 소급기간이 다르다.

지급정지등이 있은 일을 기준으로 소급기간을 비교하여 보면, ① 가장 악의성이 높은 고의행위는 **무제한** 소급하고(제100조 제1항 제1호), ② 그 다음 무상행위는 **6개월**(제100조 제1항 제4호), ③ 그 다음 비의무 위기행위는 **60일**(제100조 제1항 제3호) 소급하고, ④ 의무 위기행위는 소급하지 않으며 **지급정지등이 있은 후**에 한 행위에 대해서만 적용한다(제100조 제1항 제2호).

라. 회생채권자 등에 대한 손해의 발생

부인대상인 행위에 의하여 회생채권자 등에게 불이익 즉, 손해가 있어야 한다. 회생채권자 등에게 손해를 끼치는 행위에는 채무자의 일반재산을 절대적으로 감소시키는 **사해행위** 외에 채권자간의 형평성을 저해하는 **편파행위**도 포함된다.285)

---

285) 한국산업은행, 『회사정리법해설』(1982), 206면; 박승두, 『회사정리법』(2000), 424면; 서울회생법원 재판실무연구회, 『회생사건실무(상)』(2019), 340면; 노영보,『도산법 강의』(2019), 329면.

4. 부인권의 행사방법

가. 부인권을 행사하는 방법

부인권은 관리인[286]이 행사하며, 그 방법은 ① **부인의 소** ② **부인의 항변** ③ **부인의 청구** 등 3가지 방법이 있다($\substack{\text{제105조} \\ \text{제1항}}$). 이 중에서 관리인이 그 방법을 선택한다.

그리고 **화해**에 의하여 실질적으로 부인의 효과를 실현하는 것도 가능하냐 하는 문제가 제기된다.[287]

---

286) 채무자가 채권자에 대한 사해행위를 한 경우에 채권자는 민법 제406조에 따라 채권자취소권을 행사할 수 있다. 그러나 채무자에 대한 회생절차가 개시된 후에는 관리인이 채무자의 재산을 위하여 부인권을 행사할 수 있다. 회생채권자가 제기한 채권자취소소송이 회생절차개시 당시 계속되어 있는 때에는 소송절차는 중단되고 관리인이나 상대방이 이를 수계할 수 있고, 관리인이 기존 소송을 수계하고 부인의 소로 변경하여 부인권을 행사할 수 있다; 대법원 2021. 12. 10.자 2021마6702 결정.

287) 부인권 행사의 취지는 채무자 재산의 유지와 갱생의 지원을 효율적으로 실현하기 위한 것이기 때문에, 이를 반드시 판결 기타 재판을 요하는 절차를 고집할 필요는 없다. 따라서 부인의 소, 부인의 항변, 부인의 청구에 의하여 개시된 절차의 내부에서 부인권에 대한 화해가 성립되고 그 내용이 조서로써 명확히 되면 이것을 부인권행사와 같은 것으로 하여 그 효과를 인정할 수 있다: 박승두, 『회사정리법』(2000), 430면.

나. 부인권 행사의 상대방

부인권 행사의 상대방은 원칙적으로 **수익자**이지만, 일정한 경우에는 **전득자**(轉得者)에게도 할 수 있다.[288]

수익자와 전득자 쌍방을 상대로 소를 제기하는 경우, 민사소송법상 필수적 공동소송이 아니라 통상의 공동소송이 된다.[289]

다. 관할 법원

부인의 소와 부인의 청구사건은 **회생법원**의 전속관할이다 (제105조 제3항).

---

288) 제110조(전득자에 대한 부인권) ① 다음 각호의 어느 하나에 해당하는 경우에는 부인권은 전득자(轉得者)에 대하여도 행사할 수 있다. 1. 전득자가 전득 당시 각각 그 전자(前者)에 대하여 부인의 원인이 있음을 안 때 2. 전득자가 제101조의 규정에 의한 특수관계인인 때. 다만, 전득 당시 각각 그 전자(前者)에 대하여 부인의 원인이 있음을 알지 못한 때에는 그러하지 아니하다. 3. 전득자가 무상행위 또는 그와 동일시할 수 있는 유상행위로 인하여 전득한 경우 각각 그 전자(前者)에 대하여 부인의 원인이 있는 때.

289) 한국산업은행, 『회사정리법해설』(1982), 216면; 임채홍·백창훈, 『회사정리법(상)』(1999), 360면; 서울회생법원 재판실무연구회, 『회생사건실무(상)』(2019), 359면; 노영보, 『도산법 강의』(2019), 373면.

5. 부인권 행사의 효과

가. 채무자재산의 원상회복

관리인이 부인의 소, 부인의 청구 또는 항변에 의하여 부인권을 행사하여(제105조제1항), 이것이 법원에 의하여 인정되면 **채무자재산**은 원상으로 회복된다(제108조제1항).

나. 상대방의 지위

부인권은 채무자재산의 부당한 감소를 저지하기 위한 것이며, 그 행사에 의하여 채무자가 부당하게 이득을 얻기 위한 것은 아니다.

따라서 채무자의 행위가 부인된 경우에는 채무자재산을 일탈한 채무자의 급부에 대하여 상대방이 한 **반대이행**은 채무자재산으로부터 반환되어야 한다(제109조). 이 경우 상대방이 가지는 반대이행에 대한 반환청구권은 광의의 부당이득반환청구권의 성질을 가진다.290)

---

290) 兼子一監修, 『條解 會社更生法(中)』(1998), 185면; 한국산업은행, 『회사정리법해설』(1982), 236면; 임채홍·백창훈, 『회사정리법(상)』(1999), 381면; 박승두, 『회사정리법』(2000), 431면.

6. 부인권의 제한과 소멸

가. 부인권의 제한

부인대상행위의 효력을 오랫동안 불안정한 상태에 두는 것을 피하기 위하여, 채무자회생법은 회생절차 개시신청이 있은 날로부터 **1년 전에 한 행위**는 지급정지의 사실을 안 것을 이유로 하여 부인하지 못한다고 규정하고 있다(제111조). 지급정지의 사실을 안 것을 이유로 하는 부인권에 관하여서만 이 규정이 적용된다. 그리고 벌금·과료 등과 조세 등의 청구권과 어음상의 권리에 관하여 특별히 입법적으로 부인권 행사의 대상에서 제외하고 있다.

나. 부인권의 소멸

부인권은 회생절차 **개시일로부터 2년**, 부인의 대상인 **행위의 일로부터 10년**[291]을 경과하면 소멸시효가 완성한다(제112조). 이 두 가지 시효기간 중 어느 하나라도 먼저 경과하면 부인권은 행사할 수 없게 된다.

---

291) 구(舊)회사정리법에서는 당초 「20년」이었으나, 1999년 제7차 개정시 「10년」으로 대폭 단축하였고, 채무자회생법은 이를 수용하였다.

제2절 계약이행여부 선택권

1. 계약이행여부 선택권의 필요성

가. 공정·형평성 보장

채무자회생법이 관리인에게 쌍방미행쌍무계약의 이행여부
에 관하여 선택권[292]을 부여한 것은 채무자와 채권자간의 **공**

---

[292] 일반적으로 이를 "관리인의 계약이행여부 선택권"으로 보지 않
고 "쌍방미이행 쌍무계약"으로 해석하고 있는데, 이는 잘못된 입법
과 이를 전제로 한 해설에서 연유한다. 먼저, 입법에 관하여 보면
구회사정리법은 조문의 제목을 "쌍방미이행 쌍무계약"으로 규정하
였다(제103조). 그런데 채무자회생법은 이를 "쌍방미이행 쌍무계약
에 관한 선택"으로 변경하였다. 이것은 큰 변화이다. 구회사정리법
은 선택의 대상인 "쌍방미이행 쌍무계약"으로 규정하였으나, 채무자
회생법은 권리의 측면에서 '선택'으로 보았다는 것이다. 구회사정리
법은 부인권을 '부인대상행위'로 보거나 상계권을 '상계적상' 등으
로 규정하는 것과 같이 타당하다고 볼 수 없다. 물론 이는 일본의
회사갱생법이 규정의 제목을 '쌍무계약'으로 규정(제61조)한 것을
우리가 생각없이 모방함에 따른 것이다. 물론 일본법도 "Executory

정·형평성을 보장하기 위함이다.

먼저, 회생절차상 쌍무계약의 처리를 양당사자의 이행여부를 기준으로 분류·설명하면 다음과 같다.

① 양당사자 모두가 이행한 경우에는 불완전 이행의 문제는 별론으로 하고 채권·채무관계는 종료된다.
② 채무자는 이행하였으나 거래의 상대방이 이행하지 않은 경우, 채무자는 상대방에 대하여 채권을 청구하고 집행하는데 아무런 제한이 없으며 상대방은 채무를 온전히 이행하여야 한다.
③ 채무자는 이행하지 않았으나 거래의 상대방은 이행한 경우, 채무자의 미이행분에 대하여 채권자는 집행을 할 수 없고 오로지 회생계획에 의하여만 변제받으므로 그 금액과 시기가 제한적이다.

이처럼 양당사자가 모두 이행하였거나 일방 당사자가 미이행한 경우에는 채무자회생법의 원리에 의하여 해결하면 특별한 문제가 발생하지 않는다.

그러나 **양당사자 모두**(쌍방)**가 미이행한 경우** 즉 쌍방미이행인 경우 채무자의 거래상대방 입장에서 보면, 채무자는 자신

Contract"로 규정(제365조)한 미국의 연방파산법을 수계한 결과이다. 현재의 채무자회생법이 '선택'으로 규정한 것은 진일보하였으나, '선택권'으로 명확히 하는 것이 바람직하다고 생각한다. 그 다음으로 이에 관한 해석도 공정형평성 보장을 위하여 관리인에게 쌍방미이행 쌍무계약의 이행여부에 관하여 선택권을 보장한 입법 이념에 맞게 개선하여야 한다.

에 대하여 자유롭게 채권을 청구하고 집행할 수 있는데 반하여 자신은 채무자에 대하여 아무런 집행을 할 수 없고 오로지 회생계획에 의하여만 변제받을 수 있으므로, 시기적으로 지연될 뿐만 아니라 금액면에서 많은 감면을 받게 된다. 이는 사회정의와 공정·형평성에 반하게 된다.[293]

그렇다고 하여 민법상 동시이행의 항변도 주장할 수 없어 쌍무계약의 상호 담보적 기능은 상실된다. 이처럼 채무자의 효율적인 회생을 지원함과 동시에 거래상대방이 갖는 불공평을 해소하고 양당사자에게 **공정·형평성을 보장**하기 위하여, 특별히 관리인에게 쌍방미이행쌍무계약의 이행여부에 관한 선택권을 부여한 것이다.[294]

2. 선택권 행사의 대상: 쌍방미이행 쌍무계약

가. 쌍무계약일 것

적용대상은 쌍무계약이다. 좀 더 구체적으로 보면, ① 계약상의 채무와 관련이 있다고 하더라도 부수적인 채무는 이

---

293) 박승두, 『회사정리법』(2000), 535면.

294) 한국산업은행, 『회사정리법해설』(1982), 308면; 임채홍·백창훈, 『회사정리법(상)』(1999), 305면; 박승두, 『회사정리법』(2000), 534~535면; 서울회생법원 재판실무연구회, 『회생사건실무(상)』(2019), 166면; 노영보, 『도산법 강의』(2019), 212~213면.

에 해당되지 아니하며,[295] ② 법률적·경제적 견련관계가 없
는데도 당사자 사이의 특약으로 쌍방의 채무를 상환 이행하
기로 한 경우에도 이에 해당되지 아니한다.[296]

나. 계약이 회생절차 개시 당시 존재할 것

쌍무계약이 회생절차 개시 당시 유효하게 성립하여 존재
하여야 한다. 계약은 당사자들의 청약과 승낙의 의사표시에
의해 성립한다.

다. 쌍방이 모두 채무의 이행을 완료하지 않았 을 것

회생절차 개시 당시에 당사자 쌍방이 모두 계약상 채무의
이행을 완료하지 않았어야 한다.[297] 이에는 양 당사자가 계

---

295) 대법원 1994.1.11. 선고 92다56865 판결.

296) 대법원 2007.3.29. 2005다35851 판결.

297) 상법 제374조의2에서 규정하고 있는 영업양도 등에 대한 반대
주주의 주식매수청구권 행사로 성립한 주식매매계약에 관하여 채무
자회생법 제119조 제1항의 적용을 제외하는 취지의 규정이 없는 이
상, 쌍무계약인 위 주식매매계약에 관하여 회사와 주주가 모두 이행
을 완료하지 아니한 상태에서 회사에 대하여 회생절차가 개시되었
다면, 관리인은 채무자회생법 제119조 제1항에 따라 주식매매계약을
해제하거나 회사의 채무를 이행하고 주주의 채무이행을 청구할 수
있다. 또한 채무자회생법 제119조 제1항의 '그 이행을 완료하지 아
니한 때'에는 채무의 일부를 이행하지 아니한 것도 포함되고 이행
을 완료하지 아니한 이유는 묻지 아니하므로, 주식매수청구권 행사

약내용을 전혀 이행하지 않은 경우뿐만 아니라 일부만을 이행하였을 뿐 이행을 완료하지 아니한 경우에도 해당된다.[298]

라. 적용대상에서 배제되는 계약

쌍방미이행쌍무계약에 해당하더라도 이를 적용하는 것이 오히려 해당 계약의 특성을 저해하고 기본권을 침해하는 등 문제가 발생할 수 있다.

그 대표적인 것이 ① **단체협약**[299] ② **주택·상가 임대차계약**[300] ③ **지급결제제도**[301] 등이다. 따라서 이러한 계약에는

후 회사의 귀책사유로 주식대금 지급채무의 일부가 미이행되었다고 하더라도, 일부 미이행된 부분이 상대방의 채무와 서로 대등한 대가관계에 있다고 보기 어려운 경우가 아닌 이상 관리인은 일부 미이행된 부분뿐만 아니라 계약의 전부를 해제할 수 있다; 대법원 2017. 4. 26. 선고 2015다6517, 6524, 6531 판결.

298) 대법원 1998.6.26. 선고 98다3603 판결.

299) 제119조(쌍방미이행 쌍무계약에 관한 선택) ① ~ ③ (생략) ④ 제1항 내지 제3항의 규정은 단체협약에 관하여는 적용하지 아니한다.

300) 제124조(임대차계약 등) ① ~ ③ (생략) ④ 임대인인 채무자에 관하여 회생절차가 개시된 경우 임차인이 다음 각호의 어느 하나에 해당하는 때에는 제119조의 규정을 적용하지 아니한다. 1. 주택임대차보호법 제3조(대항력 등)제1항의 대항요건을 갖춘 때 2. 상가건물 임대차보호법 제3조(대항력 등)의 대항요건을 갖춘 때.

301) 제120조(지급결제제도 등에 대한 특칙) ① 지급결제의 완결성을 위하여 한국은행총재가 금융위원회와 협의하여 지정한 지급결제제도 (이 항에서 "지급결제제도"라고 한다)의 참가자에 대하여 회생절차가 개시된 경우, 그 참가자에 관련된 이체지시 또는 지급 및 이와 관련된 이행, 정산, 차감, 증거금 등 담보의 제공·처분·충당 그 밖의

채무자회생법상 계약이행 선택권 규정이 적용되지 않고, 해당 계약에 관한 본래의 법률인 노동법, 주택·상가 임대차보호법 등이 적용된다.

결제에 관하여는 이 법의 규정에 불구하고 그 지급결제제도를 운영하는 자가 정한 바에 따라 효력이 발생하며 해제, 해지, 취소 및 부인의 대상이 되지 아니한다. 지급결제제도의 지정에 관하여 필요한 구체적인 사항은 대통령령으로 정한다. ② 「자본시장과 금융투자업에 관한 법률」, 그 밖의 법령에 따라 증권·파생금융거래의 청산결제업무를 수행하는 자 그 밖에 대통령령에서 정하는 자가 운영하는 청산결제제도의 참가자에 대하여 회생절차가 개시된 경우 그 참가자와 관련된 채무의 인수, 정산, 차감, 증거금 그 밖의 담보의 제공·처분·충당 그 밖의 청산결제에 관하여는 이 법의 규정에 불구하고 그 청산결제제도를 운영하는 자가 정한 바에 따라 효력이 발생하며 해제, 해지, 취소 및 부인의 대상이 되지 아니한다. ③ 일정한 금융거래에 관한 기본적 사항을 정한 하나의 계약(이 항에서 "기본계약"이라 한다)에 근거하여 다음 각호의 거래(이 항에서 "적격금융거래"라고 한다)를 행하는 당사자 일방에 대하여 회생절차가 개시된 경우 적격금융거래의 종료 및 정산에 관하여는 이 법의 규정에 불구하고 기본계약에서 당사자가 정한 바에 따라 효력이 발생하고 해제, 해지, 취소 및 부인의 대상이 되지 아니하며, 제4호의 거래는 중지명령 및 포괄적 금지명령의 대상이 되지 아니한다. 다만, 채무자가 상대방과 공모하여 회생채권자 또는 회생담보권자를 해할 목적으로 적격금융거래를 행한 경우에는 그러하지 아니하다. 1. 통화, 유가증권, 출자지분, 일반상품, 신용위험, 에너지, 날씨, 운임, 주파수, 환경 등의 가격 또는 이자율이나 이를 기초로 하는 지수 및 그 밖의 지표를 대상으로 하는 선도, 옵션, 스왑 등 파생금융거래로서 대통령령이 정하는 거래 2. 현물환거래, 유가증권의 환매거래, 유가증권의 대차거래 및 담보콜거래 3. 제1호 내지 제2호의 거래가 혼합된 거래 4. 제1호 내지 제3호의 거래에 수반되는 담보의 제공·처분·충당.

3. 계약이행여부 선택권의 행사

가. 선택권의 행사자

회생절차가 개시되면 **관리인**은 쌍방미이행 쌍무계약의 해제 또는 해지나 이행을 선택할 수 있다.302)

이 경우 국가를 상대방으로 하는 방위사업법 제3조에 따른 **방위력개선사업**303) **관련 계약**과 관련해서 관리인이 계약을 해제·해지하는 경우에는 방위사업청장과 협의하여야 한다.304)

---

302) 제119조(쌍방미이행 쌍무계약에 관한 선택) ① 쌍무계약에 관하여 채무자와 그 상대방이 모두 회생절차개시 당시에 아직 그 이행을 완료하지 아니한 때에는 관리인은 계약을 해제 또는 해지하거나 채무자의 채무를 이행하고 상대방의 채무이행을 청구 할 수 있다. 다만, 관리인은 회생계획안 심리를 위한 관계인집회가 끝난 후 또는 제240조의 규정에 의한 서면결의에 부치는 결정이 있은 후에는 계약을 해제 또는 해지할 수 없다. ② ~ ⑤ (생략).

303) 방위사업법 제3조(정의) 이 법에서 사용하는 용어의 정의는 다음과 같다. 1. 방위력개선사업이라 함은 군사력을 개선하기 위한 무기체계의 구매 및 신규개발·성능개량 등을 포함한 연구개발과 이에 수반되는 시설의 설치 등을 행하는 사업을 말한다.

304) 제119조(쌍방미이행 쌍무계약에 관한 선택) ① ~ ④ (생략) ⑤ 제1항에 따라 관리인이 국가를 상대방으로 하는 「방위사업법」 제3조에 따른 방위력개선사업 관련 계약을 해제 또는 해지하고자 하는 경우 방위사업청장과 협의하여야 한다.

나. 선택권의 행사 방법

선택권의 행사는 상대방에 대한 **명시 또는 묵시의 의사표**시에 의한다.

다. 법원의 허가

법원은 필요하다고 인정하는 때에는 관리인이 계약의 **해제나 해지**를 선택할 경우에 법원의 허가를 받도록 할 수 있다(제61조 제1항 제4호). 그러나 **이행**을 선택할 경우에는 법원의 허가사항은 아니다.

라. 선택권 행사의 시기

관리인은 회생계획안 심리를 위한 관계인집회가 끝난 후 또는 서면결의에 부치는 결정이 있은 후에는 계약을 **해제 또는 해지**할 수 없다(제119조 제1항 단서).305)

---

305) 선택할 수 있는 시기를 경과하여 관리인이 더 이상 계약을 해제 또는 해지할 수 없게 된 경우에는 이행의 선택을 한 것으로 보고, 상대방이 갖는 청구권도 공익채권에 해당하게 된다: 대법원 2012.10.11. 선고 2010마122 판결.

4. 거래상대방의 최고권

쌍방미이행 쌍무계약을 해제할 것인가 이행을 청구할 것인가의 선택은 관리인의 재량에 맡겨져 있으므로, 상대방은 불안한 상태에 빠지게 된다.

관리인이 아직 선택권을 행사하지 않은 상태라면, 관리인이 채무를 이행하지 않더라도 그에게 책임있는 사유로 인하여 채무불이행에 빠졌다고 할 수 없으므로 상대방은 채무불이행을 이유로 해제권을 행사할 수 없다.306)

따라서 채무자회생법은 이러한 **상대방의 불이익을 완화**하기 위하여 상대방에게 관리인에 대하여 계약의 해제와 이행의 청구 중 어느 쪽을 선택할 것인가에 관하여 확답할 것을 최고하는 권리를 인정하고 있다.307) 관리인이 ① 이에 대하여 **선택권을 행사한 경우**에는 그에 따른 법률효과가 발생할 것이나, ② 만일 상대방의 최고를 받은 후 **30일 이내에 확답**

---

306) 상대방은 관리인이 선택권을 행사하기 전에 임의로 계약을 이행하거나 관리인에게 계약의 이행을 청구하거나 또는 해제할 수 없다: 대법원 1992.2.28. 선고 91다30149 판결.

307) 제119조(쌍방미이행 쌍무계약에 관한 선택) ① (생략) ② 제1항의 경우 상대방은 관리인에 대하여 계약의 해제나 해지 또는 그 이행의 여부를 확답할 것을 최고할 수 있다. 이 경우 관리인이 그 최고를 받은 후 30일 이내에 확답을 하지 아니하는 때에는 관리인은 제1항의 규정에 의한 해제권 또는 해지권을 포기한 것으로 본다.

을 하지 **않는다면** 이때는 관리인이 해제·해지권을 포기한 것으로 본다($\frac{제119조}{제2항}$).308)

5. 선택권 행사의 효과

쌍방미이행쌍무계약에 관하여 관리인이 **이행**을 선택하는 경우에는 상대방이 채무자에 대하여 가지는 채권은 공익채권이 된다.309)

따라서 상대방은 회생절차에 의하지 아니하고 수시로 변제받을 수 있으며, 현존하지 아니한 때에는 그 가액의 상환에 관하여 공익채권자로 그 권리를 행사할 수 있다.

---

308) 파산절차의 경우에도 상대방은 파산관재인에 대하여 이행 또는 해제·해지 선택의 확답을 최고할 수 있으나 파산관재인이 확답을 하지 않는 경우에는 계약을 해제한 것으로 본다는 의미에서 회생절차와는 차이가 있다(제335조 제2항).

309) 갑 주식회사가 을 주식회사와 물품공급계약을 체결하면서 을회사에 물품대금 정산을 위한 보증금을 지급하였고, 그 후 을 회사에 대하여 회생절차가 개시되어 관리인이 갑 회사와 물품을 계속 공급하기로 협의하였는데, 계약기간이 만료한 후 갑 회사가 을 회사를 상대로 보증금 반환을 구한 사안에서, 계약서의 문언에 비추어 갑회사가 을 회사에 지급한 보증금은 계약에서 정한 요건이 충족되는 경우 별도 의사표시 없이 물품대금 지급에 충당되므로, 위 보증금은 물품대금에 대한 선급금의 성격을 가지고, 따라서 갑 회사의 을 회사에 대한 보증금반환채권은 을 회사의 갑 회사에 대한 물품대금채권과 이행·존속상 견련성을 갖고 있어서 서로 담보로서 기능한다고 볼 수 있으므로, 채무자회생법 제179조 제1항 제7호에서 정한 공익채권에 해당한다; 대법원 2021. 1. 14. 선고 2018다255143 판결.

반면 관리인이 계약의 **해지·해제**를 선택하는 경우에는 상대
방은 회생채권자의 지위에서 손해배상청구권을 행사할 수 있
다. 이렇게 함으로써 양당사자간의 공정·형평성을 보장한다.310)

6. 계약상대방의 계약해제권 발생 여부

쌍방미이행쌍무계약의 계약당사자 중 한쪽에 대한 회생절
차 개시결정이 내려진 경우, 그 상대방은 해당 계약을 해제
할 수 있느냐 하는 것이 문제되는데, 이에 관하여는 앞(83~89면)
의 회생절차개시신청시 계약상대방의 해제권에서 함께 설명
하였다.

---

310) 한국산업은행, 『회사정리법해설』(1982), 321면; 임채홍·백창훈,
『회사정리법(상)』(1999), 306면; 박승두, 『회사정리법』(2000), 565면;
노영보, 『도산법 강의』(2019), 218면.

제3절 상계권

1. 상계권 보장의 필요성

회생채권자 또는 회생담보권자에게 상계권을 허용하게 되면 채무자재산이 보전되지 못하고 처분되는 효과가 발생하여 효율적인 회생을 어렵게 할 수 있다. 그러나 상계를 허용하지 않는다면 회생절차를 신청한 채무자에 대하여 채권과 채무를 동시에 가지고 있는 자는 자신의 채권은 회생절차에 의하지 않으면 변제를 받을 수 없음에도 불구하고(제131조), 채무자에 대하여 부담하는 자신의 채무는 모두 변제하여야 하는 부당한 결과를 초래하게 된다.

이러한 이유에서 채무자회생법은 채무자의 효율적인 회생을 침해하지 아니하는 범위내에서 거래상대방에게 공정·형평성을 보장하기 위하여 **일정한 범위내에서 상계를 허용**하였다.311)

---

311) 회생절차상 채권자의 상계권은 민법상 일반 채권자나 파산절차상 채권자에 비하여 상당히 제한되어 있다: 박승두, "기업회생절

이와 같이 회생채권자의 상계권을 제한적으로 인정한 것은 상계를 광범위하게 인정할 경우 채무자의 회생을 불가능하게 할 우려가 높아지고 상계에 의하여 소멸하는 채권·채무의 범위가 일정시기까지 명확하게 되지 않으면 회생계획안의 작성 및 그 이후의 절차진행에 지장을 줄 염려가 있기 때문이다.312)

또한 상계권의 보장은 채권·채무관계의 형평성을 제고하기 위한 것이므로, 이를 **악용하는 경우**에는 상계를 주장하는 자에게 부당한 이익을 줄 뿐만 아니라 다른 채권자와의 형평성을 저해하게 되므로 이를 금지하고 있다.313)

2. 상계의 요건(상계적상)

가. 서로 대립하는 채권과 채무의 존재

먼저 상계가 성립하기 위해서는 계약의 양 당사자가 서로

차상 상계권에 관한 연구"(2012), 411면.

312) 兼子一監修, 『條解 會社更生法(中)』(1998), 882면; 한국산업은행, 『회사정리법해설』(1982), 262면; 임채홍·백창훈, 『회사정리법(상)』(1999), 426~427면; 박승두, 『회사정리법』(2000), 492면; 서울회생법원 재판실무연구회, 『회생사건실무(상)』(2019), 398면; 노영보, 『도산법 강의』(2019), 309~310면.

313) 박승두, "기업회생절차상 상계권에 관한 연구"(2012), 412면.

상대방에 대하여 채권과 채무를 가지고 있어야 한다. 즉, 양 당사자는 상대방에 대하여 채권자이면서 동시에 채무자이어야 한다.

상계를 하는 자가 상대방에 대하여 가지는 채권이 자동채권(적극적으로 상계권을 행사하는 채권)이고,314) 상대방이 상계를 하는 자에 대하여 가진 채권이 수동채권(수동적으로 상계를 당하는 채권)이다.

나. 양 채권의 동종 목적성

민법상 상계는 채권자와 채무자가 서로 같은 종류의 채권·채무를 가지고 있는 경우에, 그 채권과 채무를 대등액에서 소멸케 하는 일방적 의사표시를 말한다. 따라서 회생채권자가 채무자에 대하여 상계권을 행사하기 위해서는 자신이 채무자에 대하여 가진 채권(자동채권)과 채무자가 자신에게 가진 채권(수동채권)이 **같은 종류의 채권**이어야 한다. 그러므로 상계는 금전채권 및 종류채권 상호간에 이루어질 수 있다.315)

---

314) 자동채권은 원칙적으로 상계자가 피상계자에 대하여 가지는 채권이어야 하지만, 예외가 있다. 첫째, 상계할 채권이 있는 연대채무자가 상계하지 아니한 때에는 그 채무자의 부담부분에 한하여 다른 연대채무자가 상계할 수 있다(민 제418조 제2항). 둘째, 보증인은 주채무자가 채권자에 대하여 가지는 채권을 채권자의 주채무자에 대한 채권과 상계할 수 있다(민 제434조).

315) 같은 종류의 채권이기만 하면 상계가 가능하며, 채권액의 동일 여부·채권액의 확정 여부·이행지의 동일 여부 등은 묻지 않는다. 그리고 자동채권은 해제조건부라도 상관없지만 정지조건부 채권 또는 비금전채권인 때에는 상계가 인정되지 않는다.

다. 양 채권의 변제기 도래

민법상 상계가 유효하기 위해서는 대립하는 **두 채권의 변제기가 도래**하여야 한다($^{민 제492조}_{제1항}$). 그러나 자동채권은 반드시 변제기에 있어야 하지만, 수동채권은 반드시 변제기가 도래하지 않았더라도 상계자가 기한의 이익을 포기할 수 있는 때에는 이를 포기하고 상계할 수 있다($^{민 제153조}_{제2항}$).316) 그런데, 채무자회생법은 이 변제기가 채권신고기간 만료전까지 도래할 것을 요구하고 있다.317)

라. 양 채권의 성질상 상계가 허용될 것

일반적으로 상계가 허용되지 아니하는 것으로는 채권자·채무자 상호간에 **현실적으로 이행되지 않으면 채권의 목적을 달성할 수 없는 채무**, 즉 ① 부작위채무(소음방지채무 등), ② 하는 채무(상호 진료채무 등)의 경우에는 채권의 성질상 상계가 허용될 수 없다.

---

316) 대법원 1979.6.12. 선고 79다662 판결.

317) 회생채권과 채무자에 대한 채무의 쌍방이 채권신고기간 만료전에 상계에 적합하게 되어야 한다. 자동채권 즉, 회생채권 또는 회생담보권의 변제기가 신고기간 만료시까지 도래하고 있어야 하고, 수동채권 즉, 회생채권자 또는 회생담보권자가 채무자에 부담하고 있는 채무에 관하여는 신고기간 만료시까지 변제기가 도래하지 않더라도 회생채권자 또는 회생담보권자가 기한의 이익을 포기함으로써 변제기가 도래하여 상계적상에 이르므로 상계가 가능하다.

또한 자동채권에 항변권이 붙어 있는 경우에는 상계할 수 없지만,[318] 수동채권에 항변권이 붙어 있는 경우에는 채무자가 이를 포기하고 상계할 수 있다.[319]

마. 상계가 금지되어 있지 않을 것

① 당사자의 의사표시 또는 ② 법률의 규정[320]에 의하여 상계가 금지되어 있는 경우에는 상계할 수 없다.

바. 상계적상의 현존

상계적상은 원칙적으로 상계의 의사표시가 행하여진 당시에 현존하고 있어야 한다.[321] 그러나 예외적으로 자동채권이 시효로 소멸된 경우에는 소멸시효로 완성된 채권이 그 완성 전에 상계할 수 있었던 것이면 그 채권자가 상계할 수 있다 (민 제495조).[322]

---

318) 피상계자가 갖는 항변의 이익을 상계자의 일방적 의사표시에 의하여 박탈할 수 없기 때문이다: 대법원 2004.5.28. 선고 2001다81245 판결.

319) 김준호, 『민법강의』(2018), 740면; 김형배·김규완·김명숙, 『민법학강의』(2016), 1178면; 양형우, 『민법의 세계』(2013), 1191면.

320) 고의의 불법행위로 인한 손해배상채권, 압류금지채권, 지급금지채권, 질권이 설정된 채권, 조합원 1인에 대한 채권 등이 있다.

321) 일단 상계적상에 있었으나 상계를 하지 않은 동안에 일방의 채권이 변제, 대물변제, 계약해제, 취소 등으로 소멸한 때에는 상계할 수 없다.

3. 상계금지 특칙

민법, 상법, 근로기준법에서도 상계금지대상을 규정하고 있지만, 채무자회생법에서도 일정한 경우 상계를 금지하고 있다(제145조). 그 이유는 회사재산의 증가를 방해하고 상계를 주장하는 자에게 부당한 이익을 줄 염려가 있기 때문이다.

채무자회생법에서 상계가 금지되는 것은 **다음의 4가지의 경우**이다.

① 회생절차 개시 후에 부담한 채무를 수동채권으로 하는 상계
② 회사가 위기상태에 있음을 알고서 부담한 채무를 수동채권으로 하는 상계
③ 회생절차 개시 후에 타인으로부터 취득한 회생채권 또는 회생담보권에 의한 상계
④ 회사가 위기상태에 있음을 알고서 취득한 채권을 자동채권으로 하는 상계.

이 중에서 ② 회사가 위기상태에 있음을 알고서 부담한 채무를 수동채권으로 하는 상계에는 다음의 경우에는 예외적으로 상계가 허용된다(제145조의2).

---

322) 당사자 쌍방의 채권이 상계적상에 있는 경우, 각 당사자는 그 채권·채무관계가 이미 결제되었다고 생각하는 것이 일반적이므로 당사자의 신뢰를 보호하기 위해서이다. 따라서 이와 같은 신뢰보호가 인정될 수 없는 경우, 예컨대 이미 시효가 완성된 채권을 양수받아 이를 자동채권으로 하여 상계하는 경우에는 제495조가 적용되지 않는다.

① 그 부담이 법률에 정한 원인에 기한 때
② 회생채권자 또는 회생담보권자가 지급의 정지, 회생절차개시의 신청 또는 파산의 신청이 있은 것을 알기 전에 생긴 원인에 의한 때[323]
③ 회생절차개시시점 및 파산선고시점 중 가장 이른 시점보다 1년 이상 전에 생긴 원인에 의한 때.

---

[323] 갑 주식회사는 을 주식회사가 운영하는 골프장의 회원권에 관하여 입회계약을 체결하고 입회금을 납부한 회원이자 임대차보증금을 받고 을 회사에 위 골프장 부지 및 건물을 임대한 임대인인데, 임대차기간 중 을 회사가 회생절차개시 신청을 하자, 골프장 회원권에 관한 탈회 신청을 하면서 을 회사를 상대로 갑 회사의 입회금반환채권 중 일부를 자동채권으로 하여 을 회사의 임대차보증금반환채권과 상계한다는 의사표시를 한 사안에서, 갑 회사가 한 상계의 의사표시에 임대차보증금반환채무에 관한 기한의 이익을 포기하는 의사표시가 포함되어 있어 채무자 회생 및 파산에 관한 법률(이하 '채무자회생법'이라고 한다) 제144조 제1항에서 정한 회생채권자의 상계권 행사의 요건을 갖추었고, 비록 갑 회사가 을 회사의 회생절차개시 신청 사실을 알면서 입회금반환채권을 취득하였으나, 갑 회사와 을 회사가 체결한 입회계약은 갑 회사가 입회금반환채권을 취득한 직접적인 원인이며, 을 회사의 회생절차개시 신청 전에 입회금의 거치기간이 모두 경과하여 갑 회사는 언제든지 입회금을 반환받을 수 있는 상태였고, 임대차계약은 위 골프장의 부지와 건물 등이 임대목적물이므로, 입회계약이 종료하는 상황이 되면 갑 회사의 입회금반환채권과 을 회사의 임대보증금반환채권을 상호 연계하여 상계 등의 방법으로 채권채무관계를 정리할 수 있을 것으로 기대하는 것은 충분히 합리성이 있어 이러한 기대에 상응한 갑 회사의 신뢰는 보호가치가 있는 정당성이 인정되므로, 위 입회금반환채권은 채무자회생법 제145조 제4호 단서, 제2호 단서 (나)목에 정한 상계금지의 예외사유인 '회생절차개시의 신청이 있은 것을 알기 전에 생긴 원인'에 의하여 취득한 회생채권에 해당한다; 대법원 2017. 3. 15. 선고 2015다252501 판결.

4. 상계의 방법

가. 상계의 의사표시

상계는 단독행위이므로 상대방에 대한 **일방적 의사표시로** 행한다(민 제493조 제1항 전문).324) 그리고 상계의 의사표시에는 조건이나 기한을 붙이지 못한다(민 제493조 제1항 후문).

나. 상계권 행사의 주체

회생채권자가 회생채권을 자동채권으로 상계할 수 있다. 그런데 **관리인**이 회생채권자에 대한 채권을 자동채권으로 상계할 수 있느냐 하는 것이 문제된다.325)

---

324) 갑 주식회사에 대한 회생절차개시결정 후 을 은행이 수신인을 갑 회사로 하여 '을 은행이 정한 기일까지 연체된 대출금을 상환하지 않을 경우 을 은행의 대출금채권으로 갑 회사의 예금채권과 상계할 예정이다'라는 내용의 상계예정통지를 송달하였는데, 지정한 기일이 지난 후 을 은행은 상계대상인 갑 회사에 대한 반대채권을 포함하여 회생채권 등의 신고를 하였고, 그 후 회생채권 신고기간이 지나서 상계안을 작성하여 갑 회사에 전송한 사안에서, 위 상계예정통지는 연체된 대출금의 상환을 독촉하고 지정된 기일까지 상환하지 않을 경우 별도의 상계의사표시를 하겠다는 통지로 보아야 하고, 이를 최종적이고 확정적인 상계의사표시로 보기는 어려우므로, 을 은행이 회생채권 신고기간 내에 관리인에 대하여 적법한 상계의사표시를 한 것으로 보기 어렵다; 대법원 2019. 5. 10. 선고 2018다291033 판결.

다. 상계권 행사의 상대방

기업회생절차상 회생채권자가 하는 상계의 의사표시는 **관리인**에게 하여야 한다.[326]

라. 자동채권의 신고 여부

상계는 신고기간 만료 전까지 회생절차에 의하지 아니하고 할 수 있기 때문에 굳이 자동채권을 **신고한 것에 한정할 필요는 없다.**[327] 따라서 채권자는 자신의 채권이 채권자목록에 기재되지 않았거나 신고기간 만료 전까지 자동채권을 신고하지 아니하였더라도 관리인을 상대로 적법하게 상계할 수 있다.[328] 이는 상계권이 회생절차에 의하지 아니하고 행할 수 있는 권리라는 점에서 보면, 당연한 것이다.[329]

---

325) 원칙적으로 회생채권은 회생절차에 의하지 않으면 소멸시킬 수 없기 때문에 불가능하지만, 특별한 경우 법원의 허가를 받아서 조기변제를 할 수 있으므로 법원의 허가를 받아서 할 수 있다: 대법원 1988.8.9. 선고 86다카1858 판결.

326) 회생절차 개시 후에는 채무자재산의 관리권은 관리인에 전속하고(제56조) 채무자는 그 의사표시를 수령할 능력을 상실하기 때문이다; 한국산업은행, 『회사정리법해설』(1982), 265면; 임채홍·백창훈, 『회사정리법(상)』(1999), 430면; 박승두, 『회사정리법』(2000), 497면; 서울회생법원 재판실무연구회, 『회생사건실무(상)』(2019), 401면.

327) 박승두, "기업회생절차상 상계권에 관한 연구"(2012), 424면.

328) 서울회생법원 재판실무연구회, 『회생사건실무(상)』(2019), 399면.

5. 상계권의 행사 기한

가. 채권 신고기간 만료 전

① 회생채권자 또는 회생담보권자가 회생절차 개시당시 채무자에 대하여 채무를 부담하는 경우에 ② 회생채권과 채무자에 대한 채무의 쌍방이 회생채권 또는 회생담보권의 **신고기간 만료 전에** 상계에 적합하게 되었을 때에는 ③ 회생채권자 또는 회생담보권자는 **그 기간 내에 한하여** 회생절차에 의하지 않고 상계할 수 있다(제144조).330) 따라서 상계의 의사표시는 신고기간 만료 전에 하여야 하고, 그 후에 상계의 의사표시를 한 경우에는 상계적상이 있다 하여도 상계의 효력은 인정되지 않는다. 그 이유는 회생절차에 있어서는 회생계획의 작성 등을 위하여 회생채권 또는 회생담보권의 액 및 채

---

329) 박승두, "기업회생절차상 상계권에 관한 연구"(2012), 425면.

330) 채무가 기한부인 때에도 상계가 가능하도록 한 것은, 기한부 채무는 장래에 실현되거나 도래할 것이 확실한 사실에 채무의 발생이나 이행의 시기가 종속되어 있을 뿐 채무를 부담하는 것 자체는 확정되어 있으므로 상계를 인정할 필요성은 일반채권의 경우와 다르지 않기 때문이다. 그리고 회생절차개시 이후에도 상계할 수 있으려면 채권과 채무의 쌍방이 신고기간 만료 전에 상계할 수 있어야 하므로, 신고기간 만료 전에 기한부 채무의 기한이 도래한 경우는 물론 회생채권자가 기한의 이익을 포기하고 상계하는 것도 허용된다: 대법원 2017. 3. 15. 선고 2015다252501 판결.

무자가 가지는 채권의 액을 일정시점까지 확정하여 놓을 필
요가 있기 때문이다.[331]

나. 상계권 행사기한 이후의 상계

상계가 허용되는 기간 내에서는 새로운 상계도 가능하므
로, 채권의 내용이나 금액의 변경이 있어도 가능하다고 본다.

그러나 생명보험계약의 해지로 인한 해약환급금과 보험약
관대출금 사이의 정산은 상계규정이 적용되지 아니하므로,
상계허용기간의 제한을 받지 아니한다.[332]

그리고 상계허용기간이 종료되어 채권이 확정된 이후에는
금액의 변경이 없는 채권의 내용변경은 가능하다고 본다.[333]

다. 회생계획 인가후의 상계

회생계획이 인가된 이후에는 회생계획에서 인정된 권리에

---

331) 박승두, "기업회생절차상 상계권에 관한 연구"(2012), 426면.

332) 생명보험계약의 해지로 인한 해약환급금과 보험약관대출금 사
이에서는 상계의 법리가 적용되지 아니하고, 생명보험회사는 생명보
험계약 해지 당시의 보험약관대출 원리금 상당의 선급금을 뺀 나머
지 금액에 한하여 해약환급금으로서 반환할 의무가 있다고 할 것이
므로, 생명보험계약이 해지되기 전에 보험회사에 관하여 구 회사정
리법에 의한 회사정리절차가 개시되어 정리채권신고기간이 만료하였
다고 하더라도 같은 법 제162조 제1항의 상계제한 규정은 적용될 여
지가 없다: 대법원 2007. 9. 28. 선고 2005다15598 전원합의체 판결.

333) 박승두, "기업회생절차상 상계권에 관한 연구"(2012), 427면.

한하여 상계가 허용된다. 그러나 상계대상채권에 서로 이견
이 있는 경우, 이에 관한 별도의 확정절차를 거쳐야 하며 이
것이 회생계획에 기재되었다고 하여 그대로 확정되는 것은
아니다.334)

6. 상계권 행사의 효과

가. 채권대등액의 소멸

상계의 의사표시에 의하여 당사자 쌍방의 채권은 그 **대등
액에서 소멸한다**(민법 제493조 제2항).335)

나. 상계의 효력발생 시점

상계의 효력은 상계의 의사표시가 행하여진 때가 아니고,
상계적상에 달한 때에 생긴다. 따라서 상계의 의사표시로 채
권의 소멸은 각 채무가 상계적상에 있었던 때까지 소급하게
된다(민법 제493조 제2항).336)

---

334) 대법원 2007.11.29. 자2004그74 결정.

335) 양 채권의 액수가 동일하지 않은 때에는 양 채권 중에서 적은
금액만 상계되고, 금액이 많은 채권은 그 차액이 남게 된다: 박승두,
"기업회생절차상 상계권에 관한 연구"(2012), 430면.

336) 점포 3, 4층에 대한 점유를 중단하고 원고에게 이를 인도한 다

　　회생채권자회생담보권자가 기한미도래의 수령채권에 대하여 기한의 이익을 포기하고 상계한 경우, 예컨대 회생예금채권과 같은 이자부인 때에는 원금에 기한까지의 이자를 가산한 금액을 수동채권으로 하여야 한다. 이는 채무자가 당해 채권에 관하여 가지는 기한의 이익을 무시할 수 없기 때문이다.[337] 그리고 상계적상이 생긴 이후에는 이자가 발생하지 않으며 이행지체도 일어나지 않는다.[338]

음인 제1심판결 선고 후에 제1 임대차계약에 관한 미지급 연체차임 등 채권을 제2 임대차계약의 나머지 보증금 반환채권과 상계하는 의사표시가 이루어져 위 나머지 보증금 반환채권이 소멸된다 하더라도, 그 상계의 의사표시에 의하여 양 채권을 정산하는 기준시기가 상계적상이 있었던 때로 소급하여 그 대등액에 관하여 정산되는 것일 뿐, 그 상계의 의사표시 전까지 있었던 위 나머지 보증금 반환채권과 이 사건 점포 3, 4층에 대한 위 피고의 인도의무 사이의 동시이행관계가 상계적상이 있었던 위 시기로 소급하여 소멸되고 이로 인하여 위 피고의 인도의무가 소급하여 이행지체에 빠지게 된다고 할 수 없다: 대법원 2015. 10. 29. 선고 2015다32585 판결.

337) 한국산업은행, 『회사정리법해설』(1982), 266면; 임채홍·백창훈, 『회사정리법(상)』(1999), 431면; 박승두, 『회사정리법』(2000), 498면; 서울회생법원 재판실무연구회, 『회생사건실무(상)』(2019), 402면.

338) 김준호, 『민법강의』(2018), 748면; 김형배·김규완·김명숙, 『민법학강의』(2016), 1178면; 양형우, 『민법의 세계』(2013), 1200면; 지원림, 『민법강의』(2015), 1040면.

제4절 환취권

1. 환취권 보장의 필요성

회생절차를 신청한 회사가 생산을 위하여 타인으로부터 임차한 기계 등은 표면적으로는 이 회사에 속하는 것으로 보일지라도 사실상 타인의 재산이다. 이처럼 재산의 소유권 등 정당한 권리를 가진 자(다음부터 '환취권자' 라 한다)는 이의 반환을 청구할 수 있는가 하는 것이 문제된다.

이러한 의문이 제기되는 이유는 회생절차는 채무자의 효율적인 회생이 주목적이므로, 담보권을 가진 채권자도 그 권리를 집행할 수 없도록 하는 등 권리의 행사에 많은 제약을 두고 있다. 따라서 **채무자가 점유하여 관리인이 사실상 관리하고 있는 타인의 소유에 속하는 재산**에 대하여도 어떠한 제약이 있지 않을까 하는 생각을 할 수 있기 때문이다.[339]

---

339) 한국산업은행, 『회사정리법해설』(1982), 137면; 임채홍 · 백창훈,

채무자회생법은 이러한 의문을 해소하기 위하여 환취권에 관한 명문규정[340]을 둔 것이다. 따라서 환취권은 회생채권이나 회생담보권과는 달리 회생절차에 의하지 않고 행사할 수 있으며, 재원이 부족하면 채권액의 비율에 따른 변제를 받는데 그치는 공익채권(제210조)에 비해서도 당해 재산을 그대로 채무자로부터 환취할 수 있다는 점에서 보다 강력한 보호를 받는다.[341] 이러한 환취권의 행사는 **적극적 기능과 소극적 기능**을 하게 된다.[342]

전자(前者)는 환취권의 행사로 외관상 채무자의 재산으로 보이더라도 실제 채무자의 재산이 아닌 부분이 감소되고 법정 채무자재산으로 남게 되는 효과를 가져온다.

그리고 **후자**(後者)는 제3자의 지배하에 있는 재산에 대해 관리인이 그 인도 등을 요구한 경우에, 제3자가 그 목적물에 대한 정당한 지배권을 주장하여 관리인의 청구를 배척하는 형태로도 나타난다.

『회사정리법(상)』(1999), 312면; 박승두, 『회사정리법』(2000), 360면; 서울회생법원 재판실무연구회, 『회생사건실무(상)』(2019), 390면.

340) 제70조(환취권) 회생절차 개시는 채무자에게 속하지 아니하는 재산을 채무자로부터 환취할 권리에 영향을 미치지 아니한다.

341) 兼子一監修, 『條解 會社更生法(上)』(1998), 538~539면.

342) 伊藤眞, 『會社更生法』(2012), 326~327면.

2. 일반 환취권

가. 일반 환취권의 기초가 되는 권리

환취권이란 목적물에 대해 제3자가 가지는 대항력이 있는 실체법상의 지배권으로, 회생절차개시 결정의 효력의 영향을 받지 않는다. 따라서 어떠한 권리가 환취권으로 인정되는지 여부는 ① 실체법에 의한 물건의 지배권이 인정되는지,343) ② 그 지배권이 회생절차에서도 인정되는지를 기준으로 결정한다.344)

환취권의 기초가 되는 권리는 **소유권**이 가장 일반적이지

---

343) 동산의 소유권유보부매매는 동산을 매매하여 인도하면서 대금 완납 시까지 동산의 소유권을 매도인에게 유보하기로 특약한 것을 말하며, 이러한 내용의 계약은 동산의 매도인이 매매대금을 다 수령할 때까지 대금채권에 대한 담보의 효과를 취득·유지하려는 의도에서 비롯된 것이다. 따라서 동산의 소유권유보부매매의 경우에, 매도인이 유보한 소유권은 담보권의 실질을 가지고 있으므로 담보 목적의 양도와 마찬가지로 매수인에 대한 회생절차에서 회생담보권으로 취급함이 타당하고, 매도인은 매매목적물인 동산에 대하여 환취권을 행사할 수 없다: 대법원 2014. 4. 10. 선고 2013다61190 판결.

344) 일반 환취권은 목적물에 대해 제3자가 실체법상의 지배권을 가지는 것을 근거로 하지만, 뒤(202~204면)에서 설명하는 "특별 환취권"은 실체법상의 지배권과는 별도로 채무자회생법이 특별한 목적으로 창설한 것이다.

만, 반드시 소유권에 한정되지는 않으며 **점유권이나 채권적 청구권**도 해당된다.345)

나. 일반 환취권의 요건

(1) 선의·악의 여부

소유권을 주장하는 자가 일정한 사실을 알았느냐(악의), 몰랐느냐(선의)에 따라 정당한 권리자가 될 수도 있고 그렇지 않을 수도 있다. 이러한 경우 환취권의 행사에 관하여는 민법상 거래관계에서 보호하고 있는 **선의자 보호제도**가 그대로 적용된다.

(2) 권리유무의 판정시기

환취권을 행사할 수 있는 정당한 권리를 가지느냐의 여부는 개시결정의 시(時)가 아니고 **환취권행사의 시(時)**를 기준으로 하여야 한다.346)

---

345) 伊藤眞, 『會社更生法』(2012), 327면; 한국산업은행, 『회사정리법 해설』(1982), 138면; 임채홍·백창훈, 『회사정리법(상)』(1999), 313면; 박승두, "기업회생절차상 환취권에 관한 연구"(2018), 363~368면; 서울회생법원 재판실무연구회, 『회생사건실무(상)』(2019), 391면; 노영보, 『도산법 강의』(2019), 275~278면.

346) 제3자 소유의 물건이 회생절차 개시후에 가공·부합 등의 이유로 채무자의 소유에 속하게 된 때에는 그 제3자는 환취권을 행사할 수 없다. 이 경우 제3자는 부당이득반환청구권을 공익채권으로 행사할 수 있다(민 제261조, 제179조 제6호).

제3자가 회생절차 개시후에 가공·부합 등에 의하여 소유권을 취득한 때에는 환취권을 행사할 수 있다.347)

다. 일반 환취권의 행사시기와 방법

(1) 행사시기

환취권의 행사시기에는 **제한이 없다**.348)

(2) 일반 환취권의 행사방법

환취권은 채무자 소속의 재산에 관한 것이기 때문에 관리인을 상대방으로 하여 행사한다. 그러나 행사의 방법에 관해서는 반드시 회생절차에 의할 필요가 없으며, **소송 또는 소송 외의 적절한 방법**을 이용하면 된다.

사해행위의 수익자 또는 전득자에 대하여 회생절차가 개시되는 경우 채무자의 채권자가 사해행위의 취소와 함께 회생채무자로부터 사해행위의 목적인 재산 그 자체의 반환을 청구하는 것은 채무자회생법 제70조에 따른 환취권의 행사에

---

347) 兼子一監修, 『條解 會社更生法(上)』(1998), 541면.

348) 회생계획 인가 후 환취권의 대상이 되는 재산에 관하여 회생계획으로 저당권이 설정되거나 처분대상이 된 경우에도 환취권을 행사할 수 있다. 다만, 채무자회생법은 법원은 필요하다고 인정하는 때에는 환취권의 승인을 법원의 허가사항으로 할 수 있도록 규정하고 있다(제61조 제1항 제8호). 법원이 관리인으로 하여금 법원의 허가를 얻어 환취권을 승인하도록 정한 바 없다면 관리인이 법원의 허가를 받을 필요가 없음은 당연하다: 대법원 1991.2.8. 선고 판결.

해당하여 회생절차개시의 영향을 받지 아니하므로, 채무자의 채권자는 수익자 또는 전득자의 관리인을 상대로 사해행위의 취소 및 그에 따른 원물반환을 구하는 사해행위취소의 소를 제기할 수 있다. 나아가 수익자 또는 전득자가 사해행위취소로 인한 원상회복으로서 가액배상을 하여야 함에도, 수익자 또는 전득자에 대한 회생절차개시 후 회생재단이 가액배상액 상당을 그대로 보유하는 것은 취소채권자에 대한 관계에서 법률상의 원인 없이 이익을 얻는 것이 되므로 이를 부당이득으로 반환할 의무가 있고, 이는 수익자 또는 전득자의 취소채권자에 대한 가액배상의무와 마찬가지로 사해행위의 취소를 명하는 판결이 확정된 때에 비로소 성립한다고 보아야 한다. 따라서 설령 사해행위 자체는 수익자 또는 전득자에 대한 회생절차개시 이전에 있었더라도, 이 경우의 사해행위취소에 기한 가액배상청구권은 "부당이득으로 인하여 회생절차개시 이후 채무자에 대하여 생긴 청구권"(제179조 제1항 제6호)인 공익채권에 해당한다.[349] 만약 제3자가 환취권의 행사로 목적물의 인도 등을 요구하는데 관리인이 이에 응하지 않는 경우 제3자는 관리인을 피고로 하여 이행소송 등을 제기하면 되며, 이의가 없으면 관리인으로부터 임의로 인도를 받는다. 반대로 관리인 측에서 제3자가 점유하는 목적물에 대해 그 인도 등을 요구하여 소송을 제기한 경우, 제3자는 환취권을 이유로 항변할 수 있다.[350]

---

349) 대법원 2019. 4. 11. 선고 2018다203715 판결.

350) 伊藤眞, 『會社更生法』(2012), 331면; 한국산업은행, 『회사정리법

3. 특별 환취권

가. 특별 환취권의 보장 의의

앞(198-201면)에서 본 바와 같이, 일반 환취권은 채무자가 점유하고 있는 재산의 실제 권리자가 자신의 권리를 행사하는 것이며, 채무자회생법은 이를 방해하지 않는다(제70조)고 하는 당연한 규정에 불과하기 때문에 특별한 의의를 가지지 않는다.

그러나 특별환취권은 특정 재산에 대한 **실체법상 권리의 보유 여부를 따지지 아니하고** 형평의 원칙에서 환취권을 부여한 것이다.351) 따라서 진정한 의미에 있어서의 환취권은 "특별 환취권"이라 할 수 있다. 채무자회생법이 특별히 인정하고 있는 환취권은 ① **운송중인 매도물**에 대한 환취권과 ② **위탁매매인**의 환취권이다.

해설』(1982), 137~138면; 박승두, 『회사정리법』(2000), 360면; 노영보, 『도산법 강의』(2019), 2813면.

351) 일반 환취권은 실체법상의 지배권을 근거로 하지만, 이는 실체법상의 지배권과 상관없이 특별히 인정한 것이다; 伊藤眞, 『會社更生法』(2012), 332면.

나. 운송중인 매도물에 대한 환취권

거래의 양당사자가 서로 먼 거리에 있는 격지자(隔地者)간의 물품매매거래에 있어서 매도인이 매수인에게 물품을 발송하였으나, 매수인이 그 대금의 전액을 변제하지 아니하거나 도착지에서 그 물건을 수령도 하지 아니하는 경우에 매도인은 물품을 발송하였으나 대금도 받지 못하는 상황에 처하게 된다. 더구나 매수인이 회생절차를 신청하는 경우 채무자재산의 보전으로 자신의 재산을 반환받기도 더욱 어려워진다.

채무자회생법은 이러한 상황에 대비하여 매도인의 환취권을 규정하고 있다.[352] 그 법적 성질에 관하여는, 환취권의 행사의 효과로 소유권이 매도인에게 귀속되는지 아니면 단순히 목적물의 점유권한이 복귀되는지, 그리고 매매계약이 해제되는지 등의 문제가 제기된다.

이에 관하여는, ① 환취권의 행사에 의해 소유권의 귀속이나 매매계약 그 자체의 효력에 영향을 미치지 않는 점, ② 환취권을 형성권으로 생각할 수 없는 점, ③ 매도인은 상황

---

352) 제71조(운송 중인 매도물의 환취) ① 매도인이 매매의 목적인 물건을 매수인에게 발송한 경우에 매수인이 그 대금의 전액을 변제하지 아니하고 또 도착지에서 그 물건을 수령도 하지 아니한 경우에 매수인에 관하여 회생절차개시가 있은 때에는 매도인은 그 물건을 환취할 수 있다. 이 경우 관리인은 법원의 허가를 받아 대금 전액을 지급하고 그 물건의 인도를 청구할 수 있다. ② 제1항의 규정은 제119조의 적용을 배제하지 아니한다.

에 따라 운송인, 채무자, 또는 관리인에 대해 환취권을 주장할 수 있으므로, 특정인에 대한 채권이라 생각할 수 없는 점 등을 고려하면, 이 환취권의 내용은 관리인에게 대항할 수 있는 법정의 점유권한을 매도인에게 부여하였다고 보는 것이 타당하다.[353]

다. 위탁매매인의 환취권

위의 "운송중인 매도물에 대한 환취권"은 매도인이 발송한 경우뿐만 아니라 물건의 매수의 위탁을 받은 위탁매매인이 그 물건을 위탁자에게 발송한 경우에도 적용된다.

위탁매매인과 위임자의 관계는 대리관계이며 매입물품의 소유권은 위탁자에게 있으므로, 위임자의 회생절차에서 위탁매매인에게 위에서 본 일반 환취권은 인정되지 않는다. 그러나 **거래가 격지자간인 경우**에는, 위탁매매인과 위임자간의 관계는 격지자간의 매매와 유사하므로, 채무자회생법은 "**특별 환취권**"을 부여한 것이다.[354]

353) 伊藤眞, 『會社更生法』(2012), 334면; 한국산업은행, 『회사정리법 해설』(1982), 140~142면; 박승두, 『회사정리법』(2000), 360면.

354) 伊藤眞, 『會社更生法』(2012), 334면; 한국산업은행, 『회사정리법 해설』(1982), 142면; 박승두, 『회사정리법』(2000), 361면; 서울회생법원 재판실무연구회, 『회생사건실무(상)』(2019), 395면; 노영보, 『도산법 강의』(2019), 279면.

4. 대체적 환취권

채무자에 대하여 정당한 환취권을 가지지만, 채무자가 목적물을 제3자에게 양도하는 등의 사유로 **목적물을 점유하지 않고 있으면 환취권을 행사할 수 없게 된다.**[355]

이 경우 채무자는 그 재산의 반대급부로서의 이익을 보유하고 환취권자는 부당이득반환청구권만을 가진다고 하면, 채무자는 재산양도로 환취권자에게는 회생을 초래하고 자신은 부당이득을 얻게 되어[356] 형평성을 저해하게 된다.

이러한 문제점을 해결하기 위하여 채무자회생법은 특별히 목적물의 양도로 받게 되는 반대이행의 청구권 혹은 반대급부로 받은 재산을 청구할 수 있도록 하였는데(제73조), 이것이 **"대체적 환취권"** 이다.[357]

위탁매매인이 위탁자로부터 받은 물건 또는 유가증권이나 위탁매매로 인하여 취득한 물건, 유가증권 또는 채권은 위탁자와 위탁매매인 또는 위탁매매인의 채권자 간의 관계에서는 이를 위탁자의 소유 또는 채권으로 보므로(상 제103조), 위탁매매인이 위탁자로부터 물건 또는 유가증권을 받은 후 파산한 경

---

355) 일반 환취권과 특별 환취권은 모두 관리인의 지배에 귀속되는 목적물을 환취권자에게 변환하는 제도인 점에서는 동일하다.

356) 서울회생법원 재판실무연구회, 『회생사건실무(상)』(2019), 395면.

357) 구(舊)회사정리법에서는 "배상적 환취권"이라 하였다(제66조).

우에는 위탁자는 위 물건 또는 유가증권을 환취할 권리가 있고(구 파산 제79조), 위탁매매의 **반대급부로 위탁매매인이 취득**한 물건, 유가증권 또는 채권에 대하여는 대상적(대체적) **환취권**(구 파산 제83조 제1항)으로 그 이전을 구할 수 있다.358)

---

358) 대법원 2008. 5. 29. 선고 2005다6297 판결.

제 5 장 회생계획의 인가

제1절 회생계획안의 작성

1. 회생계획안의 작성자 및 작성시기

가. 회생계획안의 개념

회생계획안은 회생계획으로 인가받기 위하여 작성한 방안이다. 주요 내용은 이해관계인의 권리변경, 변제방법, 조직변경 등에 관한 내용을 담고 있다.

나. 회생계획안의 작성자

(1) 관리인

법원이 채무자의 사업을 계속할 때의 가치가 사업을 청산할 때의 가치보다 크다고 인정하는 때에는 **회생계획안 제출 명령**을 내리게 되는데, 이때 관리인은 반드시 회생계획안을 작성·제출하여야 한다(제220조).

다만 사전계획안이 제출되어 있거나 관계인집회의 기일 전날까지 사전계획안에 동의한 채권의 총액이 목록에 기재되거나 신고한 회생담보권 및 회생채권의 2/3 이상인 경우에는 관리인은 법원의 허가를 받아 별도의 회생계획안을 제출하지 아니할 수 있다(제223조 제5항).

(2) 관리인 외

관리인 이외에도 채무자 및 회생채권자·회생담보권자·주주·지분권자359)는 법원의 회생계획안 제출명령기간 내에 회생계획안을 작성하여 법원에 제출할 수 있다(제221조).

다. 회생계획안의 작성 시기

(1) 회생계획안의 일반적 제출

앞(113-114면)에서 본 바와 같이, 법원은 개시결정과 동시에 "회생계획안의 제출기간"을 정하게 된다(제50조 제1항 제4호).

이 기간은 조사기간의 말일(회생계획안이 사전제출된 경우에는 회생절차개시결정일)부터 **4개월 이하**(채무자가 개인인 경우에는 조사기간의 말일부터 2개월 이하)여야 한다. 법원은 신청에 의하거나 직권으로 기간을

---

359) 주주·지분권자는 회생절차 신청사실의 원인이 채무자에 파산원인이 있는 경우 회생계획안의 작성·제출은 가능하나, 그 의결권은 부정된다.

연장할 수 있는데, 이 기간의 연장은 **2월**을 넘지 못한다. 다만, 채무자가 개인이거나 중소기업자인 때에는 **1월**을 넘지 못한다(제50조제3항).

(2) 사전계획안의 제출(Prepack제도)

회생절차를 더욱 신속하게 진행하기 위하여 채권자가 사전에 회생계획안을 작성·제출360)할 수 있다(제223조제1항).

즉, 채무자의 부채의 2분의 1이상에 해당하는 채권을 가진 채권자 또는 이러한 채권자의 동의를 얻은 채무자는 회생절차개시의 신청이 있은 때부터 회생절차개시 전까지 회생계획안을 작성하여 법원에 제출할 수 있다.

우리나라에서 이 제도에 관심을 가지게 된 것은 1997년 IMF로부터 긴급구제금융을 받은 이후이며, 2001년 구(舊)회사정리법의 개정 시 최초로 도입하였다. 그 후 2005년 제정된 채무자회생법에서 이 제도를 승계하였고, 2016년 이 법의 개정 시 다음과 같이 더욱 확대하였다.

첫째, 채무자의 부채의 50% 이상에 해당하는 채권자 이외에 이러한 채권자의 동의를 얻은 채무자도 사전계획안을 제출할 수 있도 록 허용하였다(제223조제1항). 이는 신속한 회생을 바라는 채무자에게 일정요건을 갖춘 경우 사전계획안 제출권을 부여함으로써, 과거와 달리 채무자의 노력으로 사전계획안

---

360) 이는 일반적으로 Prepackaged Bankruptcy라 부르며, 다음부터 이를 줄여서 'Prepack제도'라 한다. 그리고 사전에 제출하는 회생계획안을 Prepackaged Plan이라 한다.

제출이 가능하도록 하여 신속한 회생절차 이행의 길을 열어 두었다는 점에 의의가 있다.

둘째, 사전계획안을 제출한 채권자 외의 채권자도, 관계인 집회에서 그 사전계획안이 가결되기 전이라도 법원이 정하는 회신기간 초일의 전날까지 그 사전계획안에 동의한다는 의사를 법원에 표시할 수 있도록 하였다(제223조). 이는 회생계획안에 대한 동의절차를 단축시켜 법원의 회생계획인가결정의 시기를 앞당길 수 있도록 하였으며, 회생채무자로서의 기존경영자 관리인이 기업회생을 위해 필요한 조치를 신속히 도모할 수 있도록 한 것이다.

셋째, 사전계획안 제출자는 채권자목록, 관련 서면(제92조) 및 대법원규칙으로 정한 서면을 회생절차개시 전까지 법원에 제출해야 하는 것으로 하였고(제223조), 사전계획안 제출자가 회생채권자·회생담보권자·주주·지분권자의 목록을 제출한 때에는 그 목록을 제147조 제1항의 목록으로 간주토록 하였다(제223조 제5항). 이는 사전계획안 제출을 통한 회생절차의 활용도 향상을 위하여 채무자에게도 사전계획안 제출권을 부여하고, 서면결의에서도 동의간주 등의 특칙을 마련하였다는 점에 의의가 있다.[361]

그러나 이 제도는 앞(49면)에서 본 바와 같이, 많은 한계성을 안고 있어 조속한 개선이 요망된다(60~61면).

---

361) 박승두·남영덕, "2016년 기업회생법의 개정내용과 향후 전망"(2017), 351~352면.

2. 회생계획안 작성의 기본원칙

가. 공정·형평성의 보장

회생계획은 권리의 순위를 고려하여 **공정하고 형평에 맞는 차등**을 두어야 한다(제217조 제1항). 이는 뒤(221~224면)에서 보는 바와 같이, "회생계획안 배제"의 대상이 된다(제231조 제1호).

① 회생담보권
② 일반의 우선권 있는 회생채권
③ 기타 회생채권
④ 잔여재산의 분배에 관하여 우선적 내용이 있는 종류의 주주·지분권자의 권리
⑤ 기타 주주·지분권자의 권리

나. 평등의 원칙

회생계획의 조건은 같은 성질의 권리를 가진 자 간에는 **평등**하여야 한다. 다만, 다음의 어느 하나에 해당하는 때에는 예외로 할 수 있다(제218조 제1항).

① 불이익을 받는 자의 동의가 있는 때
② 채권이 소액인 회생채권자, 회생담보권자 등의 청구권을 가지는 자에 대하여 다르게 정하거나 차등을 두어도 형평을 해하지 아니하는 때

③ 그 밖에 동일한 종류의 권리를 가진 자 사이에 차등을 두어
　도 형평을 해하지 아니하는 때.

　회생계획에서는 다음의 청구권을 다른 회생채권과 다르게
정하거나 차등을 두어도 형평을 해하지 아니한다고 인정되는
경우에는 다른 회생채권보다 불이익하게 취급할 수 있다
_{(제218조}_{제2항}).

① 회생절차개시 전에 채무자와 특수관계에 있는 자의 채무자에
　대한 금전소비대차로 인한 청구권
② 회생절차개시 전에 채무자가 특수관계에 있는 자를 위하여 무
　상으로 보증인이 된 경우의 보증채무에 대한 청구권
③ 회생절차개시 전에 채무자와 특수관계에 있는 자가 채무자를
　위하여 보증인이 된 경우 채무자에 대한 보증채무로 인한 구
　상권.

다. 수행가능성의 원칙

　무엇보다 회생계획은 **수행 가능성**이 있어야 한다. 회생계
획은 채무자가 보유하고 있는 현재의 자산과 향후 수익능력
등 전체적인 지급능력(cash-flow)을 기준으로 작성한다. 법원은
변제자금의 조달 가능성을 철저히 검토하여야 한다.[362]

---

362) 한국산업은행, 『회사정리법해설』(1982), 454면; 박승두, 『회사정
리법』(2000), 740면; 서울회생법원 재판실무연구회, 『회생사건실무
(상)』(2019), 680면.

이는 뒤(239면)에서 보는 바와 같이, 회생계획 인가의 요건이며($\frac{제243조}{제1항 제2호}$), 이를 갖추지 못하면 "회생계획안 배제"의 대상이 된다($\frac{제231조}{제3호}$).

라. 청산가치 보장의 원칙

회생계획에 의한 변제율이 **청산절차에서 배당받을 수 있는 금액**(청산가치)363) 보다 적어서는 안된다는 원칙이다.364)

이는 뒤(239면)에서 보는 바와 같이, 회생계획 인가의 요건이다($\frac{제243조}{제1항 제4호}$).

3. 회생계획안의 주요 내용

가. 절대적 기재사항

회생계획안에 **반드시 기재하여야 할 사항**은 다음과 같다($\frac{제193조}{제1항}$).

① 회생채권자·회생담보권자·주주·지분권자의 권리의 전부 또는

---

363) 청산가치는 채무자재산의 모든 형태별로 경매, 환가 등의 방법으로 처분했을 경우 받을 수 있는 총액을 말한다.

364) 구(舊)회사정리법에서는 인정되지 않았으나, 채무자회생법에서 명문으로 규정하였다.

　일부의 변경
② 공익채권의 변제
③ 채무의 변제자금의 조달
④ 회생계획에서 예상된 액을 넘는 수익금의 용도
④ 알고 있는 개시후 기타채권이 있는 때에는 그 내용.

　향후 회생계획의 수행에 중요한 영향을 미칠 **특별사항**이 있으면 이를 회생계획안에 반드시 기재하여야 한다(제193조 제1항).

① 이의있는 회생채권 또는 회생담보권으로서 그 확정절차가 종결되지 아니한 것(제197조 제1항)
② 채무자의 행위가 회생계획안 심리를 위한 관계인집회가 끝난 후 또는 서면결의에 부치는 결정이 있은 후에 부인된 때 경우 상대방이 추후 보완 신고할 사항(제197조 제2항 제109조 제2항)
③ 회생채권 및 회생담보권 중 변제한 것(제198조)
④ 채무자에게 속하는 권리로서 분쟁이 해결되지 아니한 것(제201조).

나. 상대적 기재사항

　다음의 사항들은 회생계획에 정할 수 있다(제193조 제2항). 따라서 이는 회생계획안에 반드시 기재되어야 하는 것은 아니므로, 이들 사항이 기재되지 않았다고 하더라도 회생계획안 자체가 부적법 또는 불인가되는 것은 아니다. 이들 사항이 있는 경우에는 회생계획안에 기재되어야만 효력을 발생한다.

① 영업이나 재산의 양도, 출자나 임대, 경영의 위임

② 정관의 변경
③ 이사·대표이사의 변경
④ 자본의 감소
⑤ 신주나 사채의 발행
⑥ 주식의 포괄적 교환 및 이전, 합병, 분할, 분할합병
⑦ 해산
⑧ 신회사의 설립
⑨ 그 밖에 회생을 위하여 필요한 사항.

4. 청산형 회생계획안

가. 청산형 회생계획안 작성의 필요성

회생계획안은 채무자가 사업을 계속하면서 회생할 수 있는 방안을 담고 있다. 그러나 이것이 불가능할 때에는 회생절차를 폐지하고 파산절차로 이행하는 것이 원칙이다.

그러나 이 원칙을 엄격히 준수하게 되면 그동안 진행된 절차를 모두 수포로 돌아가게 함으로써, 전체적으로 볼 때 **시간이나 비용의 측면에서 큰 손실**을 초래할 수도 있다.[365]

따라서 채무자회생법은 이러한 채무자에 대하여 회생절차에서 벗어나 새롭게 파산절차를 진행하지 않고, 회생절차내

---

365) 한국산업은행, 『회사정리법해설』(1982), 475면; 임채홍·백창훈, 『회사정리법(하)』(1999), 130면; 박승두, 『회사정리법』(2000), 766면; 서울회생법원 재판실무연구회, 『회생사건실무(상)』(2019), 863면.

에서 실질적으로 파산절차의 효과를 거둘 수 있는 방법을 모색하게 되었다.

이러한 필요성에 의하여 **회생계획안의 형식을 빌어서 파산절차의 효과**를 거두기 위한 것이 "청산을 내용으로 하는 회생계획안"이다.

나. 청산형 회생계획안 작성의 요건

법원은 다음의 경우에 청산366)을 내용으로 하는 회생계획안의 작성을 허가할 수 있다.

① 채무자의 사업을 청산할 때의 가치가 채무자의 사업을 계속할 때의 가치보다 크다고 인정하는 때(제222조 제1항)

② 회생절차개시 후 채무자의 존속, 합병, 분할, 분할합병, 신회사의 설립 등에 의한 사업의 계속을 내용으로 하는 회생계획안의 작성이 곤란함이 명백하게 된 경우(제222조 제2항).

관리인이나 채무자 또는 이해관계인367)의 신청이 있어야 하지만, 채권자 일반의 이익을 해하는 때에는 그러하지 아니하다(제222조 제1항). 법원은 회생계획안을 결의에 부칠 때까지는 언제든지 위의 허가를 취소할 수 있다(제222조 제3항).

---

366) 영업의 전부 또는 일부의 양도, 물적 분할을 포함한다.

367) 목록에 기재되어 있거나 신고한 회생채권자·회생담보권자·주주·지분권자.

5. 회생계획안의 수정·변경·배제

가. 회생계획안의 수정

(1) 수정의 필요성

회생계획안을 작성·제출한 후 **보완해야 사항**이 발생하거나 예기치 못한 경제적 상황이 **변경된 경우**에는 이를 수정할 필요가 있다.

(2) 수정할 수 있는 자

회생계획안을 수정 신청할 수 있는 자는 **제출자**에 한하고,[368] 그 이외의 이해관계인은 수정을 신청할 수 없다. 그리고 법원은 이해관계인의 신청 또는 직권으로 회생계획안의 제출자에 대하여 계획안을 수정할 것을 명할 수 있다(제229조).[369]

---

[368] 회생계획안의 제출자는 회생계획안의 심리를 위한 관계인집회의 기일 또는 서면결의에 부치는 결정이 있는 날까지는 법원의 허가를 받아 회생계획안을 수정할 수 있다(제228조).

[369] 제출자 이외의 이해관계인에게는 직접 수정권이 인정되지 않기 때문에 법원의 명령을 통하여 그 의견을 반영시킬 수 있도록 한 것이다.

(3) 수정의 시기

회생계획안의 제출자는 회생계획안의 **심리집회의 기일** 또는 **서면결의에 부치는 결정이 있는 날**까지는 법원의 허가를 받아 회생계획안을 수정할 수 있다(제228조).[370]

법원의 수정명령(제229조 제1항)이 있는 때에는 회생계획안의 제출자는 **법원이 정하는 기한** 안에 회생계획안을 수정하여야 한다(제229조 제2항). 법원의 수정명령에 의한 수정이 회생계획안 심리를 위한 관계인집회의 기일 후에 있는 때에는 법원은 그 수정안

---

370) 원칙적으로 법원은 회생계획안에 관한 수정이 완료된 경우에 회생계획안의 결의를 위한 관계인집회를 소집하고 수정이 완료된 회생계획안의 사본 또는 요지를 회생채권자 등 이해관계인에게 송달하여야 한다(제232조 제1항 및 제2항). 그런데 법원이 회생계획안의 심리를 위한 관계인집회와 회생계획안의 결의를 위한 관계인집회를 병합하여 개최하기로 한 경우에, 회생계획안의 심리를 위한 관계인집회의 기일이 종료되기 전에 회생계획안이 수정되어 연이어 개최하기로 한 회생계획안의 결의를 위한 관계인집회가 열리기 전에 회생채권자 등 이해관계인 모두에게 수정안 사본 또는 요지를 송달할 수 없었고, 회생계획안의 수정이 경미하지 않고 이해관계인에게 불리한 영향을 미치는 것이라면, 특별한 사정이 없는 한, 법원은 예정된 회생계획안의 결의를 위한 관계인집회의 개최를 연기한 후 회생채권자 등 이해관계인에게 수정안 사본 또는 요지를 송달하는 등으로 의결권을 행사하는 자에게 내용을 충분히 숙지하고 검토할 기회를 줌과 동시에 회생계획안의 결의를 위한 관계인집회에 출석하지 못한 회생채권자 등 이해관계인에게 결의의 기회를 보장해 주어야 한다. 이는 회생계획안의 제출자가 회생계획안의 심리를 위한 관계인집회의 기일이 종료되기 전에 법원의 허가를 받아 회생계획안을 수정할 수 있고(제228조), 회생계획안의 수정이 이해관계인에게 불리한 내용을 정할 수 있다고 하여 달리 볼 것은 아니다; 대법원 2016. 5. 25. 자 2014마1427 결정.

을 심리하기 위하여 **다시 기일을 정하여** 관계인집회를 소집할 수 있다(제230조 제1항).

(4) 수정의 내용

회생계획안을 수정할 수 있는 내용에 관하여는 특별한 규정이 없다.

나. 회생계획안의 변경

회생계획안의 제출자는 이해관계인 등에 불리한 영향을 주지 않는 경우 **결의집회**에서 법원의 허가를 얻어 회생계획안을 변경할 수 있다(제234조).371)

다. 회생계획안의 배제

(1) 법원의 배제결정

법원은 배제사유에 해당하는 경우에 회생계획안을 관계인집회의 **심리와 결의에 부치지 아니할 수 있다**(제231조).

---

371) 권리보호조항을 정하기 위하여 법원이 회생계획안을 반드시 변경하여야 하는 것은 아니다. 부결된 회생계획안 자체가 이미 부동의한 조의 권리자에게 청산가치 이상을 분배할 것을 규정하여 채무자회생법 제244조 제1항 각호의 요건을 충족하고 있다고 인정되는 경우에는, 법원이 부동의한 조의 권리자를 위하여 회생계획안의 조항을 그대로 권리보호조항으로 정하고 인가를 하는 것도 허용된다; 대법원 2018. 5. 18. 자 2016마5352 결정.

(2) 배제사유

(가) 절대적 배제사유

회생계획안이 채무자 사업의 양수 등의 행위(제57조 각호)372)를 내용으로 하는 경우로서 **그 행위를 하려는 자** 또는 그와 대통령령으로 정하는 **특수관계에 있는 자**가 다음의 어느 하나에 해당하는 경우에는 법원은 회생계획안을 관계인집회의 심리 또는 결의에 부쳐서는 아니 된다(제231조의2).

① **채무자를 상대로 사기 등 특정범죄**373)를 범하여 금고 이상의 실형을 선고받고 그 집행이 끝나거나374) 집행이 면제된 날부터 10년이 지나지 아니한 경우

② 채무자를 상대로 위 ①의 죄를 범하여 금고 이상의 **형의 집행유예 또는 선고유예**를 선고받고 그 유예기간 중에 있는 경우

③ 이 법을 위반하여 금고 이상의 실형을 선고받고 그 **집행이 끝나거나**375) **집행이 면제**된 날부터 5년이 지나지 아니한 경우

---

372) 제57조(정보 등의 제공) (본문 생략) 1. 채무자의 영업, 사업, 중요한 재산의 전부나 일부의 양수 2. 채무자의 경영권을 인수할 목적으로 하는 주식 또는 출자지분의 양수 3. 채무자의 주식의 포괄적 교환, 주식의 포괄적 이전, 합병 또는 분할합병.

373) 형법 제347조(사기)·제347조의2(컴퓨터등 사용사기)·제349조(부당이득)·제355조(횡령, 배임)·제356조(업무상의 횡령과 배임)·제357조(배임수증재)의 죄 등이다. 그리고 형법 또는 다른 법률에 따라 가중 처벌되는 경우 및 미수범을 포함한다.

374) 집행이 끝난 것으로 보는 경우를 포함한다.

④ 이 법을 위반하여 금고 이상의 **형의 집행유예 또는 선고유예**를 선고받고 그 유예기간 중에 있는 경우.

(나) 임의적 배제사유

회생계획안이 다음의 어느 하나에 해당하는 경우에는 법원은 회생계획안을 관계인집회의 심리 또는 결의에 부치지 아니할 수 있다(제231조 제231조의2 제1항).

① 회생계획안이 법률의 규정을 위반한 경우
② 회생계획안이 공정하지 아니하거나 형평에 맞지 아니한 경우
③ 회생계획안의 수행이 불가능한 경우
④ 회생계획안이 제57조[376] 각 호의 어느 하나에 해당하는 행위를 내용으로 하는 경우로서 다음의 요건을 모두 충족하는 경우.
    ㉮ 채무자의 주요 경영책임자[377]의 중대한 책임이 있는 행위로 인하여 회생절차개시의 원인이 발생하였다고 인정될 것

---

375) 집행이 끝난 것으로 보는 경우를 포함한다.

376) 제57조(정보 등의 제공) 관리인은 다음 각호의 어느 하나에 해당하는 행위를 하고자 하는 자에 대하여는 대법원규칙이 정하는 바에 따라 채무자의 영업·사업에 관한 정보 및 자료를 제공하여야 한다. 다만, 정당한 사유가 있는 때에는 관리인은 정보 및 자료의 제공을 거부할 수 있다. 1. 채무자의 영업, 사업, 중요한 재산의 전부나 일부의 양수 2. 채무자의 경영권을 인수할 목적으로 하는 주식 또는 출자지분의 양수 3. 채무자의 주식의 포괄적 교환, 주식의 포괄적 이전, 합병 또는 분할합병.

377) ① 회사인 채무자의 이사(상법 제401조의2 제1항에 따라 이사로 보는 자를 포함한다)나 해당 이사와 제101조 제1항에 따른 특수관계에 있는 자 ② 회사인 채무자의 감사 ③ 회사인 채무자의 지배인.

㉯ 제57조 각 호의 어느 하나에 해당하는 행위를 하려는 자가 다음 각 목의 어느 하나의 경우[378]에 해당할 것.

(3) 배제 시기

회생계획안에 하자가 있는 경우에는 이에 대한 심리나 결의를 하지 못하도록 하는데 있으므로(제231조), **심리집회나 결의집회의 기일을 지정하기 전에는 언제든지 할 수 있다.**

(4) 회생계획안 배제의 효과

회생계획안이 배제되면 해당 회생계획안에 관하여는 이후의 **절차가 진행되지 아니하며,**[379] 이에 대한 수정신청도 각하하여야 한다.[380] 그리고 법원이 다시 계획안 제출기간을 정하지 않으면 회생절차는 폐지된다.

---

378) ① 제1호에 해당하는 자의 자금제공, 담보제공이나 채무보증 등을 통하여 제57조 각 호의 어느 하나에 해당하는 행위를 하는 데에 필요한 자금을 마련한 경우 ② 현재 및 과거의 거래관계, 지분소유관계 및 자금제공관계 등을 고려할 때 제1호에 해당하는 자와 채무자의 경영권 인수 등 사업 운영에 관하여 경제적 이해관계를 같이하는 것으로 인정되는 경우 ③ 제1호에 해당하는 자와 배우자, 직계혈족 등 대통령령으로 정하는 특수관계에 있는 경우.

379) 배제된 회생계획안을 관계인집회의 심리 또는 결의에 부치지 못한다.

380) 박승두, 『회사정리법』(2000), 764면; 서울회생법원 재판실무연구회, 『회생사건실무(상)』(2019), 860면.

제2절 회생계획안의 결의

1. 결의의 개념

회생계획안이 법원에 제출되면 인가를 위한 사전절차로 이해관계자의 찬반 의견을 수렴하게 된다. 이 경우 회생계획안에 대한 이해관계인에게 설명하고 의견을 수렴하는 절차를 '결의'라 하고, 법정요건을 충족하면 '가결'되고 이를 충족하지 못하면 '부결'된다. 이를 위한 집회를 **결의집회**라한다.

그러나 바로 결의집회를 개최하지 않고 사전에 회생계획안을 작성하여 이해관계자들에게 설명하고 결의를 위한 절차에 대한 협조를 구하기 위하여 **심리집회**를 개최한다.

뒤(234면)에서 보는 바와 같이, 실무적으로는 이를 분리하여 개최하지 않고 같은 날로 병합하여 순차적으로 실시한다.

2. 심리집회

가. 제2회 관계인집회의 개선

구(舊)회사정리법에서는 정리계획안이 제출되면 이를 심리하기 위하여 제2회 관계인집회를 개최하였다(제192조). 그러나 채무자회생법은 이를 "회생계획안심리를 위한 관계인집회"(심리집회)로 명칭을 변경하였다(제224조).

나. 심리집회의 의의

회생계획안의 제출이 있는 때에는 법원은 서면결의에 부치는 경우를 제외하고, 심리집회를 소집하여야 한다(제224조).

'회생계획안'은 그 자체로 확정되는 것은 아니고 원칙적으로 관계인집회에서의 결의절차를 거쳐 이에 대하여 법원이 인가하여야 '회생계획'으로 성립된다. 따라서 심리집회는 **결의절차를 거치기 전에 회생계획안의 내용을 심리**하기 위하여 마련된 것이다.

원칙적으로 회생계획안을 작성하는 과정에 이해관계인들의 의견을 충분히 반영하여야 하지만, 회생계획안을 제출하기 전에 많은 이해관계인의 의견을 수렴하는 것은 어려운 일이다.

따라서 회생계획안의 결의에 앞서 심리집회를 개최하여 제출자로 하여금 회생계획안의 내용을 알리게 하고, 이에 대한 **이해관계인들의 의견**을 듣는 데 의의가 있다.[381]

다. 심리집회의 절차

심리집회에서는 회생계획안의 제출자로부터 회생계획안에 대한 **설명**을 들은 후 법원은 ① 관리인 ② 채무자 ③ 목록에 기재되어 있거나 신고한 회생채권자·회생담보권자·주주·지분권자로부터 회생계획안에 대한 **의견**을 들어야 한다(제225조).

그리고 법원은 필요하다고 인정하는 때에는 채무자의 업무를 감독하는 행정청, 법무부장관, 금융감독위원회 그 밖의 행정기관에 대하여 회생계획안에 대한 **의견**의 진술을 요구할 수 있다(제226조 제1항).

특히, 행정청의 허가·인가·면허 그 밖의 처분을 요하는 사항을 정하는 회생계획안에 관하여는 법원은 그 사항에 관하여 그 행정청의 **의견**을 들어야 한다(제226조 제2항). 그리고 채무자의 업무를 감독하는 행정청, 법무부장관 또는 금융감독위원회는 언제든지 법원에 대하여 회생계획안에 관하여 **의견**을 진술할 수 있다(제226조 제3항).

---

381) 한국산업은행, 『회사정리법해설』(1982), 415~416면; 임채홍·백창훈, 『회사정리법(하)』(1999), 49면; 박승두, 『회사정리법』(2000), 716~717면; 서울회생법원 재판실무연구회, 『회생사건실무(하)』(2019), 17면.

법원은 회생계획안에 관하여 ① 채무자의 근로자의 과반수로 조직된 노동조합의 의견을 들어야 하고, ② 과반수로 조직된 노동조합이 없는 때에는 채무자의 근로자의 과반수를 대표 하는 자의 **의견**을 들어야 한다(제227조).

3. 결의집회

가. 제3회 관계인집회의 개선

구(舊)회사정리법에서는 정리계획안이 확정되면 이를 결의하기 위하여 "제3회 관계인집회"를 개최하였다(제200조 제1항). 그러나 채무자회생법은 이를 "회생계획안의 결의를 위한 관계인집회"(결의집회)로 명칭을 변경하였다(제232조 제1항).

나. 결의집회의 의의

결의집회는 심리를 거친 회생계획안에 대하여 이해관계인들의 **찬성 여부를 확인**하는 것이다.

다. 결의의 시기

회생계획안은 **조사기간의 종료** 전에는 결의에 부치지 못한다(제235조). 이와 같이 결의의 시기를 제한하는 이유는 조사절차가 종료되기 전에는 결의에 참가할 이해관계인의 존부 및 의결액이 일반적으로 확정되지 못하기 때문이다.[382]

라. 결의의 방법

(1) 조(組)별 결의

회생채권자·회생담보권자·주주·지분권자는 채무자회생법에 의하여 분류된 **조(組)별로 결의**하여야 한다(제236조 제1항). 회생채권자·회생담보권자·주주·지분권자는 회생계획안의 작성과 결의를 위하여 다음의 조로 분류한다(제236조 제2항 본문).

① 회생담보권자
② 일반의 우선권 있는 채권을 가진 회생채권자
③ 위 ②의 회생채권자 외의 회생채권자
④ 잔여재산의 분배에 관하여 우선적 내용을 갖는 종류의 주식 또는 출자지분을 가진 주주·지분권자
⑤ 위 ④의 주주·지분권자 외의 주주·지분권자.

그러나 법원은 위의 자가 가진 권리의 성질과 이해관계를 고려하여 2개 이상의 호의 자를 하나의 조로 분류하거나 하나의 호에 해당하는 자를 2개 이상의 조로 분류할 수 있다(제236조 제2항 본문).[383] 다만, 회생담보권자·회생채권자·주주·지분권

---

382) 박승두, 『회사정리법』(2000), 790면.

자는 각각 다른 조로 분류하여야 한다(제236조
제2항 단서).

그리고 회생계획안의 가결은 다음의 구분에 의하여 한다
(제237조).

① 회생채권자의 조

   의결권을 행사할 수 있는 회생채권자의 의결권의 총액의 3
   분의 2이상에 해당하는 의결권을 가진 자의 동의가 있을 것

② 회생담보권자의 조

   ㉮ 제220조의 규정에 의한 회생계획안에 관하여는 의결권을
      행사할 수 있는 회생담보권자의 의결권의 총액의 4분의
      3이상에 해당하는 의결권을 가진 자의 동의가 있을 것

   ㉯ 제222조의 규정에 의한 회생계획안에 관하여는 의결권을
      행사할 수 있는 회생담보권자의 의결권의 총액의 5분의
      4이상에 해당하는 의결권을 가진 자의 동의가 있을 것

③ 주주·지분권자의 조

   회생계획안의 가결을 위한 관계인집회에서 의결권을 행사하
   는 주주·지분권자의 의결권의 총수의 2분의 1이상에 해당
   하는 의결권을 가진 자의 동의가 있을 것.

---

383) 채무자회생법은 회생채권자·회생담보권자·주주·지분권자를 각
각 다른 조로 분류하여야 하는 것 외에는 법원이 채무자회생법 제
236조 제2항 각호의 자가 가진 권리의 성질과 이해관계를 고려하여
2개 이상의 호의 자를 하나의 조로 분류하거나 하나의 호에 해당하
는 자를 2개 이상의 조로 분류할 수 있다고 규정하여(제236조 제3
항), 조의 통합과 세분에 관하여 법원의 재량을 인정하고 있다. 따
라서 법원의 조 분류 결정에 재량의 범위를 일탈하였다고 볼 수 있
는 특별한 사정이 없는 한, 법원이 채무자회생법 제236조 제2항 각
호에 해당하는 동일한 종류의 권리자를 2개 이상의 조로 세분하지
않았다고 하여 이를 위법하다고 볼 수 없다: 대법원 2018. 5. 18. 자
2016마5352 결정.

(2) 서면결의제도

(가) 서면결의의 결정

채무자회생법은 ① 법원은 회생계획안이 제출된 때에 상당하다고 인정하는 때에는, ② 회생계획안의 심리 및 결의를 위한 관계인집회를 개최하지 않고, ③ 의결권자가 회생계획안에 동의하는지 여부를 **서면으로 회답**하여 그 가결 여부를 결정하는 '서면결의제도'를 도입하였다(제240조 제1항). 이 결정에 대하여는 불복신청을 할 수 없다.

(나) 공고 및 송달

서면결의에 부치는 결정은 이를 **공고**하여야 하고, 의결권자에게 회생계획안의 사본 또는 요지를 **송달**함과 동시에 아래 사항을 회신기간 안에 서면으로 법원에 회신하여야 한다는 뜻을 기재한 서면을 **송달**하여야 한다(제240조 제2항). 실무상으로는 동봉한 회신용 봉투를 이용하여 회신하도록 하고 있다[384]

① 회생계획안에 대하여 동의하는지 여부
② 인가 여부에 관한 의견
③ 회생계획안이 가결되지 않은 경우 속행기일의 지정에 동의하는지 여부.

---

[384] 서울회생법원 재판실무연구회, 『회생사건실무(하)』(2019), 46면.

이 경우 회신기간은 서면결의에 부치는 취지의 결정일부터 2월을 넘을 수 없다(제240조 제2항). 송달은 발송송달로 가능하다(제240조 제3항).

(다) 서면결의의 효과

회신기간 안에 회생계획안에 동의한다는 뜻을 서면으로 회신하여 법원에 도달한 **의결권자의 동의**가 가결요건을 충족하는 때에는 그 회생계획안은 가결된 것으로 본다(제240조 제5항).

(3) 가결의 시기

회생계획안의 가결은 **관계인집회의 제1기일부터 2월 이내**에 하여야 한다(제239조 제1항). 법원은 필요하다고 인정하는 때에는 계획안제출자의 신청에 의하거나 직권으로 위 기간을 늘일 수 있지만, 이는 1월을 넘지 못한다(제239조 제2항).

그리고 회생계획안의 가결은 원칙적으로 **회생절차개시일부터 1년 이내**에 하여야 하며, 불가피한 사유가 있는 때에는 법원은 6월의 범위 안에서 그 기간을 늘일 수 있다(제239조 제3항).

마. 가결의 요건

(1) 회생담보권자

의결권 행사 총액의 **3/4 이상**의 동의가 필요하며, 청산 또는 양도를 내용으로 하는 회생 계획안은 회생담보권자 **4/5**

이상의 동의가 필요하다(제237조 제2호).

(2) 회생채권자

회생채권자의 조에 있어서는 의결권 행사 총액의 **2/3 이상**의 동의가 필요하다(제237조 제1호).

간이회생절차에서는 이 요건을 완화하여, ① 의결권을 행사할 수 있는 회생채권자의 의결권의 총액의 **2/3 이상**에 해당하는 의결권을 가진 자의 동의가 있거나 ② 의결권을 행사할 수 있는 회생채권자의 의결권의 총액의 **1/2 이상**을 초과하는 의결권을 가진 자의 동의 및 의결권자의 과반수의 동의가 있는 때에는 회생계획안에 관하여 회생채권자의 조에서 가결된 것으로 본다(제293조의8).

(3) 주주·지분권자

의결권 행사 총액의 **1/2 이상**의 동의가 필요하다. 그러나 회생절차 개시 당시 부채가 자산을 초과할 때에는 의결권 없다(제146조 제3항).

4. 심리집회와 결의집회의 병합

가. 병합의 필요성

법원은 상당하다고 인정하는 때에는 관리인의 신청에 의하거나 직권으로 관계인집회의 기일과 특별조사기일을 병합할 수 있다(제186조). 그 필요성은 ① 비용의 절감 ② 절차의 신속 ③ 출석자의 편의 제공 등이다.[385]

나. 서울회생법원의 실무

서울회생법원에서는 실무적으로 신속한 절차의 진행을 위하여 대부분의 경우 직권으로 ① 특별조사기일 ② 심리집회 ③ 결의집회를 모두 병합하여 실시하고 있다.[386]

---

385) 한국산업은행, 『회사정리법해설』(1982), 419면; 임채홍·백창훈, 『회사정리법(하)』(1999), 56면; 박승두, 『회사정리법』(2000), 720~721면; 서울회생법원 재판실무연구회, 『회생사건실무(하)』(2019), 4면.

386) 서울회생법원 재판실무연구회, 『회생사건실무(하)』(2019), 4면.

5. 가결되지 못한 경우의 처리

가. 속행기일의 지정

관계인집회에서 회생계획안이 가결되지 아니한 경우 다음 각호의 자가 모두 기일을 연장하는 기일속행에 동의한 때에는 법원은 관리인 또는 채무자나 의결권을 행사할 수 있는 회생채권자·회생담보권자·주주·지분권자의 신청에 의하거나 직권으로 **속행기일**을 정할 수 있다(제238조).

① 회생채권자의 조에서 의결권을 행사할 수 있는 회생채권자의 의결권의 총액의 3분의 1이상에 해당하는 의결권을 가진 자
② 회생담보권자의 조에서 의결권을 행사할 수 있는 회생담보권자의 의결권의 총액의 2분의 1이상에 해당하는 의결권을 가진 자
③ 주주·지분권자의 조에서 의결권을 행사하는 주주·지분권자의 의결권의 총수의 3분의 1이상에 해당하는 의결권을 가진 자.

나. 강제인가 및 회생절차의 폐지

강제인가(228~229면) 및 **회생절차의 폐지**(255~263면)에 관하여는 뒤에서 상세히 설명한다.

제3절 회생계획 인가결정

1. 회생계획 인부결정

가. 인부결정의 의의

(1) 인부결정의 개념

회생계획안에 관하여 이해관계인의 의견을 수렴한 후 법원은 회생계획에 대한 **인가여부**(認可與否), 즉 '인가' 또는 '불인가'를 결정하여야 하는데, 이를 '인부(認否)결정'이라 한다.

(2) 인가결정의 중요성

채무자를 회생시키기 위하여는 채무의 감면 등 구체적인 실행방안(회생계획안)을 수립하여야 하고 이에 대하여 **법적 효력**을 부여하기 위하여는 법원이 인가하여야 하며, '회생계획안'은 인가를 받음으로써 '회생계획'이 된다. 따라서 채무자가 법원에 **회생절차의 개시를 신청하는 궁극적인 목적**도 "회생계획에 대한 인가"에 있다고 볼 수 있다.

나. 관계인집회에서 결의한 경우

(1) 가결된 경우

관계인집회에서 회생계획안을 가결한 경우에 법원은 그 **기일**이나 그 기일에서 바로 **선고한 기일**에 회생계획의 인가 여부에 관하여 결정을 하여야 한다.[387)

이해관계인과 채무자의 업무를 감독하는 행정청, 법무부장관 및 금융위원회는 회생계획의 가결을 위한 인부기일의 관계인집회에서 인가여부에 관한 의견을 진술할 수 있다(제242조제2항).

(2) 부결된 경우

회생계획안이 관계인집회에서 확정적으로 부결되면 법원은 **회생절차를 폐지**할 것인지 아니면 권리보호조항을 정하고 부결된 회생계획을 **인가**(강제인가)할 것인지를 결정하여야 한다(제244조제1항).

---

387) 법원은 일반적으로 회생계획안을 관계인집회의 기일에 부치기 전에 미리 인가요건까지도 감안하여 심사하기 때문에 회생계획안이 관계인집회에서 가결되면 곧바로 회생계획안을 인가하고 있다; 서울회생법원 재판실무연구회, 『회생사건실무(하)』(2019), 55면.

다. 서면결의에 의한 경우

일반적으로 회생계획안을 서면결의에 부치기 전에 법원은 회생계획의 인가요건까지도 감안하여 심사하므로 서면결의의 회신기간이 경과한 다음날 회생계획안이 **서면결의에 의하여 가결되었음이 확인되면 즉시** 회생계획안을 인가한다(제242조의2 제2항).

회생계획안이 서면결의에 의하여 확정적으로 부결된 경우 취하는 법원의 조치는 관계인집회에서의 결의가 부결된 경우와 같다.

2. 회생계획 인가의 요건

가. 인가요건의 심리

일반적으로 가결된 회생계획이 인가요건을 갖추었는지 여부를 판단하는 시점은 인부결정을 하는 시점이다.

인가요건을 갖추었는지 여부를 판단하는 것은 **법원의 직권조사 사항**이며, 인부결정 전까지 나타난 조사위원 조사보고서, 관리인 보고서 기타 채무자의 재산 및 영업상황에 관한 보고자료, 이해관계인의 의견 등을 토대로 판단한다.388)

---

388) 서울회생법원 재판실무연구회, 『회생사건실무(하)』(2019), 60~61면.

나. 적극적 요건

채무자회생법은 회생계획의 인가를 위한 **적극적 요건**을 다음과 같이 규정하고 있다(제243조 제1항).

① 회생절차가 법률의 규정에 적합할 것
② 회생계획이 법률의 규정에 적합할 것
③ 회생계획이 공정하고 형평에 맞을 것
④ 회생계획이 수행가능할 것
⑤ 결의를 성실, 공정한 방법으로 하였을 것
⑥ 청산가치 보장의 원칙을 충족시킬 것
⑦ 합병 또는 분할합병을 내용으로 한 계획에 관한 특별요건을 충족할 것
⑧ 행정청의 허가 등을 요하는 사항을 내용으로 하는 계획에 관한 요건을 충족할 것
⑨ 주식의 포괄적 교환을 내용으로 하는 계획에 관한 요건을 충족할 것.

다. 소극적 요건

채무자회생법은 2014년 10월 15일 개정시 회생절차 개시에 중대한 책임이 있거나 해악을 끼친 채무자의 경영자나 그 특수관계인 등이 회생절차를 남용하여 정당한 채권자 등의 회생을 바탕으로 채무를 감면받은 후 다시 정상화된 기업을 인수하여 경영권을 회복하는 것을 방지하고자 하였다(제243조의2).

즉, 채무자의 영업양수 등을 내용으로 하는 회생계획에 대하여 ① 채무자의 이사 등이 회생절차 개시의 원인에 중대한 책임이 있고, ② 이들이 영업양수인의 영업양수의 필요자금 마련에 관련되거나 사업운영에 관한 경제적 이해관계를 같이 하거나 특수관계에 있는 경우에는, 법원은 **임의적으로 회생계획 불인가결정**을 할 수 있고, 영업양수인 등이 채무자를 상대로 사기, 횡령 등 형법상의 범죄를 저지른 경우에는 **필요적으로 회생계획 불인가결정**을 하여야 한다.[389)

라. 강제인가

(1) 강제인가의 의의

회생계획안에 관하여 관계인집회에서 결의하거나 서면결의에 부치는 경우 법정의 액 또는 수 이상의 의결권을 가진 자의 **동의를 얻지 못한 조가 있는 때에도** 법원은 권리보호조항을 정하고 회생계획안을 인가할 수 있는데, 이를 '강제인가' 라 한다(제244조 제1항).

(2) 강제인가를 위한 회생계획안의 작성

회생계획안에 관하여 관계인집회에서 결의하거나 서면결의에 부치는 경우 회생계획안의 가결요건을 충족하는 데에 필요한 동의를 얻지 못할 것이 명백한 조가 있는 때에는 법

---

389) 이를 '세월호법'이라 한다.

원은 회생계획안을 작성한 자의 신청에 의하여 **미리** 그 조의 회생채권자·회생담보권자·주주·지분권자를 위하여 그 권리를 보호하는 조항을 정하고 회생계획안을 작성할 것을 허가할 수 있다(제244조
제2항).

(3) 강제인가를 위한 회생계획안의 변경

강제인가를 하기 위해서는 법원은 **회생계획안을 변경**하여 그 조의 회생채권자·회생담보권자·주주·지분권자의 권리를 보호하는 조항을 정하여야 한다. 그 구체적인 방법은 다음과 같다(제244조
제1항).

① 회생담보권자에 관하여 그 담보권의 목적인 재산을 그 권리가 존속되도록 하면서 신회사에 이전하거나 타인에게 양도하거나 채무자에게 유보하는 방법
② 회생담보권자에 관하여는 그 권리의 목적인 재산을, 회생채권자에 관하여는 그 채권의 변제에 충당될 채무자의 재산을, 주주·지분권자에 관하여는 잔여재산의 분배에 충당될 채무자의 재산을 법원이 정하는 공정한 거래가격390) 이상의 가액으로 매각하고 그 매각대금에서 매각비용을 공제한 잔금으로 변제하거나 분배하거나 공탁하는 방법
③ 법원이 정하는 그 권리의 공정한 거래가액을 권리자에게 지급하는 방법
④ 그 밖에 위 ① 내지 ③의 방법에 준하여 공정하고 형평에 맞게 권리자를 보호하는 방법.

---

390) 담보권의 목적인 재산에 관하여는 그 권리로 인한 부담이 없는 것으로 평가한다.

3. 회생계획 인부결정에 대한 불복

가. 즉시항고권자

즉시항고의 신청권자는 인부결정에 관하여 **이해관계를 가진 자**이다.

나. 즉시항고의 대상

즉시항고의 대상은 **회생계획 인부결정**, 즉 인가결정과 불인가결정이다. 이는 회생절차의 핵심인 회생계획에 대하여 법적인 효력을 부여함으로써 채무자 또는 그 사업의 회생을 위한 회생계획을 수행할 것인지, 아니면 법적 효력을 부여하지 않고 거절함으로써 회생절차를 종료시킬 것인지를 결정하는 중요한 재판이다.

다. 즉시항고의 제기기간 등

즉시항고의 제기기간, 즉시항고의 방법, 즉시항고의 효력, 즉시항고에 대한 재판 등은 앞(102~103면)에서 설명한 바와 같다.

라. 회생계획 인부결정의 확정시기

회생법원의 인부결정은 일반원칙에 따라 즉시항고기간의 도과, 즉시항고에 대한 각하 또는 기각결정의 확정 또는 재항고기간의 도과나 재항고에 대한 각하 또는 기각결정에 의하여 확정된다.

4. 회생계획 인가결정 확정의 효력

가. 인가결정의 확정

회생계획에 대한 인부결정은 즉시항고기간의 도과, 즉시항고에 대한 각하 또는 기각결정의 확정 또는 재항고기간의 도과나 재항고에 대한 각하 또는 기각결정에 의하여 확정된다.

회생계획 **인가결정이 확정**되면 그 후로는 누구도 인가요건의 흠결을 주장할 수 없게 되므로 인가결정시에 발생한 효력이 확정적으로 유지된다. 그러나 회생계획의 흠결이 치유되는 것은 아니므로 필요한 경우 회생계획변경을 통하여 이를 보정하는 것이 바람직하다.391)

---

391) 한국산업은행, 『회사정리법해설』(1982), 610면; 임채홍·백창훈, 『회사정리법(하)』(1999), 300면; 박승두, 『회사정리법』(2000), 841면.

따라서 회생계획의 내용이 공정, 형평의 원칙에 반한다거나 평등의 원칙에 반하더라도 그 하자를 주장하여 인가결정이나 회생계획의 효력을 다툴 수는 없다.

나. 회생계획의 효력발생시기

회생계획은 **인가결정이 있는 때**로부터 효력이 생긴다(제246조). 구체적인 효력발생시기는 관계인집회의 결의를 거쳐 선고기일에 회생계획의 인가결정을 선고한 경우에는 인가결정의 선고를 한 때부터 효력이 생기고, 서면결의를 거쳐 인가결정을 선고한 경우에는 회생계획 인가결정의 공고가 있은 날의 다음 날부터 효력이 생긴다.

다. 효력이 미치는 인적 범위

회생계획은 채무자, 회생채권자, 회생담보권자, 주주·지분권자,392) 회생을 위하여 채무를 부담하거나 담보를 제공하는 자, 신회사에 대하여 효력이 있다(제255조 제1항).

그러나 인가결정 당시 **권리확정소송이 계속중**인 회생채권자, 회생담보권자에 대하여는 바로 회생계획의 효력이 미치지 아니하고 그 권리가 확정된 경우에 인가결정시로 소급하여 회생계획에 정하여진 권리가 인정된다.

---

392) 신고유무와 관계없이 모든 주주·지분권자에게 회생계획의 효력이 미친다.

그리고 회생계획은 회생채권자 또는 회생담보권자가 회생
절차가 개시된 채무자의 보증인 그밖에 회생절차가 개시된
채무자와 함께 채무를 부담하는 자(다음부터 '보증인등' 이라 한다)
에 대하여 가지는 권리와 채무자 외의 자가 회생채권자 또는
회생담보권자를 위하여 **제공한 담보**에 영향을 미치지 아니한
다.[393] 이는 민법상 보증채무의 부종성 원칙[394]을 배제한 것
이다. 따라서 회생계획에 의하여 채무자가 채무의 일정부분
을 감면받았다 하더라도 보증인등은 이에 영향을 받지 않고
전액 변제하여야 한다. 그러나 신용보증기금법[395]과 기술보
증기금법[396]은 중소기업에 한하여 이 법의 적용을 배제한다.

---

393) 회생계획에 따라 채무자의 채무가 면책되거나 변경되더라도
보증인이나 물상보증인 등의 의무는 면책되거나 변경되지 않는다는
취지로서, 주채무자에 대한 채무의 감면 등은 절대적 효력이 인정되
어 보증인이나 물상보증인에 대해서도 그 효력이 인정되는 민사법
의 일반원칙에 대한 특별한 예외이다; 兼子一監修, 『條解 會社更生
法(下)』(1998), 986면; 한국산업은행, 『회사정리법해설』(1982), 672면;
박승두, 『회사정리법』(2000), 236면; 서울회생법원 재판실무연구회, 『
회생사건실무(하)』(2019), 279면.

394) 제429조(보증채무의 범위) ① 보증채무는 주채무의 이자, 위약
금, 손해배상 기타 주채무에 종속한 채무를 포함한다. ② 보증인은
그 보증채무에 관한 위약금 기타 손해배상액을 예정할 수 있다.
제430조(목적, 형태상의 부종성) 보증인의 부담이 주채무의 목적이
나 형태보다 중한 때에는 주채무의 한도로 감축한다.

395) 제30조의3(연대보증채무의 감경·면제) 「채무자 회생 및 파산
에 관한 법률」 제250조 제2항, 제567조, 제625조 제3항에도 불구하
고 채권자가 기금인 경우에는 중소기업의 회생계획인가결정을 받는
시점 및 파산선고 이후 면책결정을 받는 시점에 주채무가 감경 또
는 면제될 경우 연대보증채무도 동일한 비율로 감경 또는 면제한다.

여기서 문제되는 것은 첫째, 채권자가 회생계획에 의하여 일정부분 채무자 회사의 **주식으로 변제받은 경우**(출자전환) 이를 변제받은 것으로 보느냐, 그렇다면 그 액은 어떻게 산정하느냐 하는 문제가 있다. 이에 관하여는 출자전환 당시 채무자 회사 주식의 평가액으로 변제받은 것으로 보는 것이 타당하다. 판례397)도 이를 지지하고 있다.

둘째, 채무자회생법의 규정에 불구하고 **회생계획으로** 보증채무의 부종성 배제규정을 적용하지 아니할 수 있느냐 하는

---

396) 37조의3(연대보증채무의 감경·면제) ① 「채무자 회생 및 파산에 관한 법률」 제250조 제2항, 제567조, 제625조 제3항에도 불구하고 채권자가 기금인 경우에는 중소기업의 회생계획인가결정을 받는 시점 및 파산선고 이후 면책결정을 받는 시점에 주채무가 감경 또는 면제될 경우 연대보증채무도 동일한 비율로 감경 또는 면제된다. <개정 2020. 12. 8.> ② 기금은 연대보증채무자의 재기 지원을 위하여 필요한 경우에는 제29조에 따른 업무방법서에서 정하는 바에 따라 연대보증채무를 감경 또는 면제할 수 있다. <신설 2020. 12. 8.> ③ 제2항에 따라 채무를 감경 또는 면제받은 연대보증채무자가 아닌 다른 연대보증채무자는 민법 제485조에도 불구하고 기금에 면책을 주장할 수 없다. <신설 2020. 12. 8.>

397) 회생채무자의 회생계획에서 회생채권이나 회생담보권의 전부 또는 일부의 변제에 갈음하여 출자전환을 하기로 정한 경우 회생채무자의 보증인의 보증채무는 출자전환에 의한 신주발행의 효력발생일 당시를 기준으로 회생채권자 등이 인수한 신주의 시가를 평가하여 출자전환으로 변제에 갈음하기로 한 회생채권 등의 액수를 한도로 그 평가액에 상당하는 채무액이 변제된 것으로 보아야 한다. 이러한 법리는 연대보증인이나 연대채무자 등 회생채무자와 함께 채무를 부담하는 자의 채무에 대하여도 마찬가지로 적용된다; 대법원 2003. 1. 10. 선고 2002다12703, 12710 판결; 대법원 2009. 11. 12. 선고 2009다47739 판결; 대법원 2017. 9. 21. 선고 2014다25054 판결.

것이 문제되는데, 판례는 이를 부정한다.[398]

셋째, 회생절차가 **종결된 이후**에 채무자가 채권자와의 합의에 의하여 채무를 감액한 경우 그 효력은 보증인에게도 미친다.[399]

---

398) 정리회사의 채무를 보증한 보증인의 책임을 면제하는 것과 같은 내용은 정리계획으로 정할 수 있는 성질의 것이 아니고, 설사 그와 같은 내용을 정리계획에 규정했다고 하더라도 그 부분은 정리계획으로서의 효력이 없다. 정리채권자 또는 정리담보권자가 정리계획안에 대하여 동의 또는 부동의하였다고 하더라도 특별한 사정이 없는 한 일반적으로 정리계획안에 기재된 개개의 내용에 대하여 사법상 법률효과의 발생을 의도하는 의사표시를 한 것으로 볼 수는 없다는 이유로, 정리담보권자가 관계인집회에서 보증면제조항이 포함된 정리계획안에 대하여 동의하였다는 사정만으로는 보증인에 대하여 보증채무를 면제한다는 개별적인 의사표시를 하였다고 볼 수 없다; 대법원 2005. 11. 10. 선고 2005다48482 판결.

399) 회사정리절차가 종결된 후 정리회사였던 주채무자와 정리채권자였던 채권자 사이에 정리계획상의 잔존 주채무를 줄이기로 하는 내용의 합의가 성립한 때에는, 보증인이 원래의 채무 전액에 대하여 보증채무를 부담한다는 의사표시를 하거나 채권자 사이에 그러한 내용의 약정을 하는 등의 특별한 사정이 없는 한 '정리계획의 효력 범위'에 관하여 보증채무의 부종성을 배제한 구 회사정리법(2005. 3. 31. 법률 제7428호 채무자 회생 및 파산에 관한 법률 부칙 제2조로 폐지) 제240조 제2항의 규정은 적용될 수 없으므로 그 합의에 의하여 잔존 주채무가 줄어든 액수만큼 보증채무의 액수도 당연히 줄어든다. 이 경우 정리계획인가 결정에 의하여 일부 면제된 주채무 부분은 주채무자와 채권자 사이에서는 이미 실체적으로 소멸한 것이어서 주채무자와 채권자 사이의 합의에 의하여 다시 줄어들 수 있는 성질의 것이 아니므로, 주채무자와 채권자 사이에서 잔존 주채무를 줄이기로 한 합의에 따라 줄어드는 보증채무의 범위에는 정리계획인가 결정에 의하여 이미 소멸한 주채무 부분이 포함될 수 없다; 대법원 2007. 3. 30. 선고 2006다83130 판결.

라. 면책 및 권리의 소멸

(1) 면책

회생계획 인가결정이 있으면 채무자는 회생계획이나 채무자회생법 규정에 의하여 인정된 권리를 제외한 모든 회생채권과 회생담보권에 관하여 그 **책임을 면하며**, 주주·지분권자의 권리와 채무자의 재산에 남아 있던 모든 담보권은 **소멸한다**(제251조).

따라서 회생절차중에 목록에 기재되지 아니하거나 신고되지 아니한 권리, 회생계획에 존속할 것으로 정하지 아니한 권리는 모두 실권하게 된다.

이에 관하여 채무자가 회생채권자를 상대로 면책된 채무 자체의 부존재확인을 구할 확인의 이익을 인정할 수 없다.400)

---

400) 채무자회생법 제251조의 면책이란 채무 자체는 존속하지만 회사에 대하여 이행을 강제할 수 없다는 의미이다. 따라서 면책된 회생채권은 통상의 채권이 가지는 소 제기 권능을 상실하게 된다. 채무자가 채무자회생법 제251조에 따라 회생채권에 관하여 책임을 면한 경우에는, 면책된 회생채권의 존부나 효력이 다투어지고 그것이 채무자의 해당 회생채권자에 대한 법률상 지위에 영향을 미칠 수 있는 특별한 사정이 없는 한, 채무자의 회생채권자에 대한 법률상 지위에 현존하는 불안·위험이 있다고 할 수 없어 회생채권자를 상대로 면책된 채무 자체의 부존재확인을 구할 확인의 이익을 인정할 수 없다. 다만 채무자의 다른 법률상 지위와 관련하여 면책된 채무의 부존재확인을 구할 확인의 이익이 있는지는 별도로 살펴보아야

(2) 권리의 변경

회생계획의 인가결정이 있으면 회생채권자, 회생담보권자와 주주, 지분권자의 권리는 **회생계획의 내용과 같이 실체적으로 변경된다**(제252조제1항).

회생채권자, 회생담보권자의 권리는 회생계획의 조항에 따라 채무의 전부 또는 일부의 면제효과가 생기고 기한유예의 정함이 있으면 그에 따라 채무의 기한이 연장된다.

회생채권이나 회생담보권을 출자전환한 경우에는 그 권리는 인가결정시 또는 회생계획에서 정하는 시점에 소멸한다.[401]

회생계획에 주식 또는 출자지분의 소각이나 병합 등 자본감소의 규정이 있으면 그 내용에 따라 주주, 지분권자의 권리는 전부 또는 일부 소멸하거나 변경을 받는다.[402]

한다; 대법원 2019. 3. 14. 선고 2018다281159 판결.

401) 제265조(납입 등이 없는 신주발행에 관한 특례) ① 제206조 제1항 및 제4항의 규정에 의하여 회생계획에서 채무자가 회생채권자·회생담보권자 또는 주주에 대하여 새로 납입 또는 현물출자를 하게 하지 아니하고 신주를 발행할 것을 정한 때에는 이 권리자는 회생계획인가가 결정된 때에 주주가 된다. 다만, 회생계획에서 특별히 정한 때에는 그 정한 때에 주주가 된다.

402) 갑 주식회사로부터 재화 또는 용역을 공급받은 을 주식회사가 회생절차개시신청을 하고, 갑 회사의 을 회사에 대한 외상매출금채권을 출자전환하여 회생채권의 변제를 갈음하기로 하면서 출자전환에 의하여 발행된 주식을 무상소각하기로 하는 내용의 회생계획인가결정에 따라 갑 회사가 출자전환으로 받은 주식을 무상소각하자,

마. 중지중인 절차의 실효

회생절차의 인가결정이 있으면 회생절차 개시에 의하여 중지되었던 파산절차, 강제집행, 가압류, 가처분, 담보권 실행 등을 위한 경매절차는 그 **효력을 소급하여 상실한다**(제256조 제1항 본문). 이러한 실효의 효과는 인가결정과 동시에 발생한다(제246조). 그러나 속행명령이나 취소명령403)에 의하여 속행된 절차 또는 처분은 실효되지 아니한다(제256조 제1항 단서).

이와 관련하여 법원의 별도의 절차가 요구되지는 않지만, 강제집행, 가압류, 가처분, 경매절차 등은 이미 진행된 절차의 외형을 제거하기 위한 형식적인 절차가 필요하므로, 실무에서는 관리인이 신청법원이나 집행법원에 말소촉탁을 신청하고 있다.404)

관할 세무서장이 을 회사에 갑 회사가 부가가치세에서 외상매출금 채권의 대손으로 공제받은 대손세액 상당을 을 회사의 매입세액에서 차감하여 부가가치세를 부과한 처분은 적법하다; 대법원 2018. 7. 11. 선고 2016두65565 판결.

403) 제58조(다른 절차의 중지 등) ① ~ ④ (생략) ⑤ 법원은 회생에 지장이 없다고 인정하는 때에는 관리인이나 제140조 제2항의 청구권에 관하여 징수의 권한을 가진 자의 신청에 의하거나 직권으로 제2항의 규정에 의하여 중지한 절차 또는 처분의 속행을 명할 수 있으며, 회생을 위하여 필요하다고 인정하는 때에는 관리인의 신청에 의하거나 직권으로 담보를 제공하게 하거나 제공하게 하지 아니하고 제2항의 규정에 의하여 중지한 절차 또는 처분의 취소를 명할 수 있다. 다만, 파산절차에 관하여는 그러하지 아니하다.

404) 서울회생법원 재판실무연구회, 『회생사건실무(하)』(2019), 120면.

바. 회생채권자표 등에의 기재와 효력

(1) 회생채권자표 등에의 기재

회생계획 인가결정이 확정된 때에는 법원사무관 등이 회생계획에서 인정된 권리를 **회생채권자표 또는 회생담보권자표와 주주·지분권자표**에 기재하여야 한다(제249조).

(2) 기재의 효력

(가) 확정판결과 동일한 효력

회생채권 또는 회생담보권에 기하여 회생계획에 의하여 인정된 권리에 관한 회생채권자표와 회생담보권자표의 기재는 확정판결과 동일한 효력이 있다(제255조 제1항).

여기서 확정판결과 동일한 효력에 **기판력**이 포함되는지 여부에 관하여 논란이 있다. 학설은 ① 기판력긍정설 ② 기판력부정설 ③ 회생절차내 기판력설 ④ 제한적 기판력설 등이 있는데, 대체적으로 기판력을 부정하고 있다.[405]

이에 관하여 **대법원**도 구(舊)회사정리법상 정리계획인가후

---

405) 兼子一監修, 『條解 會社更生法(下)』(1998), 986면; 한국산업은행, 『회사정리법해설』(1982), 672면; 임채홍·백창훈, 『회사정리법(하)』(1999), 341~342면; 박승두, 『회사정리법』(2000), 236면; 서울회생법원 재판실무연구회, 『회생사건실무(하)』(2019), 279면.

정리채권자표 등의 효력406)과 개인회생절차상 확정된 개인회생채권자표의 효력407)에 대한 해석에서, 기판력을 부정하는 입장이다.

(나) 확정된 회생채권자표 등의 효력과의 관계

앞(152~153면)에서 본 바와 같이, 회생절차 개시후 법원사무관 등이 회생채권 등의 조사결과를 기재한 회생채권자표 등도 확정판결과 동일한 효력이 있다(제168조). 이는 **회생계획에 의하여 권리변경이 생기기 이전에** 회생절차의 진행과정에서 이해

---

406) 회사정리법 제245조 제1항이 정리계획인가의 결정이 확정된 때에는 정리채권 또는 정리담보권에 기하여 계획의 규정에 의하여 인정된 권리에 관하여는 그 정리채권자표 또는 정리담보권자표의 기재는 회사, 신회사(합병 또는 분할합병으로 설립되는 신회사를 제외한다), 정리채권자, 정리담보권자, 회사의 주주와 정리를 위하여 채무를 부담하거나 또는 담보를 제공하는 자에 대하여 확정판결과 동일한 효력이 있다고 규정하고 있고, 그 취지는 정리계획인가결정이 확정된 경우 정리채권자표 또는 정리담보권자표에 기재된 정리채권 또는 정리담보권 중 정리계획의 규정에 의하여 인정된 권리를 기준으로 정리계획을 수행하도록 하여 신속하고도 안정적인 정리계획의 수행을 보장하려는 데에 있고, 이와 같은 의미에서 위 법조에서 말하는 '확정판결과 동일한 효력'이라 함은 기판력이 아닌 정리절차 내부에서의 불가쟁의 효력으로 보아야 한다: 대법원 2005. 6. 10. 선고 2005다15482 판결.

407) '확정판결과 동일한 효력'은 기판력이 아닌 확인적 효력을 가지고 개인회생절차 내부에 있어 불가쟁의 효력이 있다는 의미에 지나지 않는다. 따라서 애당초 존재하지 않는 채권이 확정되어 개인회생채권자표에 기재되어 있더라도 이로 인하여 채권이 있는 것으로 확정되는 것이 아니므로 채무자로서는 별개의 소송절차에서 채권의 존재를 다툴 수 있다: 대법원 2017. 6. 19. 선고 2017다204131 판결.

관계인의 권리행사의 기준이 되고 관계인집회에서 의결권 행사의 기준으로 기능을 가진다는 의미에서 회생절차 내부에 있어서 불가쟁력의 효력이 있다는 것이다.

그리고 **회생계획인가후** 회생채권자표 등의 기재는 회생절차 진행중에 확정된 권리를 토대로 하여 회생계획에 의하여 변경된 권리의 확정을 위하여 동일한 효력을 부여하였다는 점에서 차이가 있다.

(3) 기재에 대한 불복방법

회생채권자표 등의 기재내용에 명백한 오류나 잘못된 계산이 있는 경우에는 법원사무관 등이 **직권 정정**하거나 법원의 **경정결정**에 의하여 정정할 수 있으나, 이를 넘어선 오류에 대하여는 회생채권자표 등의 확인적 효력에 비추어 재심의 소를 제기할 필요없이 무효를 주장할 수 있다.408)

(4) 집행력과 강제집행

회생채권 또는 회생담보권에 기하여 회생계획에 의하여 인정된 권리에 관한 회생채권자표와 회생담보권자표의 기재는 회생절차가 종료된 때에는 **집행권원**이 된다(제255조 제2항).

따라서 회생계획에 의하여 회생채권자와 회생담보권자에게

---

408) 兼子一監修, 『條解 會社更生法(下)』(1998), 986면; 한국산업은행, 『회사정리법해설』(1982), 672면; 임채홍·백창훈, 『회사정리법(하)』(1999), 318면; 박승두, 『회사정리법』(2000), 236면; 서울회생법원 재판실무연구회, 『회생사건실무(하)』(2019), 279면.

인정된 권리가 금전의 지급 기타 이행의 청구를 내용으로 하는 때에는 그 권리에 관한 회생채권자표와 회생담보권자표의 기재는 집행력을 갖고, 인정된 권리자는 회생절차 종료후에 채무자와 회생을 위하여 채무를 부담한 자에 대하여 회생채권자표와 회생담보권자표에 의하여 **강제집행**을 할 수 있다.

다만, 회생채권자표와 회생담보권자표의 기재에 의한 강제집행은 회생절차 종결후에 한하여 허용되고, 회생절차중에는 비록 회생계획에 정하여진 변제기에 변제가 되지 않더라도 강제집행은 허용되지 않는다.409)

5. 회생계획 불인가결정 확정의 효력

가. 효력발생 시기

앞에서 본 바와 같이, 회생절차개시결정(106면)이나 회생계획인가결정(232면)에 대하여는 결정시 바로 효력이 발생하는 특칙을 두고 있다. 그러나 회생계획불인가결정에 관하여는 이러한 규정을 두지 아니하였으므로, **불인가결정이 확정**되어야 그 효력이 발생한다.

---

409) 대법원 1991. 4. 9. 선고 91다63 판결.

나. 불소급의 원칙

회생계획불인가결정 확정의 효력은 소급하지 아니한다.

다. 회생절차의 구속력 상실

(1) 업무수행 및 관리처분권의 이전

회생계획불인가결정의 확정에 따라 **관리인은 그 지위를 상실**하고 업무수행권과 재산의 관리처분권은 채무자에게 회복된다. 이 경우 파산을 선고할 경우를 제외하고 관리인은 공익채권을 변제하여야 하고 이의있는 공익채권에 대하여는 공탁을 하여야 한다(제248조 제291조).

(2) 회생절차의 종료

회생계획 **불인가결정이 확정**되면 회생계획이 성립되지 못하여 그 효력이 발생할 여지가 없다. 그리고 지금까지 진행해 온 회생절차는 종료된다.410)

---

410) 한국산업은행, 『회사정리법해설』(1982), 610면; 임채홍・백창훈, 『회사정리법(하)』(1999), 297면; 박승두, 『회사정리법』(2000), 843면; 서울회생법원 재판실무연구회, 『회생사건실무(하)』(2019), 106면.

라. 회생채권자표 등의 효력

불인가결정이 확정되어도 **회생채권자표, 회생담보권자표의 효력**은 영향이 없으므로(제248조 제292조 제1항) 회생채권자, 회생담보권자는 이에 기하여 채무자에 대하여 강제집행을 할 수 있다 (제248조 제292조 제2항).

마. 회생절차 폐지와의 관계

회생계획 **불인가결정이 확정**되면 그 효력이 소급하지 않으므로, 향후 회생절차는 종료된다는 점에서 "회생절차의 폐지"와 그 효력이 동일하다.

따라서 별도로 "회생절차의 폐지"를 폐지할 필요가 없다. 이 점은 회생절차 개시결정에 대한 취소결정이 확정되는 것과 동일하다.

바. 새로운 회생절차개시의 신청

회생계획에 대한 불인가결정이 확정되어 채무자에 대한 회생절차가 종료되었더라도 그 채무자가 **새로운 회생절차개시의 신청**을 하는 것은 가능하다.

이 경우 새로운 회생절차 개시신청에 대하여 기각사유가 존재하는지 여부를 판단함에 있어서는, 종전 회생절차의 종

료 시점과 새로운 회생절차 개시신청 사이의 기간, 종전 회
생절차의 폐지사유가 소멸하거나 종전 회생계획에 대한 불인
가사유가 소멸하는 등 그 사이에 사정변경이 발생하였는지
여부, 채무자의 영업상황이나 재정상황, 채권자들의 의사 등
의 여러 사정을 고려하여야 한다.411)

---

411) 회생절차의 폐지결정이 확정되거나 회생계획에 대한 불인가결
정이 확정되어 채무자에 대한 회생절차가 종료되었음에도 불구하고
그 채무자가 새로운 회생절차개시의 신청을 한 경우, 그 신청이 채
무자회생법 제42조 제2호에 정한 '회생절차 개시신청이 성실하지 아
니한 경우' 또는 같은 조 제3호에 정한 '그 밖에 회생절차에 의함이
채권자 일반의 이익에 적합하지 아니한 경우'에 해당하여 회생절차
개시신청의 기각사유가 존재하는지 여부를 판단함에 있어서는, 종전
회생절차의 종료 시점과 새로운 회생절차 개시신청 사이의 기간, 종
전 회생절차의 폐지사유가 소멸하거나 종전 회생계획에 대한 불인
가사유가 소멸하는 등 그 사이에 사정변경이 발생하였는지 여부, 채
무자의 영업상황이나 재정상황, 채권자들의 의사 등의 여러 사정을
고려하여야 한다. 회생절차개시의 요건을 충족하고 있는지 여부는
개시신청 당시를 기준으로 하여 판단하는 것이 원칙이나, 개시결정
에 대하여 즉시항고가 제기된 경우에는 항고심의 속심적 성격에 비
추어 개시결정 후에 발생한 사정까지 고려하여 항고심 결정시를 기
준으로 판단하여야 하는 것이므로, 개시결정 이후에 채무자가 제출
한 새로운 회생계획안에 대한 인가결정을 받은 경우라면 항고심으
로서는 그와 같은 사정을 참작하여 채무자회생법 제42조 제2호, 제3
호에 정한 사유의 존부를 판단하여야 하고, 이를 위해서는 새로 제
출된 회생계획의 수행가능성 및 회생담보권자 등에 대한 청산가치
보장 여부 등도 참작함이 상당하다. 1차 회생계획 불인가결정이 확
정된 후 8일만에 채무자 회사가 새로이 제출한 회생절차 개시신청
을 제1심법원이 받아들여 회생절차 개시결정을 하고, 이에 대하여
즉시항고가 제기된 후 채무자 회사가 새로운 회생계획안을 제출하
여 제1심법원으로부터 인가결정을 받은 경우, 새로 제출된 회생계획
의 수행가능성 등도 심리하여 회생절차 개시신청의 적법 여부를 판
단하여야 한다; 대법원 2009. 12. 24. 자 2009마1137 결정.

제4절 회생계획의 수행

1. 회생계획의 수행권자

회생계획인가의 결정이 있는 때에는 **관리인**은 지체 없이 회생계획을 수행하여야 한다(제257조제1항).

그리고 법원은 관리인 외에도 이해관계인[412]에게 회생계획의 **수행에 필요한 명령**을 할 수 있다(제258조제1항). 법원은 회생계획의 수행을 확실하게 하기 위하여 필요하다고 인정하는 때에는 회생계획 또는 이 법의 규정에 의하여 채권을 가진 자와 이의있는 회생채권 또는 회생담보권으로서 그 확정절차가 끝나지 아니한 것을 가진 자를 위하여 상당한 **담보를 제공**하게 할 수 있다(제258조제2항).

---

412) ① 채무자 ② 회생채권자·회생담보권자·주주·지분권자 ③ 회생을 위하여 채무를 부담하거나 담보를 제공하는 자 ④ 신회사(합병 또는 분할합병으로 설립되는 신회사를 제외한다) 등이다.

2. 회생계획의 수행 사항

회생계획을 수행함에 있어서는 법령 또는 정관의 규정에 불구하고 법인인 채무자의 창립총회·주주총회 또는 사원총회413) 또는 이사회의 결의를 하지 아니하여도 된다(제260조). 회생계획에 의하여 신회사를 설립하는 때에는 **관리인**이 발기인 또는 설립위원의 직무를 행한다(제257조 제2항).

관리위원회는 매년 회생계획이 적정하게 수행되고 있는지의 여부에 관하여 평가하고 그 평가결과를 법원에 제출하여야 한다(제257조 제3항). 관리위원회는 법원에 회생절차의 종결 또는 폐지 여부에 관한 의견을 제시할 수 있다(제257조 제4항).

회생계획을 제대로 수행하지 못하는 등 문제가 있는 경우414) 법원은 채권자협의회의 신청에 의하거나 직권으로 조사위원 또는 간이조사위원으로 하여금 채무자의 **재산 및 영업상태를 실사**하게 할 수 있다(제259조).

---

413) 종류주주총회 또는 이에 준하는 사원총회를 포함한다.

414) ① 회생계획을 제대로 수행하지 못하는 경우 ② 회생절차의 종결 또는 폐지 여부의 판단을 위하여 필요한 경우 ③ 회생계획의 변경을 위하여 필요한 경우 등이다.

3. 영업양도

가. 영업양도(M&A)의 개념

영업양도(Merger and Acquisition, M&A)는 둘 이상의 회사가 합쳐져 하나의 회사가 되는 **합병**(Merger)과 대상회사의 주식 또는 자산을 취득해 대상회사의 경영권을 확보하는 **인수**(Acquisition)를 뜻한다.[415)]

나. 영업양도(M&A) 등에 관한 특례

회생계획에서 다음의 행위를 정한 때에는 **회생계획**에 따라 그 행위를 할 수 있다(제261조 제1항).

① 다음의 어느 하나에 해당하는 계약 또는 이에 준하는 계약
의 체결·변경 또는 해약
㉮ 채무자의 영업이나 재산의 전부나 일부를 양도·출자 또
는 임대하는 계약
㉯ 채무자의 사업의 경영의 전부나 일부를 위임하는 계약

---

415) 필자가 ㈜이트로닉스의 관리인으로 **M&A**를 진행한 내용에 관하여는 박승두, 『잊을 수 없는 9월 14일 - ㈜인켈 **M&A** 이야기』(2007) 참조.

㉺ 타인과 영업의 손익을 같이 하는 계약 그 밖에 이에 준하
　는 계약

② 타인의 영업이나 재산의 전부나 일부를 양수할 것에 대한
　약정.

이 경우 상법416)과 「자본시장과 금융투자업에 관한
법률」의 규정417)은 적용하지 아니한다($^{제261조}_{제2항}$).

다. 영업양도(M&A) 절차

관리인은 매각대금의 극대화, 절차의 공정성과 투명성 확
보, 매각절차의 시급성, 개별 방식에 따른 매각절차의 성공가
능성 등을 종합적으로 고려하여 다음의 방법 중 적정한 방법
을 선택하여 회생절차에서의 M&A를 진행할 수 있다.

① 공고를 통한 공개입찰방법
② 제한적인 경쟁입찰방법
③ 수의계약.

관리인은 제한적인 경쟁입찰이나 수의계약으로 M&A를 진
행할 경우 이러한 매각방식을 선택해야 하는 필요성과 이러

---

416) 제374조(영업양도, 양수, 임대등) 제2항 및 제374조의2(반대주
　주의 주식매수청구권).

417) 제165조의5(주식매수청구권의 특례).

한 매각방식으로의 M&A 진행이 절차의 공정성을 해하지 않는다는 사실을 소명하여야 한다.

관리인은 제3자 배정 유상증자, 회사채 발행과 병행하는 제3자 배정 유상증자, 영업양수도, 자산매각, 회사 분할, 신회사 설립 등의 방식 중에 채무자의 상황에 따라 적절한 방법을 선택하여 M&A를 추진하여야 한다.

채무자의 관리인은 채무자가 독자적으로 사업을 계속하기 어려운 경우에는 지체없이 M&A를 추진하여야 한다. 특히 제3자 관리인은 회생계획인가 후 회생계획의 수행가능여부가 명백하지 않은 경우에는 M&A를 적극적으로 추진하여야 한다. 관리인은 M&A 진행상황을 수시로 법원에 보고하여야 한다.418)

라. 회생계획 인가 전 영업양도(M&A)

채무자회생법은 회생계획을 인가하기 전에 영업양도(M&A)를 할 수 있는 근거 규정(제62조)을 신설하였음에도 불구하고, 실무에서는 이를 제대로 활용하지 못하고 있다.419)

---

418) 이상의 내용은 『서울회생법원 실무준칙 제241호 회생절차에서의 M&A』 참조.

419) 이를 활성화하기 위해서는 ① 담보권소멸제도 도입 ② 담보권자 상호간의 공정·형평성 제고 ③ 매수희망자에 대한 우선매수권 부여 ④ 상계금지 예외 허용 ⑤ 채권양도 제한의 폐지 ⑥ 불복절차의 개선 ⑦ 회생절차에 대한 인식 전환 등이 필요한 것으로 주장되고 있다; 임치용, "회생계획 인가 전의 영업양도의 신속화 및 활성

4. 회생계획의 변경

가. 회생계획 변경의 신청

회생계획인가의 결정이 있은 후 부득이한 사유로 회생계획에 정한 사항을 변경할 필요가 생긴 때에는 회생절차가 **종결되기 전에 한하여** 법원은 관리인 및 이해관계인의 신청에 의하여 회생계획을 변경할 수 있다(제282조제1항). 따라서 회생계획을 변경할 필요가 있어도 법원이 직권으로 이를 할 수 없다.420)

나. 이해관계인의 참여

회생계획이 변경됨으로 인하여 회생채권자·회생담보권자·주주·지분권자에게 **불리한 영향**을 미칠 것으로 인정되는 회생계획의 변경신청이 있는 때에는 회생계획안의 제출이 있는 경우의 절차에 관한 규정을 준용한다. 다만, 이 경우에는 회생계획의 변경으로 인하여 불리한 영향을 받지 아니하는 권리자를 절차에 참가시키지 아니할 수 있다(제282조제2항).

화 방안"(2021), 26~345면.

420) 한국산업은행, 『회사정리법해설』(1982), 666면; 임채홍·백창훈, 『회사정리법(하)』(1999), 331면; 박승두, 『회사정리법』(2000), 983면; 서울회생법원 재판실무연구회, 『회생사건실무(하)』(2019), 171면.

다. 회생담보권의 확장

회생계획변경절차가 진행되는 경우, 회생담보권으로 기확정된 원금 및 개시 전 이자 이외에 **개시 後 발생한 이자나 연체이자**를 모두 포함한 금액을 회생담보권으로 보아 이를 회생채권보다 우선하는 것으로 취급하여야 한다.[421)]

라. 변경계획안의 가결 등

변경계획안에 대한 **심리 및 결의집회, 가결요건** 등은 회생계획안에 관한 규정을 준용한다($\frac{제282조}{제3항}$). 그러나 다음의 어느하나에 해당하는 경우 종전의 회생계획에 동의한 자는 변경회생계획안에 동의한 것으로 본다($\frac{제282조}{제4항}$).

① 변경회생계획안에 관하여 결의를 하기 위한 관계인집회에 출석하지 아니한 경우
② 변경회생계획안에 대한 서면결의절차에서 회신하지 아니한 경우.

마. 가결된 변경계획안에 대한 인부결정 등

가결된 변경계획안에 대한 **인부결정** 등은 회생계획안에 관한 규정을 준용한다($\frac{제282조}{제3항}$).

---

421) 서울고등법원 2016. 11. 10. 선고 2015나2062546 판결.

제 6 장 기업회생절차의 종료

제1절 회생절차의 폐지

1. 회생절차의 종료

가. 회생절차의 종료사유

회생절차가 개시된 후 **종료되는 사유**는 다음과 같다.

① 회생절차개시결정의 취소결정
② 회생계획 인가 전 회생절차의 폐지결정
③ 회생계획불인가결정
④ 회생계획인가결정에 대한 취소결정
⑤ 회생계획 인가 후 회생절차의 폐지결정
⑥ 회생절차의 종결결정.

나. 회생절차의 종료의 효과

각 종료사유에 따라 다르며, 해당 분야에서 상세히 설명하였다.

2. 회생절차 폐지의 의의

가. 회생절차폐지의 개념

회생절차의 폐지는 회생절차개시 후에 당해 회생절차가 그 **목적을 달성하지 못한 채** 법원이 그 절차를 중도에 종료시키는 것을 말한다.

나. 회생절차종결과의 차이점

회생절차의 폐지는 종결과 더불어 회생절차의 종료사유 중의 하나이지만, 회생절차의 종결이 회생절차의 **목적을 성공적으로 달성**하여 회생절차로부터 벗어나는 것임에 반하여, 회생절차의 폐지는 회생절차의 **목적을 달성하지 못한 채** 회생절차로부터 퇴출당하는 것이라는 점에서 차이가 있다.

그러나 회생계획이 인가된 이후에는 절차가 폐지되더라도 회생계획의 효력은 그대로 존속하며 채무자의 회생이 불가능하다 하더라도 당연히 파산선고를 하는 것은 아니므로 회생절차 종결의 경우와 큰 차이가 없다.422)

---

422) 박승두, 『회사정리법』(2000), 1052면.

다. 회생절차폐지의 종류

회생절차의 폐지는 크게 ① **회생가능기업**에 대한 폐지와 ② **회생불가능기업**에 대한 폐지로 나눌 수 있다.

전자(前者)는 경영이 정상화되어423) 굳이 회생절차를 계속 진행할 필요가 없을 때424) 폐지하는 것이고, 후자(後者)는 회생절차를 계속 진행하여도 그 회생할 가능성이 없는 경우에 하는 폐지이다.

그리고 후자(後者)는 다시 ① 회생계획인가 전의 폐지와 ② 회생계획인가 후의 폐지로 나누어 볼 수 있다.

3. 회생계획 인가 전 회생절차의 폐지

가. 회생절차폐지의 사유

법원은 다음의 사유에 해당되는 때에는 회생절차 폐지의

---

423) 정상기업이 회생절차개시를 신청한 경우에는 회생절차개시의 원인(제34조 제1항)을 갖추지 못하였으므로, 신청을 기각한다.

424) 채무자가 목록에 기재되어 있거나 신고한 회생채권자와 회생담보권자에 대한 채무를 완제할 수 있음이 명백하게 된 때에는 법원은 이해관계인의 신청에 의하여 회생절차폐지의 결정을 하여야 한다(제287조 제1항).

결정을 하여야 한다($\frac{\text{제286조}}{\text{제1항 제2호}}$).

① 법원이 정한 기간 또는 연장한 기간 안에 회생계획안의 제출이 없거나 그 기간안에 제출된 모든 회생계획안이 관계인집회의 심리 또는 결의에 부칠 만한 것이 못되는 때

② 회생계획안이 부결되거나 결의집회의 제1기일부터 2월 이내 또는 연장한 기간 안에 가결되지 아니하는 때

③ 회생계획안이 제239조 제3항의 규정425)에 의한 기간 안에 가결되지 아니한 때

④ 서면결의에 부치는 결정이 있은 때에 그 서면결의에 의하여 회생계획안이 가결되지 아니한 때.426)

나. 폐지결정 후 절차

법원이 회생절차 폐지결정을 한 경우 그 주문과 이유를 공고하여야 하지만, 그 결정문을 이해관계인에게 송달할 필요는 없다(제289조).

---

425) 제239조(가결의 시기) ① ~ ② (생략) ③ 회생계획안의 가결은 회생절차개시일부터 1년 이내에 하여야 한다. 다만, 불가피한 사유가 있는 때에는 법원은 6월의 범위 안에서 그 기간을 늘일 수 있다.

426) 서면결의에서 가결되지 아니한 회생계획안에 대하여 제238조의 규정에 의한 속행기일이 지정된 때에는 그 속행기일에서 가결되지 아니한 때를 말한다.

다. 폐지결정에 대한 즉시항고

(1) 즉시항고권자

즉시항고의 신청권자는 회생절차 폐지결정에 관하여 **이해관계를 가진 자**[427]이다.

(2) 즉시항고의 대상

회생절차 폐지결정에 대하여는 즉시항고 및 재항고가 허용되고(제290조 제1항), 회생계획 인가결정에 대한 즉시항고 규정(제247조 제1항)을 준용한다.

(3) 기타

앞(102~103면)에서 설명한 바와 같다.

라. 회생절차 폐지결정 확정의 효력

(1) 효력발생 시점

앞에서 본 바와 같이, 회생절차개시결정(106면)이나 회생계획인가결정(232면)에 대하여는 결정시 바로 효력이 발생하는

---

427) 목록에 기재되지 아니하거나 신고하지 아니한 회생채권자 · 회생담보권자 · 주주 · 지분권자는 그러하지 아니하다.

특칙을 두고 있다. 그러나 회생절차폐지결정에 관하여는 이러한 규정을 두지 아니하였으므로, **폐지결정이 확정되어야** 그 효력이 발생한다.

(2) 회생절차의 법적 구속력 상실

(가) 관리인의 임무 종료

관리인의 임무는 종료되며, 관리인이 당사자로서 계속되어 있던 소송은 채무자가 수계하여야 한다(제59조). 다만, 관리인은 직권파산(제6조제1항)의 경우를 제외하고 채무자의 재산으로 공익채권을 변제하고 이의있는 것에 관하여는 그 채권자를 위하여 공탁을 하여야 한다(제291조). 그리고 회생절차의 진행을 전제로 관리인만이 행사할 수 있는 **부인권**도 회생절차의 폐지에 의하여 소멸한다. 그러므로 비록 회생절차 진행 중에 부인권이 행사되었다고 하더라도 이에 기하여 채무자에게로 재산이 회복되기 이전에 회생절차가 폐지된 때에는 부인권 행사의 효과로서 상대방에 대하여 재산의 반환을 청구하거나 그 가액의 상환을 청구하는 권리도 절대적으로 소멸한다.428)

(나) 채무자의 권한 회복

채무자는 **업무수행과 재산의 관리처분권**을 회복한다. 회사의 경영권과 회사재산의 관리·처분권은 관리인으로부터 이사

---

428) 서울회생법원 재판실무연구회, 『회생사건실무(하)』(2019), 278면.

에 이양되지만, 회생절차 중 이사가 행한 행위(회사재산의 처분 등)가 소급하여 유효로 되는 것은 아니다. 회생절차의 개시에 의하여 이사는 회사재산에 대한 관리·처분권을 완전히 상실하기 때문이다. 회생절차가 개시된 후부터 채무자가 회생절차에 의하지 않고는 할 수 없었던 자본 또는 출자액의 감소 등[429]을 상법의 규정에 따라 자유로이 이를 할 수 있게 된다.

그러나 채무자에 대하여 직권으로 파산이 선고되는 경우에는 파산절차에 들어가게 되므로 채무자가 위와 같은 행위를 할 여지는 없다.

(다) 채권자의 권리 행사

회생채권에 관하여 회생절차가 개시된 후에는 회생계획에 규정된 바에 따르지 아니하고는 채무의 변제를 받을 수 없으므로(제131조), 개별적으로 가압류 등의 보전처분을 하거나 강제집행을 할 수 없었다.

그러나 **회생절차가 폐지**되어 종료되면 파산선고를 한 경

---

429) 제55조(회생절차개시 후의 자본감소 등) ① 회생절차개시 이후부터 그 회생절차가 종료될 때까지는 채무자는 회생절차에 의하지 아니하고는 다음 각호의 행위를 할 수 없다. 1. 자본 또는 출자액의 감소 2. 지분권자의 가입, 신주 또는 사채의 발행 3. 자본 또는 출자액의 증가 4. 주식의 포괄적 교환 또는 주식의 포괄적 이전 5. 합병·분할·분할합병 또는 조직변경 6. 해산 또는 회사의 계속 7. 이익 또는 이자의 배당 ② 회생절차개시 이후부터 그 회생절차가 종료될 때까지 회생절차에 의하지 아니하고 법인인 채무자의 정관을 변경하고자 하는 때에는 법원의 허가를 받아야 한다.

우를 제외하고는 회생계획에 의하여 인정된 권리에 관한 회생채권자표 또는 회생담보권자표에 기재된 권리로서 금전의 지급 그 밖의 이행의 청구를 내용으로 하는 권리를 가진 자는 회생절차종결 후 채무자와 회생을 위하여 채무를 부담한 자에 대하여 회생채권자표 또는 회생담보권자표에 의하여 **강제집행**430)을 할 수 있다(제255조 제2항, 제293조).

(3) 회생채권자표 등의 기재의 효력

회생절차폐지의 결정이 확정된 때에는 확정된 회생채권 또는 회생담보권에 관하여는 **회생채권자표 또는 회생담보권자표**의 기재는 채무자에 대하여 확정판결과 동일한 효력이 있다(제292조 제1항).431)

회생채권자 또는 회생담보권자는 회생절차종료 후 직권파산(제6조)의 경우를 제외하고 채무자에 대하여 회생채권자표 또는 회생담보권자표에 기하여 **강제집행**을 할 수 있다(제292조 제2항).

---

430) 이 경우 보증인은 민법 제437조(보증인의 최고, 검색의 항변)의 규정에 의한 항변을 할 수 있다(제255조 제2항, 제293조). 그리고 민사집행법 제2조(집행실시자) 내지 제18조(집행비용의 예납 등), 제20조(공공기관의 원조), 제28조(집행력 있는 정본) 내지 제55조(외국에서 할 집행)의 규정은 이에 관하여 준용한다. 다만, 민사집행법 제33조(집행문부여의 소), 제44조(청구에 관한 이의의 소) 및 제45조(집행문부여에 대한 이의의 소)의 규정에 의한 소는 회생계속법원의 관할에 전속한다(제255조 제3항, 제293조).

431) 채무자가 회생채권과 회생담보권의 조사기간 또는 특별조사기일에 그 권리에 대하여 이의를 하지 아니한 경우에 한한다.

(4) 효력의 불소급성

회생절차의 폐지는 회생절차 개시결정의 취소의 경우와 달리 원칙적으로 기왕의 효과를 **소급적으로 소멸시키지 않는다.**[432] 따라서 회생절차개시 후에 관리인이 행한 행위의 효과는 소멸하지 않고 회생채권 등의 확정의 효과도 소멸하지 않는다. 이사 등에 대한 책임 추급의 효과 등도 그 효력이 유지된다. 다만, 회생계획 인가 전에는 실권(제251조), 권리의 변경(제252조) 등의 실질적인 권리변동은 없다.

(5) 중지중인 경매절차 등의 속행

회생계획 인가결정 전에 폐지된 경우에는 회생절차 개시결정으로 중지되었던 절차(제58조 제2항)들이 **다시 속행**한다.

4. 회생계획 인가 후 회생절차의 폐지

가. 회생절차폐지의 사유

회생계획인가의 결정이 있은 후 **회생계획을 수행할 수 없는 것이 명백하게 된 때**에는 법원은 관리인이나 목록에 기재

---

432) 한국산업은행, 『회사정리법해설』(1982), 680면; 임채홍·백창훈, 『회사정리법(하)』(1999), 367면; 박승두, 『회사정리법』(2000), 1062면; 서울회생법원 재판실무연구회, 『회생사건실무(하)』(2019), 279면.

되어 있거나 신고한 회생채권자 또는 회생담보권자의 신청에 의하거나 직권으로 회생절차폐지의 결정을 하여야 한다(제288조 제1항).

나. 회생절차폐지의 절차

법원은 폐지결정을 하기 전에 기일을 열어 관리위원회 · 채권자협의회 및 이해관계인의 **의견**을 들을 수 있다(제288조 제2항).433)

다. 폐지결정 후 절차

법원이 회생절차 폐지결정을 한 경우 그 주문과 이유를 **공고**하여야 하지만, 그 결정문을 이해관계인에게 송달할 필요는 없다(제289조).

라. 폐지결정에 대한 즉시항고

앞(269-275면)의 "회생계획인가 전의 폐지"에 관하여 설명한 바와 같다.

---

433) 기일을 열지 아니하는 때에는 법원은 기한을 정하여 관리위원회 · 채권자협의회 및 이해관계인에게 의견을 제출할 기회를 부여하여야 한다(제288조 제2항 단서). 기일이나 기한을 정하는 결정은 공고하여야 하며, 확정된 회생채권 또는 회생담보권에 기하여 회생계획에 의하여 인정된 권리를 가진 자 중에서 알고 있는 자에 대하여는 송달하여야 한다(제288조 제3항).

마. 회생절차 폐지결정 확정의 효력

(1) 효력발생 시점

회생절차 폐지결정도 앞(117면)에서 본 "개시결정의 취소결정"과 마찬가지로 효력발생의 특칙을 규정하지 아니하였으므로, 회생절차 **폐지결정은 확정**되어야 그 효력이 있다.

(2) 효력의 불소급성

회생절차의 폐지는 회생절차 개시결정의 취소의 경우와 달리 원칙적으로 기왕의 효과를 **소급적으로 소멸시키지 않는다**.[434] 회생계획인가 후에 회생절차가 폐지되는 경우에는 그 동안의 회생계획의 수행과 법률의 규정에 의하여 생긴 효력에 영향을 미치지 아니한다(제288조제4항).

따라서 회생절차개시 후에 관리인이 행한 행위의 효과는 소멸하지 않고 회생채권 등의 확정의 효과도 소멸하지 않는다. 이사 등에 대한 책임 추급의 효과 등도 그 효력이 유지된다. 그리고 **회생계획에 의한 면책과 권리변경**의 효력은 회생절차가 폐지되더라도 그대로 유지된다.[435]

---

[434] 한국산업은행, 『회사정리법해설』(1982), 680면; 임채홍·백창훈, 『회사정리법(하)』(1999), 367면; 박승두, 『회사정리법』(2000), 1062면; 서울회생법원 재판실무연구회, 『회생사건실무(하)』(2019), 279면.

[435] 회생계획인가의 결정이 있은 후 회생절차가 폐지되는 경우 그 동안의 회생계획의 수행이나 법률의 규정에 의하여 생긴 효력에 영

그 밖에 회생을 위하여 채무를 부담하거나 담보를 제공한 자에 대한 효력, 정관변경의 효력, 신회사의 설립이나 합병 등의 효력도 그대로 유지된다.[436)

(3) 회생절차의 법적 구속력 상실

(가) 관리인의 임무 종료

관리인의 임무는 종료되며, 관리인이 당사자로서 계속되어 있던 소송은 채무자가 수계하여야 한다(제59조제4항). 다만, 관리인은 직권파산(제6조제1항)의 경우를 제외하고 채무자의 재산으로 공익채권을 변제하고 이의있는 것에 관하여는 그 채권자를 위하여 공탁을 하여야 한다(제291조).

그리고 회생절차의 진행을 전제로 관리인만이 행사할 수 있는 부인권도 회생절차의 폐지에 의하여 소멸한다. 그러므로 비록 회생절차 진행 중에 부인권이 행사되었다고 하더라도 이에 기하여 채무자에게로 재산이 회복되기 이전에 회생

향을 미치지 아니하므로, 회생절차가 폐지되기 전에 관리인이 채무자회생법 제119조 제1항에 따라 계약을 해제하였다면 이후 회생계획폐지의 결정이 확정되어 채무자회생법 제6조 제1항에 의한 직권파산선고에 따라 파산절차로 이행되었다고 하더라도 위 해제의 효력에는 아무런 영향을 미치지 아니한다; 대법원 2017. 4. 26. 선고 2015다6517, 6524, 6531 판결.

436) 한국산업은행, 『회사정리법해설』(1982), 680면; 임채홍·백창훈, 『회사정리법(하)』(1999), 368면; 박승두, 『회사정리법』(2000), 1062면; 서울회생법원 재판실무연구회, 『회생사건실무(하)』(2019), 280면.

절차가 폐지된 때에는 부인권 행사의 효과로서 상대방에 대하여 재산의 반환을 청구하거나 그 가액의 상환을 청구하는 권리도 절대적으로 소멸한다.[437]

(나) 채무자의 권한 회복

채무자는 **업무수행과 재산의 관리처분권**을 회복한다.[438] 회생절차가 개시된 후부터 채무자가 회생절차에 의하지 않고는 할 수 없었던 자본 또는 출자액의 감소 등[439]을 상법의 규정에 따라 자유로이 이를 할 수 있게 된다. 그러나 채무자에 대하여 직권으로 파산이 선고되는 경우에는 파산절차에 들어가게 되므로 채무자가 위와 같은 행위를 할 여지는 없다.

---

437) 서울회생법원 재판실무연구회, 『회생사건실무(하)』(2019), 278면.

438) 회사의 경영권과 회사재산의 관리·처분권은 관리인으로부터 이사에 이양되지만, 회생절차 중 이사가 행한 행위(예컨대 회사재산의 처분)가 소급하여 유효로 되는 것은 아니다. 회생절차의 개시에 의하여 이사는 회사재산에 대한 관리·처분권을 완전히 상실하기 때문이다.

439) 제55조(회생절차개시 후의 자본감소 등) ① 회생절차개시 이후부터 그 회생절차가 종료될 때까지는 채무자는 회생절차에 의하지 아니하고는 다음 각호의 행위를 할 수 없다. 1. 자본 또는 출자액의 감소 2. 지분권자의 가입, 신주 또는 사채의 발행 3. 자본 또는 출자액의 증가 4. 주식의 포괄적 교환 또는 주식의 포괄적 이전 5. 합병·분할·분할합병 또는 조직변경 6. 해산 또는 회사의 계속 7. 이익 또는 이자의 배당 ② 회생절차개시 이후부터 그 회생절차가 종료될 때까지 회생절차에 의하지 아니하고 법인인 채무자의 정관을 변경하고자 하는 때에는 법원의 허가를 받아야 한다.

(다) 채권자의 권리 행사

회생채권에 관하여 회생절차가 개시된 후에는 회생계획에 규정된 바에 따르지 아니하고는 채무의 변제를 받을 수 없으므로(제131조), 개별적으로 가압류 등의 보전처분을 하거나 강제집행을 할 수 없었다.

그러나 회생절차가 폐지되어 종료되면 파산선고를 한 경우를 제외하고는 회생계획에 의하여 인정된 권리에 관한 회생채권자표 또는 회생담보권자표에 기재된 권리로서 금전의 지급 그 밖의 이행의 청구를 내용으로 하는 권리를 가진 자는 회생절차종결 후 채무자와 회생을 위하여 채무를 부담한 자에 대하여 회생채권자표 또는 회생담보권자표에 의하여 **강제집행**440)을 할 수 있다(제255조 제2항 / 제293조).

(4) 회생채권자표 등의 기재의 효력

회생절차폐지의 결정이 확정된 때에는 확정된 회생채권 또는 회생담보권에 관하여는 **회생채권자표 또는 회생담보권**

---

440) 이 경우 보증인은 민법 제437조(보증인의 최고, 검색의 항변)의 규정에 의한 항변을 할 수 있다(제255조 제2항, 제293조). 그리고 민사집행법 제2조(집행실시자) 내지 제18조(집행비용의 예납 등), 제20조(공공기관의 원조), 제28조(집행력 있는 정본) 내지 제55조(외국에서 할 집행)의 규정은 이에 관하여 준용한다. 다만, 민사집행법 제33조(집행문부여의 소), 제44조(청구에 관한 이의의 소) 및 제45조(집행문부여에 대한 이의의 소)의 규정에 의한 소는 회생계속법원의 관할에 전속한다(제255조 제3항, 제293조).

자표의 기재는 채무자에 대하여 확정판결과 동일한 효력이 있다(제292조 제1항).441) 회생채권자 또는 회생담보권자는 회생절차종료 후 직권파산(제6조)의 경우를 제외하고 채무자에 대하여 회생채권자표 또는 회생담보권자표에 기하여 **강제집행**을 할 수 있다(제292조 제2항).

(5) 중지중인 경매절차 등의 실효

회생절차 개시결정으로 중지되었던 절차(제58조 제2항) 중에서 체납처분을 제외한 다른 절차는 회생계획 인가결정으로 인하여 **실효**되므로(제256조), 회생계획 인가결정 후에는 이러한 절차의 속행 문제는 발생하지 않는다.442)

(6) 회생계획의 수행

위에서 본 바와 같이, 회생절차가 폐지되더라도 인가된 회생계획은 계속 효력을 가지므로, 채무자는 **회생계획을 수행**하여야 한다(제288조 제4항).443)

---

441) 채무자가 회생채권과 회생담보권의 조사기간 또는 특별조사기일에 그 권리에 대하여 이의를 하지 아니한 경우에 한한다.

442) 인가결정 후 필요한 경우에는 다시 파산선고, 강제집행, 가압류, 가처분, 담보권실행 등을 위한 경매절차를 신청하여야 할 것이다; 서울회생법원 재판실무연구회, 『회생사건실무(하)』(2019), 280면.

443) 회생계획인가의 결정이 있는 때에는 회생채권자 등의 권리는 회생계획에 따라 실체적으로 변경되고 회생계획인가결정의 효력은 회생절차가 폐지되더라도 영향을 받지 않는다(제288조 제4항). 따라서 회생계획인가결정이 있으면 회생채권자 등의 권리는 회생계획의 조항에 따라 채무의 전부 또는 일부의 면제효과가 생기고 기한유예

(7) 부실경영책임자의 경영제한

이사 또는 대표이사에 의한 채무자 재산의 도피, 은닉 또는 고의적인 부실경영 등의 원인에 의하여 **유임되지 못한 자**(제203조 제2항)는 회생절차종결의 결정이 있은 후에도 채무자의 이사로 선임되거나 대표이사로 선정될 수 없다(제284조).

(8) 파산절차로 이행되는 경우

이에 관하여는 뒤(285~290면)에서 상세히 설명한다.

의 정함이 있으면 그에 따라 채무의 기한이 연장되며 회생채권을 출자전환하는 경우에는 그 권리는 인가결정 시 또는 회생계획에서 정하는 시점에서 소멸한다: 대법원 2020. 12. 10. 선고 2016다254467, 254474 판결.

제2절 회생절차의 종결

1. 회생절차종결의 의의

회생절차가 종료되는 사유 중에서 '종결'이라 함은 ①
회생계획이 이미 수행되었거나 앞으로 회생계획의 수행에 지
장이 있다고 인정되지 않아 **회생절차의 목적을 달성**할 수 있
다고 판단되는 경우에 ② 법원이 관리인 또는 이해관계인의
신청이나 직권으로 회생절차를 종료시키는 것을 말한다.444)

2. 종결결정 후 법원의 조치

법원이 종결결정을 한 때에는 그 주문 및 이유의 요지를

---

444) 제283조(회생절차의 종결) ① 회생계획에 따른 변제가 시작되
면 법원은 다음 각호의 어느 하나에 해당하는 자의 신청에 의하거
나 직권으로 회생절차종결의 결정을 한다. 다만, 회생계획의 수행에
지장이 있다고 인정되는 때에는 그러하지 아니하다. 1. 관리인 2. 목
록에 기재되어 있거나 신고한 회생채권자 또는 회생담보권자.

공고하여야 하며, 송달은 하지 아니할 수 있다(제283조).

그리고 회생절차개시의 신청이 있는 때와 같이, 채무자가 주식회사인 경우 법원은 이를 감독행정청에 통지하여야 한다 (제40조 제1항 제283조 제2항).

3. 회생절차종결의 효과

가. 효력발생 시점

회생절차 종결결정에 대하여는 즉시항고가 허용되지 않으므로 결정이 효력이 발생함과 동시에 **절차는 종료**한다.

나. 회생절차의 법적 구속력 상실

앞(278-280면)에서 설명한 "회생계획인가 후 회생절차의 폐지"와 같다.

다. 종결후 회생채권의 확정

회생채권 등의 확정을 구하는 소송의 계속 중에 회생절차 종결결정이 있는 경우 회생채권 등의 확정을 구하는 청구취지를 회생채권 등의 이행을 구하는 청구취지로 변경할 필요는 없고, 회생절차가 종결된 후에 회생채권 등의 확정소송을 통하여 채권자의 권리가 확정되면 소송의 결과를 회생채권자 표 등에 기재하여(제175조), **미확정 회생채권 등에 대한 회생계획의 규정에** 따라 처리하면 된다.445)

라. 효력의 불소급성

앞(277-278면)에서 설명한 "회생계획인가 후 회생절차의 폐지"와 같다.

제3절 파산절차로의 이행

1. 회생절차 우선주의

채무자회생법은 다음과 같이 파산절차보다 **회생절차를 우**

---

445) 회생채권 등의 확정소송이 계속되는 중에 회생절차 종결결정이 있었다는 이유로 채권자가 회생채권 등의 확정을 구하는 청구취지를 회생채권 등의 이행을 구하는 청구취지로 변경하고 그에 따라 법원이 회생채권 등의 이행을 명하는 판결을 선고하였다면 이는 회생계획 인가결정과 회생절차 종결결정의 효력에 반하는 것이므로 위법하다; 대법원 2014. 1. 23. 선고 2012다84417,84424,84431 판결.

선하고 있다.

① 이미 파산선고를 받아 절차를 진행 중에 있는 채무자도 **회생절차개시를 신청**하는데 아무런 제한이 없다.

② 만약 이러한 채무자가 회생절차개시를 신청하는 경우 법원은 필요하다고 인정하는 때에는 회생절차개시신청에 대한 결정이 있을 때까지 채무자에 대한 **파산절차를 중지**할 수 있다($\frac{제44조}{제1항}$).

③ 회생절차개시결정이 있는 때에는 새로운 **파산신청을 할 수 없다**($\frac{제58조}{제1항}$).

④ 회생절차개시결정이 있는 때에는 이미 진행 중인 **파산절차는 중지**된다($\frac{제58조}{제2항}$).

⑤ 회생계획인가결정이 있은 때에는 중지된 **파산절차는 그 효력을 잃는다**($\frac{제256조}{제1항}$).

2. 강제적 파산선고

파산선고를 받지 아니한 채무자에 대하여 회생계획인가가 있은 후 회생절차폐지 또는 간이회생절차폐지의 결정이 확정된 경우 법원은 그 채무자에게 파산의 원인이 되는 사실이 있다고 인정하는 때에는 직권으로 파산을 선고하여야 한다($\frac{제6조}{제1항}$).

그리고 **파산선고를 받은 채무자**에 대한 회생계획인가결정으로 파산절차가 효력을 잃은 후 회생절차폐지결정 또는 간이회생절차폐지결정446)이 확정된 경우에는 법원은 직권으로 파산을 선고하여야 한다(제6조 제8항). 이 경우 공익채권은 재단채권으로 한다(제7조 제1항 제2호).

3. 임의적 파산선고

파산선고를 받지 아니한 채무자에 대하여 **회생계획인가 전** 회생절차폐지결정 또는 간이회생절차폐지결정이 확정된 경우 법원은 그 채무자에게 파산의 원인이 되는 사실이 있다고 인정하는 때에는 채무자 또는 관리인의 신청에 의하거나 직권으로 파산을 선고할 수 있다(제6조 제2항).

4. 파산의 신청

회생절차가 폐지된 채무자나 채권자447)는 위의 어느 사항에도 해당되지 아니하는 경우, 파산원인이 있다고 생각하면 **파산을 신청**할 수 있다(제305조~제307조).448) 이에 대하여는 회생절차개

---

446) 제293조의5 제3항에 따른 간이회생절차폐지결정 시 같은 조 제4항에 따라 회생절차가 속행된 경우는 제외한다.

447) 파산신청을 채무자에게만 맡겨 둔다면 파산원인이 있는데도 채무자가 파산을 신청하지 않아 파산절차에 따른 채권자의 잠재적 이익이 상실될 수 있다. 그리하여 채권자 스스로 적당한 시점에서 파산절차를 개시할 수 있도록 채권자도 파산신청을 할 수 있다는 명시적 규정을 둔 것이다: 대법원 2017. 12. 5. 자 2017마5687 결정.

448) 제6조(회생절차폐지 등에 따른 파산선고) ① ~ ⑧ (생략) ⑨ 제

시의 신청과 마찬가지로 그 남용여부를 판단하여야 한다.449)

5. 파산절차의 진행

파산절차는 앞(10면)에서 설명한 바와 같이, 채무자의 자산으로 모든 이해관계인에게 공정·형평하게 배당함으로써, 채무자의 채권·채무관계를 청산함을 목적으로 한다.

회생절차를 종료하고 파산절차가 진행되더라도 회생절차상 행해진 회생채권의 신고, 이의와 조사 또는 확정450)은 파

8항의 경우 제3편(파산절차)의 규정을 적용함에 있어서 회생계획인가결정으로 효력을 잃은 파산절차에서의 파산신청이 있은 때에 파산신청이 있은 것으로 보며, 공익채권은 재단채권으로 한다. ⑩ 제3항·제6항 및 제7항의 규정은 제8항의 경우에 관하여 준용한다.

449) 채권자가 파산절차를 통하여 배당받을 가능성이 전혀 없거나 배당액이 극히 미미할 것이 예상되는 상황에서 부당한 이익을 얻기 위하여 채무자에 대한 위협의 수단으로 파산신청을 하는 경우에는 채권자가 파산절차를 남용한 것에 해당한다. 이처럼 파산절차에 따른 정당한 이익이 없는데도 파산신청을 하는 것은 파산제도의 목적이나 기능을 벗어난 것으로 파산절차를 남용한 것이다. 이때 채권자에게 파산절차에 따른 정당한 이익이 있는지를 판단하는 데에는 파산신청을 한 채권자가 보유하고 있는 채권의 성질과 액수, 전체 채권자들 중에서 파산신청을 한 채권자가 차지하는 비중, 채무자의 재산상황 등을 고려하되, 채무자에 대하여 파산절차가 개시되면 파산관재인에 의한 부인권 행사, 채무자의 이사 등에 대한 책임추궁 등을 통하여 파산재단이 증가할 수 있다는 사정도 감안하여야 한다. 이와 함께 채권자가 파산신청을 통해 궁극적으로 달성하고자 하는 목적 역시 중요한 고려 요소가 될 수 있다: 대법원 2017. 12. 5. 자 2017마5687 결정.

산절차에서 행하여진 파산채권의 신고, 이의와 조사 또는 확

---

450) 갑 주식회사가 을 주식회사 소유의 부동산에 관하여 병 주식
회사의 갑 회사에 대한 물품대금채무 등을 비롯한 현재 및 장래의
모든 채무를 피담보채무로 하는 근저당권을 설정받은 후 을 회사에
대하여 회생절차가 개시되자 근저당권에 관한 회생담보권을 신고하
였고, 이에 을 회사의 관리인이 이의하자 회생담보권 조사확정재판
을 신청하여 절차가 진행 중인데, 을 회사에 대하여 회생계획이 인
가되었다가 회생절차가 폐지되고 채무자회생법 제6조 제1항에 따라
파산이 선고된 후 파산관재인의 신청에 따라 진행된 경매절차에서
위 부동산이 매각되어 근저당권자인 갑 회사에 대한 배당액이 공탁
된 사안에서, 을 회사에 대하여 파산이 선고된 이상 경매절차에서
갑 회사가 근저당권에 기하여 배당금을 수령할 수 있는지는 갑 회
사가 별제권자인지 여부와 그 내용에 따라야 하고, 특히 을 회사에
대한 회생계획이 인가된 후에 회생절차가 폐지되고 파산이 선고되
었으므로, 먼저 종전 회생절차에서 갑 회사의 회생담보권의 존재 여
부와 범위가 어떻게 확정되었는지를 살펴본 다음, 그와 같이 확정된
갑 회사의 회생담보권과 이를 피담보채권으로 하는 근저당권이 인
가된 회생계획을 통해 어떻게 변경되었는지를 확인해야 하고, 그 결
과를 기초로 하여 비로소 갑 회사가 별제권자로서 공탁금 전부 또
는 일부를 수령할 수 있는지가 판단되어야 하는데, 갑 회사의 회생
담보권의 존재 여부와 범위는 갑 회사의 회생담보권 신고에 대하여
을 회사의 관리인이 이의하여 갑 회사가 조사확정재판을 신청함으
로써 절차가 진행되었으므로 그 재판 결과에 따라 정해져야 하고,
또한 회생절차개시결정일을 기준으로 갑 회사의 회생담보권의 존재
여부와 범위가 확정되었다면 특별한 사정이 없는 한 그 이후 갑 회
사와 병 회사 사이의 새로운 거래관계에서 발생한 원본채권이 근저
당권에 의해 담보될 여지도 없으므로, 갑 회사가 별제권자로서 권리
를 주장하는 공탁금 속에 근저당권의 피담보채무 확정 이후에 새롭
게 발생한 채무가 피담보채무로 포함되어 있지는 않은지를 살펴보
아야 하는데도, 조사확정재판이 계속 중임에도 갑 회사의 회생담보
권이 갑 회사가 신고한 대로 존재하는 것을 전제로 갑 회사가 공탁
금 전부를 수령할 권리가 있다고 본 원심판단에 법리오해 등의 위
법이 있다: 대법원 2021. 1. 28. 선고 2018다286994 판결.

정451)으로 본다. 이 경우 법원은 필요하다고 인정하는 때에는 유효한 것으로 보는 처분·행위 등의 범위를 파산선고와 동시에 결정으로 정할 수 있다(제6조제7항).

파산절차의 구체적인 내용은 채무자회생법 제3편에 규정하고 있으며, 여기서 설명은 생략한다.

---

451) 먼저 회생절차에서 이루어지는 채권조사확정절차는 회생절차 개시결정 당시를 기준으로 한 회생채권의 존부와 범위를 정하는 것을 목적으로 하고, 파산절차에서 이루어지는 채권조사확정절차는 파산선고 당시를 기준으로 한 파산채권의 존부와 범위를 정하는 것을 목적으로 한다. 채무자회생법 제6조 제1항에 의하여 파산이 선고되는 경우 그 파산절차에서 채권조사확정의 대상이 되는 파산채권도 파산선고 당시를 기준으로 판단해야 하므로, 종전 회생절차에서 확정된 회생채권이 회생계획에 따라 변경되고 파산선고 당시까지 변제되는 등의 사정을 모두 반영하여 확정되어야 한다: 대법원 2020. 12. 10. 선고 2016다254467, 254474 판결.

참 고 문 헌

Ⅰ. 한국 문헌

1. 단행본

국회법제사법위원회·한국채무자회생법제도연구회, 『통합도산법(안)의 주요쟁점에 관한 심포지엄』, 2003.

김관기 역, 『미국파산법개론(Douglas Baird 저)』, 박영사, 2016.

김준호, 『민법강의』, 법문사, 2018.

김현범·오세용·최유나, 『미국 연방파산관리인(U.S. bankruptcy administrator) 제도 연구』, 사법정책연구원, 2018.

김현석 옮김, 『미국기업파산법(E. Warren 저)』, 고시계사, 2005.

김형배·김규완·김명숙, 『민법학강의』, 신조사, 2016.

노영보, 『도산법 강의』, 박영사, 2019.

박승두, 『회사정리법』, 법률SOS, 2000.

_____, 『도산법 개정방안』, 한국산업은행, 2001.

_____, 『도산법총론』, 법률SOS, 2002.

_____, 『통합도산법 분석』, 법률SOS, 2006.

_____, 『잊을 수 없는 9월 14일-(주)인켈 M&A 이야기』, 법률SOS, 2007.

_____, 『한국도산법의 선진화방안』, 법률SOS, 2003.

_____, 『대법원 판례 평석집: 대법원의 오늘과 내일』, 신세림, 2018.

배성현, 『미국 연방 파산법과 반독점법』, 파랑새미디어, 2014.

서울중앙지방법원 파산부 실무연구회, 『회생사건실무(상)(하)』, 박영사, 2015.

서울회생법원 재판실무연구회, 『회생사건실무(상)(하)』, 박영사, 2019.

양형우, 『민법의 세계』, 진원사, 2013.

이시윤, 『신민사소송법』, 박영사, 2021.

임채홍·백창훈, 『회사정리법(상)(하)』, 한국사법행정학회, 1999.

전대규, 『채무자회생법』, 법문사, 2018.

정동윤·유병현·김경욱, 『민사소송법』, 법문사, 2020.

정영환, 『신민사소송법』, 박영사, 2019.

지원림, 『민법강의』, 홍문사, 2015.

최도성·지헌열, 『회사정리제도』, 서울대학교출판부, 1998.

한국산업은행, 『회사정리법해설』, 1982.

_____, 『회사정리법연구』, 1992.

_____, 『통합도산법(안)의 주요내용과 개선방안』, 2003.

2. 논문

김관기, "회생절차에서 계속기업가치의 기능과 의미", 『회생법학』, 제18호, 한국채무자회생법학회, 2019. 6.

김승래, "채무자회생·파산제도의 운용상 문제점과 개선방안", 『회생법학』, 제21호, 한국채무자회생법학회, 2020. 12.

김용길, "채무자회생법상 쌍방미이행 쌍무계약에 관한 고찰", 『회생법학』, 제5·6호, 한국채무자회생법학회, 2012. 12.

김용진, "사해신탁과 부인권의 관계", 『회생법학』, 제7·8호, 한국채무자회생법학회, 2013. 12.

_____, "현대사회에 내재하는 도산법적 쟁점에 대하여", 『회생법학』, 제9호, 한국채무자회생법학회, 2014. 11.

김청식, "채무자회생절차상 조세채권의 공익채권 분류기준에 관한 연구", 『회생법학』, 제10·11호, 한국채무자회생법학회, 2015. 6.

김형두, "담보권의 실행행위에 대한 관리인의 부인권-대법원 2003.2.28 선고 2000다50275 판결", 『민사판례연구(26)』, 박영사, 2004.

류성현, "회생절차상 신주발행과 증여세 과세에 관한 문제", 『회생법학』, 제4호, 한국채무자회생법학회, 2011. 12.

류연재·김용길, "후순위근저당권자가 있는 가압류 채권자의 회생절차상 지위에 관한 고찰", 『회생법학』, 제22호, 한국채무자회생법학회, 2021. 6.

박기령, "회생절차에서의 M&A관련 법규 및 법적 쟁점 검토", 『회생법학』, 제9호, 한국채무자회생법학회, 2014. 11.

박사랑, "CRO(Chief Restructuring Officer) 제도의 현황

과 과제", 『도산법연구』, 제3권 제2호, 도산법연구회, 2012.

박승두, "일본 민사재생법의 이념과 기본구조", 『청주법학』, 제32권 제1호, 청주대학교 법학연구소, 2010. 5.

_____, "향후 관리인제도의 발전방향", 『회생법학』, 제1호, 한국채무자회생법학회, 2010. 6.

_____, "채무자회생법과 노동법의 관계", 『노동법학』, 제35호, 한국노동법학회, 2010. 9.

_____, "구 기업구조조정촉진법의 주요쟁점과 재입법 방안", 『회생법학』, 제3호, 한국채무자회생법학회, 2011. 6.

_____, "기업회생절차의 진행단계별 쟁점에 관한 연구", 『경영법률』, 제22집 제1호, 한국경영법률학회, 2011. 10.

_____, "기업회생절차상 담보부동산 매각대금의 배분방법에 관한 연구", 『회생법학』, 제4호, 한국채무자회생법학회, 2011. 12.

_____, "기업회생절차상 상계권에 관한 연구", 『법학연구』, 통권 제37집, 전북대학교 법학연구소, 2012. 12.

_____, "2012년 채무자회생법 개정안 중 연대보증인 보호방안에 대한 평가", 『회생법학』, 제7·8호, 한국채무자회생법학회, 2013. 12.

_____, "일본 신회사갱생법", 『회생법학』, 제9호, 한국채무자회생법학회, 2014. 11.

____, "한일 비교연구: 간이기업회생제도", 『회생법학』, 제14 호, 한국채무자회생법학회, 2017. 6.

____, "기업회생절차상 정리해고 판결의 부당성 - 대상판결: 대법원 2014.11.13. 선고 2012다14517 판결, 대법원 2014.11.13. 선고 2014다20875, 20882 판결", 『사회 법연구』, 제41호, 한국사회법학회, 2017. 12.

____, "기업회생절차상 '한국형 Prepack제도'(P-Plan)의 개 선 방안", 『법학연구』, 통권 제57집, 전북대학교 법학 연구소, 2018. 9.

____, "미국의 '회생계획안 사전제출제도(Prepackaged Bank -ruptcy)'에 관한 연구", 『사법』, 제46호, 사법발전재 단, 2018. 12.

____, "기업회생절차상 환취권에 관한 연구" 『경영법률』, 제 29집 제2호, 한국경영법률학회, 2019. 1.

____, "한국 기업회생제도의 긴급진단과 처방", 『경영법률』, 제30집 제1호, 한국경영법률학회, 2019. 10.

____, "2020년 개정 채무자회생법상 DIP 금융지원채권의 우 선변제권 분석", 『경영법률』, 제30집 제3호, 한국경영 법률학회, 2020. 4.

____, "자본감소무효확정판결이 회생계획에 미치는 영향 - 대상판결: 대법원 2010. 2. 11. 선고 2009다83599 판 결", 『법학논총』, 제44권 제2호, 단국대학교 법학연구

소, 2020. 6.

_____, "채무자회생법상 임금채권 우선변제권의 문제점과 개선방안", 『사회법연구』, 제41호, 한국사회법학회, 2020. 8.

_____, "기업회생절차상 과점주주의 제2차 납세의무에 관한 판결의 부당성 - 대상판례: 부산고등법원 2021. 11. 17. 선고 (창원)2021누10005 판결", 『원광법학』, 제37권 제4호, 원광대학교 법학연구소, 2021. 12.

_____, "기업회생절차상 쌍방미이행 쌍무계약의 처리에 관한 판례평석- 대상판례: 대법원 2007. 9. 6. 선고 2005다38263 판결", 『경영법률』, 제32집 제2호, 한국경영법률학회, 2022. 1.

_____, "기업회생절차상 조사위원제도의 개선방안", 『법학논총』, 제46권 제1호, 단국대학교 법학연구소, 2022. 3.

_____, "미국의 기업회생절차상 조사위원제도제도에 관한 연구", 『법학논총』, 제29집 제1호, 조선대학교 법학연구소, 2022. 4.

_____, "기업회생절차신청을 이유로 한 계약해제권에 관한 연구", 『회생법학』, 제24호, 한국채무자회생법학회, 2022. 6.

_____, "기업회생절차상 제2차 납세의무자에 대한 조세채권의 법적 성격 - 대상판례: 대법원 2022. 3. 31. 선고 2021두60373 판결 -", 『법학논총』, 제46권 제2호, 단국대학교 법학연구소, 2022. 6.

_____·남영덕, "2016년 기업회생법의 개정내용과 향후 전망", 『경영법률』, 제27집 제3호, 한국경영법률학회, 2017. 4.

_____·민주홍,"회사정리절차의 한.일 비교 연구", 『조사월보』, 제552호, 한국산업은행, 2001. 11.

_____·배영석, "출자전환으로 취득한 주식의 시가 이하계상을 이유로 한 법인세 부과처분관련 판결의 부당성 - 대상판결: 서울행정법원, 2011.12.16 선고, 2011구합11785 판결 및 서울고등법원, 2012.06.13 선고, 2012누463 판결", 『법학논집』, 제18권 제1호, 이화여자대학교 법학연구소, 2013. 9.

_____·배영석, "출자전환으로 취득한 주식의 취득가액을 시가 이하로 계상한 경우 법인세법상 익금에 해당하는지 여부", 『성균관법학』, 성균관대학교 법학연구소, 2013. 9.

_____·배영석, "채무자회생법상 원천징수세의 법적 성질에 관한 연구", 『외법논집』, 한국외국어대학교 법학연구소, 2013. 5.

_____·안청헌, "미국 연방파산법 제11장의 기업회생제도", 『법학논총』, 제35집 제1호, 한양대학교 법학연구소, 2018. 3.

_____·안청헌, "미국의 기업회생절차상 CRO(구조조정담당임원)제도", 『경영법률』, 제28집 제3호, 한국경영법률학회, 2018. 4.

_____·안청헌, "기업회생제도에 관한 한국과 미국의 비교연

구", 『법학논총』, 제35집 제3호, 한양대학교 법학연구소, 2018. 9.

_____·안천헌, "중소기업의 회생절차 이용률 제고 방안", 『회생법학』, 제23호, 한국채무자회생법학회, 2021. 12.

_____·주광렬, "일본 회사갱생법의 기본구조 및 최근 개정내용에 관한 연구", 『조사월보』, 제575호, 한국산업은행, 2003. 10.

배영석, "출자전환의 회계 및 세무처리의 문제점에 관한 연구", 『회생법학』, 제1호, 한국채무자회생법학회, 2010. 6.

_____, "회생절차상 관리인과 주주에 대한 세법의 적용에 관한 연구", 『회생법학』, 제4호, 한국채무자회생법학회, 2011. 12.

_____, "기업회생절차의 출자전환 관련 세제에 관한 연구", 박사학위논문, 강남대학교 대학원, 2016. 2.

_____, "기업회생절차에서의 출자전환 관련 입법적 개선방안 검토", 『회생법학』, 제13호, 한국채무자회생법학회, 2016. 12.

신수연, "기업회생절차의 성공률 제고 및 소요기간 단축방안", 『회생법학』, 제7·8호, 한국채무자회생법학회, 2013. 12.

안청헌, "기업회생절차상 M&A 실무", 『회생법학』, 제9호, 한국채무자회생법학회, 2014. 11.

_____, "기업회생제도에 있어서 관리인과 감사 및 CRO의 역

할과 전망", 『회생법학』, 제14호, 한국채무자회생법학회, 2017. 6.

_____, "기업회생절차상 구조조정담당임원(CRO)제도에 관한 한국과 미국의 비교연구", 박사학위논문, 청주대학교 대학원, 2019. 2.

_____, "회생기업 담당기관의 역할 제고 방안", 『회생법학』, 제18호, 한국채무자회생법학회, 2019. 6.

양형우, "채권양도담보권의 실행을 위한 매매계약해제 통지 등에 포괄적 금지명령의 효력이 미치는지 여부", 『회생법학』, 제9호, 한국채무자회생법학회, 2014. 11.

_____, "회생절차에서 소유권유보와 매도인의 지위-대상판결: 대법원 2014.4.10. 선고 2013다61190 판결-", 『인권과 정의』, 통권 447호, 대한변호사협회, 2015.2.

_____, "회생절차에서의 구상권과 변제자대위-대법원 2015. 11.12. 선고 2013다214970 판결-", 『회생법학』, 제13호, 한국채무자회생법학회, 2016. 12.

엄덕수, "정리회사 관리인의 법적 지위" 박사학위논문, 경북대학교 대학원, 1995. 8.

_____·김용길, "회생절차가 소송 및 집행절차에 미치는 영향", 『회생법학』, 제20호, 한국채무자회생법학회, 2010. 6.

오세용, "회생절차와 소송수계 - 대법원 2016. 12. 27. 선고 2016다35123 판결을 중심으로", 『회생법학』, 제14호, 한국채무자회생법학회, 2017. 6.

유승종, "회생절차에서의 관리인 유형에 관한 고찰", 『회생법학』, 제13호, 한국채무자회생법학회, 2016. 12.

윤남근, "일반 환취권과 관리인·파산관재인의 제3자적 지위", 『인권과 정의』, 통권 386호, 대한변호사협회, 2008.10.

윤덕주, "채권자 목록에서 누락된 채권의 취급 - 회생절차와 개인파산절차를 중심으로 - ", 『회생법학』, 제22호, 한국채무자회생법학회, 2021. 6.

이동헌, "기업회생절차상 근로관계에 관한 한·일 비교 연구", 박사학위논문, 청주대학교 대학원, 2015.2.

이병화, "도산 금융기관 정리방식에 관한 연구 : 파산정리방식을 중심으로", 박사학위 논문, 국민대학교 대학원, 1997. 2.

이상진, "채권자취소권에 관한 연구 : 은행 실무를 중심으로" 박사학위 논문, 성균관대학교 대학원, 2006. 2.

_____, "금융회사의 패스트-트랙 제도", 『회생법학』, 제3호, 한국채무자회생법학회, 2011. 6.

이춘원, "회생회사에 대한 출자전환이 보증채무에 미치는 영향", 『회생법학』, 제5·6호, 한국채무자회생법학회, 2012. 12.

이현정, "사업재생형 바이아웃제도의 비교법적 검토", 『회생법학』, 제10·11호, 한국채무자회생법학회, 2015. 6.

_____, "한·일간 도산절차상 금융리스채권의 취급에 관한 판례 연구", 『회생법학』, 제18호, 한국채무자회생법학회, 2019. 6.

임치용, "개정된 채무자 회생 및 파산에 관한 법률 제415조의
 2 및 제477조에 대한 管見", 『회생법학』, 제21호, 한국
 채무자회생법학회, 2020. 12.

_____, "회생계획 인가 전의 영업양도의 신속화 및 활성화
 방안", 『회생법학』, 제23호, 한국채무자회생법학회,
 2021. 12.

장원규, "도산절차에서 동시상환적 행위의 법적 처리에 관한
 입법론적 고찰", 『회생법학』, 제10·11호, 한국채무자회
 생법학회, 2015. 6.

_____, "코로나19 대유행 시대에 채무자회생법제의 한계와 과제",
 『회생법학』, 제22호, 한국채무자회생법학회, 2021. 6.

전병서, "파산법상 환취권 고찰", 『법조』, 제48권 제3호, 법조
 협회, 1993.3.

조원현, "채무불이행의 유형에 관한 연구", 박사학위논문, 영
 남대학교, 2013. 6.

최우영, "국제도산법에 관한 검토", 『회생법학』, 제1호, 한국채
 무자회생법학회, 2010. 6.

_____, "강제인가제도 개정안에 대한 평가와 전망", 『회생법학』,
 제7·8호, 한국채무자회생법학회, 2013. 12.

_____, "사전회생계획안 회생절차의 최근 동향", 『회생법학』, 제
 20호, 한국채무자회생법학회, 2010. 6.

Ⅱ. 일본 문헌

1. 단행본

岡伸浩, 『倒産法実務の理論研究』, 慶應義塾大学出版会, 2015.

兼子一監修, 『條解會社更生法(上)(中)(下)』, 弘文堂, 1998.

高木新二郎, 『アメリカ連邦倒産法』, 商事法務研究會, 1996.

_____, 『倒産法の改正と運用』, 商事法務研究會, 2000.

_____ · 伊藤 眞, 『講座倒産の法システム』第3卷, 『再建型倒産處理手續』, 日本評論社, 2010.

宮川勝之 · 須藤英章, 『新會社更生法解說』, 三省堂, 2003.

宮脇幸彦外, 『注解 會社更生法』, 靑林書院, 1986.

「倒産と勞働」實務研究會, 『概說 倒産と勞働』, 商事法務, 2012.

_____, 『詳說 倒産と勞働』, 商事法務, 2013.

東京地裁會社更生實務研究會, 『會社更生の實務』(上), 金融財政事情研究會, 2005.

麻上正信 · 谷口安平編, 『注解和議法』, 靑林書院, 1993.

藤原總一郎監修, 『倒産法全書(上)』, 森 · 濱田松本法律事務所, 2014.

福岡真之介, 『アメリカ連邦倒産法概説』商事法務, 2017.

三木浩一 · 山本和彦, 『ロースクール倒産法』, 有斐閣, 2005.

小屋敏一編, 『會社更生法』(上), 中央大學出版部, 1978.

新堂幸司外編,『新倒産判例百選』:『別冊ジュリト』, No.106, 有斐閣, 1990.2.

伊藤眞,『會社更生法』, 有斐閣, 2012.

_____,『會社更生法·特別淸算法』, 有斐閣, 2020.

_____外編,『倒産判例百選』:『別冊ジュリト』, No.216, 有斐閣, 2013.7.

田邊光政,『最新倒産法·會社法をめぐる實務上の諸問題』, 民事法研究會, 2005.

倉部眞由美外,『倒産法』, 有斐閣, 2018.

靑山善充外編,『倒産判例百選』:『別冊ジュリト』, No.163, 有斐閣, 2002.9.

淸水 直,『企業再建の眞髓』, 商事法務, 2005.

2. 논문

岡庭幹司, "問屋の破産と委託者の取戻権", 伊藤眞外編,『倒産判例百選』:『別冊ジュリト』, No.216, 有斐閣, 2013.7.

高木新二郎, "更生擔保権の處遇についての再檢討",『金融法務事情』, No.1408, 1995. 1. 25.

高橋賢司, "倒産企業の更生手續で行われた整理解雇の效力－日本航空(客室乘務員)事件",『平成 24年度 重要判例解説』ジュリスト, No.1453, 2013.4.

根本 到, "會社更生手續下の整理解雇の有效性判斷",『勞働法旬報』, No. 1802, 旬報社, 2013. 10. 25.

德田和幸, "新會社更生法のあらましと殘された課題", 『ジュリスト』, No.1241, 2003.3.

服部 明人, "會社更生手續における整理解雇の特性と管財人の責務", 『詳說 倒産と勞働』, 商事法務, 2013.

森 倫洋, "再建型倒産手續(民事再生·會社更生)における解雇について-整理解雇を中心に", 『田原睦夫先生古稀·最高裁判事退官記念論文集:現代民事法の實務と理論(下)』, 金融財政事情研究會, 2013.

上江洲 純子·中島弘雅, "再建型倒産手續と整理解雇法理(1)", 『慶應法學』, 第26号, 經應義塾大學大學院法務研究科, 2013. 6. 20.

_____, "再建型倒産手續と整理解雇法理(2)", 『慶應法學』, 第28号, 經應義塾大學大學院法務研究科, 2014. 2. 28.

細川 良, "企業倒産における整理解雇-日本航空(整理解雇)事件が示す課題", 『季刊勞働法』, 第239号, 總合勞働研究所, 2012. 12. 15.

池田 悠, "再建型倒産手續における解雇の特殊性と整理解雇法理の適用可能性", 『詳說 倒産と勞働』, 商事法務, 2013.

戸谷義治, "會社倒産と解雇", 『季刊勞働法』, 第224号, 總合勞働研究所, 2009. 3. 15.

荒木 尚志, "倒産勞働法序說", 「倒産と勞働」實務研究會, 『詳說 倒産と勞働』, 商事法務, 2013.

III. 영미 문헌

Alan Adie, *Bankruptcy*, Sweet & Maxwell, 1995.

Alces P. A, Howard M, *Bankruptcy*, Westpublishing Co, 1995.

Amit Kashyap, *Corporate insolvency law and bank -ruptcy reforms in the global economy*, Business Science Reference, an imprint of IGI Global, 2019.

Anderson J. J., *Bankruptcy for Paralegals*, Prentice Hall, 1997.

Andrew R. Keay, *Insolvency law : corporate and personal*, LexisNexis, 2017.

Bason, G. F., *Bankruptcy Highlights*, West Publishing Co., 1996.

Bhandari, J. S.,Weiss, L. A., *Corporate Bankruptcy*, Cambridge UniversityPress, 1996.

Bryan, L. L, *Bankrupt*, Harper Business, 1991.

Charles J. Tabb, *Bankruptcy code, rules, and official forms*, West Academic Publishing, 2021.

Charles M. Tatelbaum, *Chapter 11 bankruptcy and restructuring strategies : leading lawyers on navigating recent trends, cases, and strategies affecting chapter 11 clients*, Aspatore, 2016.

Cooper & Jarvis, *Recognition and Enforcement of Cross-border Insolvency*, John Wiley & Sons, 1996.

David Pollard, *Corporate insolvency : employment rights*, Bloomsbury Professional Ltd., 2016.

David G. Epstein, Steve H. Nickles, *Principles of bankruptcy law*, West Academic Publishing, 2017.

Doyle L. G, *Insolvency Litigation*, Sweet & Maxwell, 1999.

Douglas G. Baird, Thomas H. Jackson, *Bargaining after the fall and the contours of the absolute priority rule*, Jagdeep S. Bhandari, Lawrence A. Weiss, *Corporate Bankruptcy*, Cambridge University Press, 1996.

Epstein D. G., *Bankruptcy and Other Debtor-Creditor Laws*, West Publishing Co., 1995.

_____, Nickles S. H, White J. J, *Bankruptcy*, West-publishing Co., 1993.

Ian F. Fletcher, *The law of insolvency*, Sweet & Maxwell/Thomson Reuters, 2017.

Inspector-General in Bankruptcy, *Bankruptcy Act 1996 Annual Report,* Australian Government Publishing Service, 1996

Jagdeep S. Bhandari, Lawrence A. Weiss, *Corporate Bankruptcy*, Cambridge University Press, 1996.

James R. Silkenat, Charles D. Schmerler, *The Law International Insolvencies and Debt Restructurings*, Oceana Publications, 2006.

Janet M. Weiss, *Creditors' rights in chapter 11 cases : leading lawyers on representing and enforcing the rights of creditors in bankruptcy matters*, Aspatore, 2014.

Janette J. Anderson, *Bankruptcy for Paralegals*, Prentice Hall, 1997.

Jodie Adams Kirshner, *International bankruptcy : the challenge of insolvency in a global economy*, The University of Chicago Press, 2018.

Joseph Spooner, *Bankruptcy : the case for relief in an economy of debt*, Cambridge University Press, 2019.

Mark J. Roe, Frederick Tung, *Bankruptcy and corporate reorganization : legal and financial materials*, West Academic/Foundation Press, 2016.

Mary Eschelbach Hansen, Bradley A. Hansen, *Bankrupt in America : a history of debtors, their creditors, and the law in the twentieth century*, University of Chicago Press, 2020.

Philp R. Wood, *Principles of Internationmal Insolvency*, Sweet & Maxwell, 1995.

_____, *Title Finance, Derivatives, Securitisations, Set-off and Netting*, Sweet & Maxwell, 1995.

Rajak H, *Insolvency Law*, Sweet & Maxwell, 1993.

Russell, H. B., *Bankruptcy Evidence Manual*, West Publishing Co., 1994.

Sommer H. J., *Consumer Bankruptcy Law and Practice*, National Consumer Law Center, 1996.

Stephen L. Sepinuck, Gregory M. Duhl, *Problems and materials on bankruptcy law and practice*, West Academic Publishing, 2017.

United Nations Commission on International Trade Law, *UNCITRAL model law on cross-border insolvency with guide to enactment and interpretation*, United Nations, 2014.

Westbrook, *A Functional Analysis of Executory Contracts*, 74 Minn. L. Rev. 227.

Wheeler M. & Oldfield R., *International Insolvency Procedures*, Black Stone, 1996.

White J. J, Nimmer R. T, *Bankruptcy*, Westpublishing Co., 1996.

▶ **YouTube**
박교수의 7분법(seven-law)

06 **기업회생법**

초판 인쇄 2021년 11월 1일 **초판 발행** 2021년 11월 1일
개정(1)발행 2022년 8월 1일

지은이 박승두
펴낸이 이혜숙 **펴낸곳** 신세림출판사
등록일 1991년 12월 24일 제2-1298호

04559 서울특별시 중구 퇴계로49길 14
    (충무로5가, 충무로엘크루메트로시티2) 1동 720호
전화 02-2264-1972 팩스 02-2264-1973
E-mail : shinselim72@hanmail.net

정가 28,000원

ISBN 978-89-5800-238-3, 03330

※ 파본·낙장은 교환하여 드립니다.
※ 이 책의 무단 전제·복사 등의 행위는 저작권법에 의하여 처벌받습니다.